Faces da Decisão
Abordagem sistêmica do processo decisório

OUTROS TÍTULOS DA SÉRIE

Criatividade e Inovação – Como adaptar-se às mudanças
Lygia Carvalho Rocha

Consumidor – Como elaborar o seu perfil
Lygia Carvalho Rocha

Gestão de Projetos – Como estruturar logicamente as ações futuras
Guilherme Pereira Lima

Técnicas de Reunião – Como promover encontros produtivos
Leonardo Ribeiro Fuerth

Negociação – Como estabelecer diálogos convincentes
Jorge Dalledonne

Visão Totalizante – Como promover leituras estratégicas do ambiente
Jorge Dalledonne

Inovação Tecnológica – Como garantir a modernidade do negócio
Ronald Carreteiro

Relacionamento Interpessoal – Como preservar o sujeito coletivo
Maria do Carmo Nacif de Carvalho

Processos com Resultados – A busca da melhoria continuada
Antonio Carlos Orofino

Série Gestão Estratégica

Faces da Decisão
Abordagem sistêmica do processo decisório

MARIA JOSÉ LARA DE BRETAS PEREIRA
Administradora de Empresas e Pedagoga
Mestre em Administração
Professora da Fundação Dom Cabral

JOÃO GABRIEL MARQUES FONSECA
Médico
Doutor em Medicina
Conferencista na Área de Desenvolvimento Gerencial

Os autores e a editora empenharam-se para citar adequadamente e dar o devido crédito a todos os detentores dos direitos autorais de qualquer material utilizado neste livro, dispondo-se a possíveis acertos caso, inadvertidamente, a identificação de algum deles tenha sido omitida.

Não é responsabilidade da editora nem dos autores eventuais danos ou perdas a pessoas ou bens que tenham origem no uso desta publicação.

Direitos exclusivos para a língua portuguesa
Copyright © 2009 by
LTC — Livros Técnicos e Científicos Editora S.A.
Uma editora integrante do GEN | Grupo Editorial Nacional

Reservados todos os direitos. É proibida a duplicação ou reprodução deste volume, no todo ou em parte, sob quaisquer formas ou por quaisquer meios (eletrônico, mecânico, gravação, fotocópia, distribuição na internet ou outros), sem permissão expressa da Editora.

Travessa do Ouvidor, 11
Rio de Janeiro, RJ — CEP 20040-040
Tel.: 21-3970-9480
Fax: 21-2221-3202
ltc@grupogen.com.br
www.ltceditora.com.br

Editoração Eletrônica: ⍟ANTHARES

CIP-BRASIL. CATALOGAÇÃO-NA-FONTE
SINDICATO NACIONAL DOS EDITORES DE LIVROS, RJ.

P493f

Pereira, Maria José Lara de Bretas
Faces da decisão: abordagem sistêmica do processo decisório / Maria José Lara de Bretas Pereira, João Gabriel Marques Fonseca. - Rio de Janeiro : LTC, 2009.
(Gestão estratégica)

Inclui bibliografia
ISBN 978-85-216-1675-7

1. Processo decisório. 2. Escolha (Psicologia). I. Fonseca, João Gabriel Marques. II. Título. III. Série.

| 08-5293. | CDD: 658.403 |
| | CDU: 005.21 |

Para Luiz Celso
e Betânia,
com quem decidimos compartilhar nossas vidas,
e para Adriana, Luiz Mauro, Arthur e Victor;
Marcelo e Renato;
conseqüências dessa decisão.

Série Gestão Estratégica

APRESENTAÇÃO

Quando idealizamos o desenvolvimento da **Série Gestão Estratégica**, estávamos movidos por um conjunto de constatações extraídas da realidade brasileira, suficientemente consistentes para evidenciar a existência de lacuna no desenvolvimento de novos gestores.

Já há muitos anos militamos junto ao mundo acadêmico e ao sistema produtivo.

Nossas observações foram objeto de registros nos livros que escrevemos, nos artigos veiculados em mídias diversas, nas palestras, congressos e seminários, assim como nas salas de aulas, quando ministrando cursos.

Ratificamos nossas percepções junto aos muitos profissionais que nos cercam e que durante todo o tempo de existência da revista *DECIDIR*, detentora do Prêmio Belmiro Siqueira, veicularam suas idéias nos muitos artigos publicados.

Um pensamento comum conduziu para a articulação lógica de um conjunto de competências que, além de indispensáveis ao desenvolvimento do gestor, garante-lhe um exercício profissional envolvido na necessária fundamentação.

Em cada um dos dez títulos da série existe uma história de vida, rica o suficiente para a construção de uma orientação permeada pela vivência de quem propõe.

Merecer a confiança da LTC representou para todos os envolvidos um coroamento para os bons momentos de dedicação na elaboração dos textos.

Nossa esperança reside na construção de novos profissionais de gestão, comprometidos em agregar, a cada momento profissional, práticas comprovadamente bem-sucedidas.

Conscientes que muitos são os passos da caminhada de um gestor, guardamos a esperança de que a **Série Gestão Estratégica** ofereça confiança para iniciar a trajetória.

Eraldo Montenegro
Coordenador

PREFÁCIO

Este livro é produto do trabalho conjunto de duas pessoas que, embora com profissões e atividades diferentes, têm um interesse comum: o ser humano e a forma como ele dispõe sobre a própria vida, tanto individualmente quanto nas relações que desenvolve na família, no trabalho e na cidadania.

Durante muitos anos acalentamos a idéia de colocar no papel as nossas reflexões sobre a decisão humana, vista como um processo sistêmico e integrado, e seus aspectos lógicos, biológicos, psicológicos, mágicos, paradoxais e contextuais. Nossa formação e atuação profissional diferenciadas confirmavam que as lacunas percebidas por nós existiam nas várias áreas do conhecimento. Nossas percepções comuns foram enriquecidas com as discussões que mantivemos com alunos, clientes e colegas. Aprendemos muito com eles, e por isso somos muito gratos.

Escrever um livro em parceria é como um concerto a quatro mãos. Além da harmonia de conhecimento, técnica e interpretação dos autores, exige disponibilidade de tempo e disposição para o trabalho em equipe. Tentamos compartilhar o que aprendemos no decorrer da vida, sistematizar idéias alheias que fizeram sentido para nós e comunicar as nossas próprias idéias.

Este é um livro descritivo. Sua intenção é contribuir para ampliar a percepção dos leitores, sem pretensões normativas e prescritivas.

É um livro abrangente, apesar de abordar apenas alguns aspectos, ou faces, do processo decisório. O estudo da decisão trata da própria vida, e esta não cabe em uma única obra.

A primeira parte deste livro revê os fundamentos conceituais dos processos decisórios, demonstrando que, embora possa ser estudada através de suas múltiplas faces, a decisão é sempre um processo que envolve o indivíduo por inteiro. Propõe uma análise crítica das abordagens parciais e polarizadas que a focalizam como um produto da racionalidade humana, em contraposição àquelas que enfatizam os aspectos irracionais, ilógicos, intuitivos, psicológicos, biológicos e mágicos da decisão. Analisa especialmente o poder da informação na sociedade contemporânea e a sua influência sobre os processos decisórios. Ressalta a questão da percepção e da interpretação das informações, os modelos mentais que modulam as decisões no contexto atual, a tecnologia e a segurança das informações e, finalmente, a dificuldade de decidir com sabedoria em ambientes de incerteza e variabilidade constantes.

A segunda parte mostra que a decisão é um processo sistêmico, paradoxal e contextual, não podendo ser analisada separadamente das circunstâncias que a envolvem. O conhecimento das características, dos paradoxos e desafios da sociedade contemporânea é essencial à compreensão dos processos decisórios. Examina inclusive a afinidade e a interdependência dos processos de decisão e mudança, mostrando que toda decisão proporciona mudança, toda mudança é fruto de decisões, e ambas encerram ricas oportunidades de aprendizado.

A terceira parte identifica as peculiaridades de alguns espaços em que as decisões são tomadas, tais como as empresas, os órgãos públicos, as instituições e a família.

Os capítulos do livro não são seqüenciais, e podem ser lidos independentemente. Cada um mantém a sua integridade, embora exista um fio condutor que os aproxima: a decisão como um processo essencialmente humano e, como tal, complexo, sistêmico, interdisciplinar e multifacetado.

Seu título, *Faces da Decisão*, foi inspirado na mitologia da esfinge, que instiga o homem a decidir e lhe propõe problemas de cuja solução depende a sua própria vida. Simboliza a permanência dentro da mudança e a mudança dentro de uma ordem eterna. Enquanto nossas decisões mudam no tempo, no espaço e na circunstância, essa ordem universal permanece a mesma.

Este é o grande enigma que o homem contemporâneo precisa decifrar: decidir entre a permanência e a transitoriedade, o curto e o longo prazo, o essencial e o acidental, o planejado e o imprevisto. Ele necessita de um mínimo de estabilidade num ambiente mutante que lhe proporcione segurança, conforto e paz, ao mesmo tempo em que precisa de serenidade para enfrentar a transformação contínua, adaptar-se a ela e sobreviver.

Os Autores

Comentários e Sugestões

Apesar dos melhores esforços do coordenador, dos autores, do editor e dos revisores, é inevitável que surjam erros no texto. Assim, são bem-vindas as comunicações de usuários sobre correções ou sugestões referentes ao conteúdo ou ao nível pedagógico que auxiliem o aprimoramento de edições futuras. Encorajamos os comentários dos leitores que podem ser encaminhados à LTC — Livros Técnicos e Científicos Editora S.A., editora integrante do GEN | Grupo Editorial Nacional, no endereço: Travessa do Ouvidor, 11 — Rio de Janeiro, RJ — CEP 20040-040 ou ao endereço eletrônico ltc@grupogen.com.br.

SUMÁRIO

PARTE I

Bases Fundamentais da Decisão 1

CAPÍTULO 1 *Aspectos Conceituais da Decisão 3*

1.1 O componente mágico da decisão no mundo contemporâneo 4
1.2 A decisão como fruto da racionalidade 7
1.3 Polarizações do conceito de decisão 10

CAPÍTULO 2 *Estrutura do Processo Decisório 13*

2.1 A percepção do problema 14
2.2 Os fatores que direcionam a escolha das alternativas 24
2.3 As conseqüências da decisão 51

PARTE II

Macrovisão do Processo Decisório 55

CAPÍTULO 3 *Dimensões Sistêmicas da Decisão 57*

3.1 A crise de percepção no mundo contemporâneo 57
3.2 A influência dos paradigmas nas decisões 59
3.3 A decisão nos sistemas sociais 61
3.4 Características dos sistemas sociais 62
3.5 A teoria dos *Holons* 63

CAPÍTULO 4 *Paradoxos e Decisões 69*

4.1 Decidindo através dos paradoxos 69
4.2 Dilemas e paradoxos da sociedade contemporânea 71

CAPÍTULO 5 *Decisão e Mudança 95*

5.1 Dimensão das mudanças 96
5.2 A tétrade da mudança 102
5.3 Decisão e saber: A questão do conhecimento 103
5.4 Decisão e querer: A questão da motivação 109
5.5 Decisão e sucesso 116
5.6 Decisão e poder: A questão da liberdade 117
5.7 Decisão e dever: A questão ética 121

xii   Sumário

5.8 Reações às mudanças   124
5.9 Decisão e destino   127

PARTE III

Espaços de Possibilidades de Decisão   129

CAPÍTULO 6   *Decisões nas Empresas*   *131*

6.1 Contribuições da teoria administrativa ao estudo do processo decisório   131
6.2 A leitura do contexto   142
6.3 Decisão e estratégia – transformação e futuro   158
6.4 Decisão e estrutura – permanência e rotina   160
6.5 Decisão e comportamento gerencial   162
6.6 A síndrome da impotência decisória: Sanidade e patologias
organizacionais   173

CAPÍTULO 7   *Decisões no Setor Público*   *183*

7.1 Desafios da administração pública num momento de mudança de
paradigmas   183
7.2 Organizações públicas não são empresas   190
7.3 A adequação finalística dos órgãos públicos   195
7.4 O funcionamento da máquina pública   197
7.5 O comportamento dos servidores públicos   199

CAPÍTULO 8   *Decisões nas Instituições*   *203*

8.1 A diferença entre organização e instituição   203
8.2 As características institucionais   205
8.3 O grau de institucionalização   214
8.4 Mudanças naturais nas instituições – ciclos de vida e passagens   215
8.5 Mudanças planejadas nas instituições   220

CAPÍTULO 9   *Decisões na Família*   *231*

9.1 A família: Rede de relações   231
9.2 A família tradicional: Papéis e hierarquias definidos   236
9.3 O panorama atual: A transição   239
9.4 A família moderna: Papéis e hierarquias flexíveis   240
9.5 A educação para a decisão   241

Bibliografia   243

PARTE I

Bases Fundamentais da Decisão

CAPÍTULO 1

Aspectos Conceituais da Decisão

Etimologicamente, a palavra *decisão* é formada pelo prefixo latino *de* (com o significado de parar, extrair, interromper) e pela palavra *caedere* (que significa cindir, cortar).

Tomada ao pé da letra, a palavra *decisão* significa "parar de cortar" ou "deixar fluir".

> *DE* (parar de) + *CAEDERE* (cortar)
>
> DECIDIR = parar de cortar, deixar fluir

Esse sentido de "deixar fluir" explica por que a dificuldade ou a lentidão em decidir é sentida como um gargalo, que obstrui o fluxo das ações. A *indecisão*, essa sim, implica estagnação.

A história nos mostra uma preocupação constante do homem com o seu destino, com as possibilidades de moldá-lo ou de exercer controle sobre ele. Desde os primórdios da civilização, o ser humano procurou, em seu contexto sociocultural, referências balizadoras para as suas decisões.

Nas culturas mágicas originárias, o homem procurou estabelecer formas de comunicação com o sobrenatural para imaginar o futuro antes de tomar decisões importantes.

É improvável ter existido alguma cultura que não tenha procurado algum meio de atenuar a incerteza provocada pelo ato de decidir. Rituais mágicos e mitos representaram, e ainda representam, formas de enfrentar a angústia advinda da incapacidade de perceber o sistema maior, e de entender as relações de causa e efeito observadas no cotidiano.

Nas tribos primitivas, o pajé decidia ou orientava a tomada de decisão. O *Livro das Mutações (I Ching)* era (e talvez ainda seja) o guia das decisões de reis e estadistas na busca da "boa fortuna". A Grécia antiga espalhou a fé nos seus oráculos por todo o Oriente Médio, e os seus conselhos propiciaram a fundação de cidades e a destruição de impérios. Os anglo-saxões e os povos da Europa nórdica tomavam decisões amparadas por uma rica mitologia.

Muitas decisões, em toda a história pré-científica, partiam da observação dos padrões e das inter-relações existentes entre os eventos da natureza. O vento, o sol, a lua, as estações do ano, fascinavam por serem enigmáticos. Como todos os eventos naturais possuem uma ordem e uma inter-relação permanente, os indivíduos que conseguiam entrar em sintonia com a ordem natural desses eventos adquiriam, teoricamente, a capacidade de tomar decisões mais acertadas. O uso inteligente de um "mapa" desses fenômenos naturais, criado e manipulado por pessoas observadoras, intuitivas e pacientes, garantiu o acerto de muitas decisões e a manutenção do próprio poder.

Com o decorrer do tempo, além dos conhecimentos oriundos da observação dos fenômenos naturais, as crenças religiosas e as demandas do Estado passaram a influenciar, alternada ou simultaneamente, o processo decisório das pessoas em todos os níveis. Nos dois mil anos entre o século V a.C. e o século XV, as decisões humanas, na sociedade ocidental, foram balizadas por esses parâmetros.

1.1 O COMPONENTE MÁGICO DA DECISÃO NO MUNDO CONTEMPORÂNEO

A palavra *mágico* deriva de uma raiz do sânscrito *mã*, que significa "emancipar".

No sentido antropológico, chama-se mágico ao conjunto de características da visão de mundo dos povos ditos primitivos. O modo mágico é o modo "originário" do ser humano, ao emancipar-se da condição de animalidade. É também a maneira como a criança começa a perceber o mundo, independentemente de sua cultura.

Com a evolução dos processos civilizatórios, essa maneira de ver o mundo foi sendo modificada. A leitura de mundo do indígena, que ainda preserva essa visão mágica de mundo, é muito diferente da do homem ocidental contemporâneo.

Um exemplo muito claro foi mostrado por um documentário feito entre os índios do Alto Xingu pelo jornalista Washington Novais, patrocinado pela Rede Manchete de Televisão. Nesse documentário, é mostrada uma situação do cotidiano de uma aldeia em que uma índia em trabalho de parto tinha dificuldades em dar à luz em decorrência de mau posicionamento do feto (na visão do jornalista). A parturiente foi examinada pelos pajés, que concluíram tratar-se de uma "irritação do espírito dono da mandioca". Diante dessa conclusão, os pajés propuseram ao restante da tribo que fizesse danças rituais e colocasse oferendas para o "espírito" no teto da cabana onde estava a parturiente. Eles próprios fizeram várias pajelanças, em que fumavam, dançavam e diziam "palavras de ordem" (!) para acalmar o "espírito". Cerca de 48 horas após o início desses rituais, a moça deu à luz uma criança normal. O homem mágico não faz a nossa distinção entre real e irreal ou natural e sobrenatural.

Se imaginarmos uma situação semelhante numa cidade ocidental moderna, onde o marido leva a esposa em trabalho de parto a uma maternidade e, após uma avaliação obstétrica, o médico diz ao marido que o "espírito dono da mandioca" está irritado, essa conclusão seria, com absoluta certeza, considerada um surto psicótico do médico, que talvez fosse encaminhado a um hospital psiquiátrico com urgência. Por outro lado, se uma indígena fosse, por acaso, conduzida a um hospital moderno, com seus aparatos e processos usuais, poderia fugir amedrontada, considerando tudo aquilo "uma loucura". O Quadro 1.1 explicita as principais diferenças entre essas visões.

Essa comparação mostra a profunda diferença entre as visões de mundo do indígena e do ocidental racionalista. Em ambas as situações, apesar da polaridade da conclusão, o resultado prático seria o mesmo – a criança nasceria –, mas o ocidental racionalista considera uma loucura a conclusão do indígena e vice-versa.

Capítulo Um

QUADRO 1.1 Características do modo mágico de perceber comparado ao modo científico/racionalista de perceber do homem ocidental urbano atual

	Culturas Racionalistas	Culturas Mágicas
Pensamento	Analítico, categorizador, dualista, classificador e quantificador	Sintético, não-dualista, não-categorizador, não-analítico e não-quantificador. O pensar mágico não se preocupa com as separações dualistas de real/irreal, natural/sobrenatural etc.
Senso de causalidade	Científico (tudo o que acontece tem uma causa definida e um efeito definido). Vida guiada pela lógica linear	"Fenomenista" (qualquer coisa pode ser produzida por qualquer coisa). Não existe o par causa/efeito
Mensuração	Mensuração sistemática	Ausência do senso de mensuração. A vida é uma sucessão sem dimensionamento; o número é pouco importante – a medição é genérica – "muitos e poucos"
Tecnologia	Dependência da tecnologia	Vida "natural"
Temporalidade	Tempo linear que flui do passado para o presente e para o futuro. Tempo e espaço interpretados como absolutos e objetivamente mensuráveis	Viver centrado no "atual" (ênfase no presente, sem ênfase no passado ou futuro). Ausência da percepção quantificadora de tempo e espaço
Psiquismo	Ênfase na dimensão racional do psiquismo. Desvalorização da "fantasia" e do sonho	Pouca ênfase em abstrações; vivência do concreto. Fantasia plena
Comportamento social	Determinado racionalisticamente. Idealismo intenso. Grande número de regras organizadoras e reguladoras do convívio social	Espontaneidade. Padrões de comportamento determinados pelas exigências naturais e de sobrevivência do grupo. Ausência de códigos de comportamento ou de leis artificiais. Vivência social coletivista
Trabalho	Tendência à especialização e ao exclusivismo: "um ou outro"	Coletivo, sem especialização: o "um ou outro" cede lugar ao "tanto um quanto outro"

O modo mágico opõe-se em muitos aspectos ao modo científico/racionalista de ver o mundo, mas é fundamental termos claro que todos nós, independentemente da cultura em que nascemos e crescemos, algum dia vimos o mundo de modo mágico. O modo científico/racionalista atua em nós como uma capa que oculta mas não elimina o mágico que existe em nós. Inúmeras crenças, atitudes e comportamentos de qualquer ser humano são fundamentalmente mágicos. Orações, simpatias, amuletos e tantas outras coisas feitas por nós estão firmemente ancorados em nossa "base mágica". Toda sociedade mantém inúmeros rituais mágicos, mesmo aquelas consideradas mais civilizadas. O batismo, as festas de debutantes, as formaturas e todos os demais rituais de passagem são manifestações típicas dessa base mágica.

Devemos estar atentos para o fato de que, por mais racionais que sejam nossas decisões, elas estarão sempre impregnadas pelo componente mágico de nossa percepção.

1.2 A DECISÃO COMO FRUTO DA RACIONALIDADE

A ciência trouxe uma nova abordagem ao processo decisório. Na concepção mecanicista do mundo, preconizada pela metodologia científica, o homem toma decisões racionais, mensuráveis, baseadas em hipóteses dedutíveis e passíveis de certo grau de previsibilidade. A ciência mede, comprova e analisa, mas, para fazê-lo, fragmenta, despedaça e disseca. Sob o ponto de vista da ciência, a decisão é um atributo humano, fruto da racionalidade. A evidência de que somente o ser humano é capaz de fazer escolhas fez com que, na abordagem científica, a decisão fosse considerada um processo lógico e a capacidade decisória, um atributo daqueles que detinham a plena capacidade de usar a sua inteligência e racionalidade. O tema "decisão" foi abordado por todas as ciências do comportamento, mas todas, sem exceção, tomaram como base o "homem como animal racional", composto de corpo, mente e razão.

A racionalidade é a capacidade de usar a razão para conhecer, julgar e elaborar pensamentos e explicações, e é ela que habilita o homem a escolher entre alternativas, a julgar os riscos decorrentes das suas conseqüências e efetuar escolhas conscientes e deliberadas. Como toda decisão envolve fatos e julgamentos, além de um conteúdo factual, ela guarda também um conteúdo ético.

Simon, um economista que escreveu um clássico tratado sobre a decisão administrativa, com o qual ganhou o Prêmio Nobel, foi o primeiro autor a classificar os tipos de racionalidade. Ele propõe que, para ser interpretado com clareza, o vocábulo racionalidade seja acompanhado por um adjetivo que o caracterize melhor, a saber:

- *Racionalidade objetiva.* Quando o comportamento do decisor se baseia em fatos e dados mensuráveis ou prescritos que são eficazes no alcance dos objetivos propostos.
- *Racionalidade subjetiva.* Quando o decisor se baseia em informações e conhecimentos reais, filtrados pelos valores e experiências pessoais.
- *Racionalidade consciente.* Quando o ajustamento dos meios aos fins visados constitui um processo consciente.
- *Racionalidade deliberada.* Quando a adequação dos meios aos fins foi deliberadamente provocada (por um indivíduo ou uma organização).
- *Racionalidade organizacional.* Quando é orientada no sentido dos objetivos da organização.
- *Racionalidade pessoal.* Quando visa aos objetivos de um indivíduo.

Simon conclui que a racionalidade depende do contexto e é limitada por ele. Por isso, o comportamento, mesmo quando encarado como racional, possui muitos elementos de incongruência e jamais ocorre numa forma previsível, ideal.

Seu trabalho, entretanto, não se aplica às macrodecisões, mas somente àquelas passíveis de ser controladas no cotidiano. As conseqüências das decisões no campo da ciência política, da economia, da ética exigem um outro enfoque.

Guerreiro Ramos propõe outros dois tipos de adjetivação para a racionalidade – substantiva e funcional – e discute suas implicações para a tomada de decisão no mundo contemporâneo.

- **Racionalidade Substantiva**

A razão no seu sentido clássico é uma das funções da mente humana. É a razão que permite ao indivíduo emitir julgamentos éticos sobre sua vida pessoal e social. A razão é uma dimensão humana que não pode ser considerada fenômeno histórico ou social. Transcende a história e a sociedade, pertencendo unicamente à psique humana. Assim sendo, a racionalidade, em seu sentido clássico ou substantivo, não tem a ver com as características de uma época ou de uma sociedade específica. Na realidade, a racionalidade substantiva assume uma dicotomia entre razão e sociedade. Como componente intrínseco da natureza humana, é a razão que permite ao homem desligar-se de episódios sociais específicos da história e procurar o bem, através de uma luta constante contra suas paixões (RAMOS, 1982).

Max Weber chama a racionalidade substantiva de racionalidade de valor, porque está diretamente ligada à capacidade crítica que o homem tem de refletir sobre si mesmo e sobre suas ações. É exatamente essa capacidade de reflexão, de auto-observação e de avaliação da própria situação que permite ao homem estar constantemente se reorganizando e se preparando para enfrentar acontecimentos desconhecidos e imprevisíveis. É essa postura crítica que torna o homem capaz de decidir entre várias alternativas, segundo uma hierarquia de decisões.

- **Racionalidade Funcional**

O conceito moderno de razão foi provavelmente sistematizado por Hobbes em sua obra *Leviathan*. Contrariamente ao pensamento clássico, ele não considera a razão um componente essencial da natureza humana, mas uma qualidade que o homem adquire por esforço próprio e que o capacita unicamente para avaliar alternativas e conseqüências. Para os clássicos, a distinção entre racionalidade substantiva e funcional era clara, ao passo que, para a maioria dos autores modernos, a racionalidade funcional é o único conceito existente de racionalidade. O fato é que no decorrer da era moderna – últimos 200 anos – o sentido clássico da razão foi simplesmente esquecido, em um processo que Voegelin chamou de *descarrilamento* (VOEGELIN, 1963).

Com a Revolução Industrial prevaleceram valores de vida que privilegiam o utilitário, e se abriu caminho para uma vida prática também utilitária, levando a uma visão distorcida do homem e da sociedade como um todo. O bom foi substituído pelo funcional, sendo este sempre definido em termos utilitários. A racionalidade funcional leva em conta apenas uma avaliação utilitária das conseqüências e é inteiramente desprovida de qualificações éticas, pois se aplica à conduta somente na medida em que ela é reconhecida como meio para atingir determinado objetivo.

10 Capítulo Um

Esses dois tipos de racionalidade podem ser observados com freqüência na sociedade moderna. Ambos estão sempre presentes em nossas decisões. Ambos são importantes, mas, na maioria das vezes, nota-se uma utilização desequilibrada entre os dois, com uma predominância dos aspectos funcionais e utilitários, característicos dos valores que moldam o comportamento humano no mundo contemporâneo (CARAVANTES E BRETAS PEREIRA, 1981).

"A dialética é um outro tipo de racionalidade. É um modo de apreender a realidade como essencialmente feita de contrários e em permanente transformação. Foi assim que a viram Heráclito de Éfeso, no século VI a.C.; Pascal, no século XVII; Hegel, no século XVIII; Marx, no século XIX, e tantos outros. A racionalidade dialética trabalha com categorias como a totalidade, ou seja, a visão de conjunto, os contrários, a mediação, a mudança, a possibilidade de superação, a negação da negação. Apresenta semelhança com a filosofia oriental no que concerne aos contrários, vistos naquela como o yin e o yang, pólos arquetípicos que, pela interação dinâmica, geram as manifestações do próprio Tao.

A racionalidade dialética parte do pressuposto de que há aspectos da realidade que não podem ser compreendidos isoladamente, senão pela articulação que existe entre eles. Por isso, essa racionalidade se presta tão bem ao entendimento da física quântica. Muitos dos comportamentos das partículas subatômicas só podem ser explicados pela interação particular entre elas. A racionalidade dialética parte do pressuposto de que a articulação gera unidades de contrários, gera unidades de polaridades, vale dizer, forças que se atraem e, ao mesmo tempo, se repelem. São os contrários que imprimem o movimento, a mudança, a possibilidade de superação. Se na racionalidade clássica o contrário é um erro, na dialética é o seu elemento de investigação. A racionalidade dialética contempla a tese, a antítese e a síntese" (VERGARA, 1991).

1.3 POLARIZAÇÕES DO CONCEITO DE DECISÃO

A partir do século XVIII, o estudo da decisão foi, quase sempre, feito através de abordagens polarizadas. A afirmação de Einstein de que "Deus não joga dados" passou a admitir o fortuito nas decisões e na ciência. A mecânica quântica reforça a idéia de incerteza já vivenciada nos sistemas sociais pela violenta aceleração das mudanças. A maior polaridade no estudo da decisão decorre da constatação de que, mais do que lógica, ela é psicológica, ou seja:

- surge da percepção de um problema;
- depende da motivação do decisor para resolver esse problema;
- envolve valores e critérios nos quais o decisor se baseia;
- está relacionada com a cultura, com os sistemas de poder vigentes e com os comportamentos decorrentes desse contexto;
- envolve perdas, lida com a angústia e com a frustração, pois a escolha de uma alternativa implica a renúncia de todas as outras;
- lida com a incerteza e constitui um processo desgastante emocionalmente;
- exige criatividade para identificar alternativas em ambientes mutantes.

Uma outra corrente procura explicar o processo decisório por meio de aspectos biológicos. O próprio Descartes acreditava que possuímos uma "sede da alma". Allan Watts afirma que "somos um ego envolto em pele, o que realmente somos é o nosso corpo".

Essa "versão biológica" do processo decisório é representada principalmente pelas teorias que atribuem diferentes funções aos hemisférios cerebrais: o hemisfério esquerdo abrigaria as funções lógicas, a linguagem, o racional; e o hemisfério direito teria a ver com a intuição, com a percepção do todo, com a sensibilidade.

A intuição ganha destaque no estudo contemporâneo da decisão porque a incapacidade de analisar todas as alternativas e todas as conseqüências e a verificação de que o processo decisório não se processa através de fases ordenadas e conscientes exigem a existência de procedimentos heurísticos para a resolução dos problemas. Nos últimos anos, as decisões ditas "instantâneas", fruto de percepções "de relance", têm sido objeto de estudo científico e muito valorizadas não apenas na vida cotidiana, mas também no contexto organizacional (GOSLING ET ALII, 1997).

Nossa posição é a de que o estudo da decisão não pode ser fragmentado e nem polarizado. Toda decisão envolve o ser humano total, nas suas funções lógicas, biológicas e psicológicas. Envolve a ética (valor), a estética (sensibilidade), a política (sociedade) e a fé. Não existe decisão essencialmente racional ou emocional. A decisão é sistêmica, multifacetada e multidisciplinar.

CAPÍTULO 2

Estrutura do Processo Decisório

A vida humana foi comparada simbolicamente por Platão a uma carruagem, cujo condutor é representado pela *percepção*; as rédeas, pelos *pensamentos*; e os cavalos, pelas *emoções*. Essa bela imagem é extremamente feliz para a representação da integralidade do ser humano. A cultura ocidental pós-renascentista (pós-cartesiana) se habituou a encarar a pessoa por suas partes e a privilegiar uma ou outra dessas partes, na dependência do contexto da observação. Nosso ponto de partida no estudo da decisão é o de que, se estudamos o processo decisório com uma abordagem fragmentada, ainda que necessária sob o ponto de vista didático, nunca deve perder de vista a integralidade do processo. O processo decisório deve sempre ser encarado como um fenômeno global, mesmo que seja estudado separadamente, em seus aspectos mágicos, fisiológicos, psicológicos, emocionais, racionais, lógicos e outros eventuais.

Neste capítulo, o processo decisório é estudado sob três ângulos:

1. A percepção do problema.
2. Os fatores que direcionam a escolha das alternativas.
3. As conseqüências da decisão.

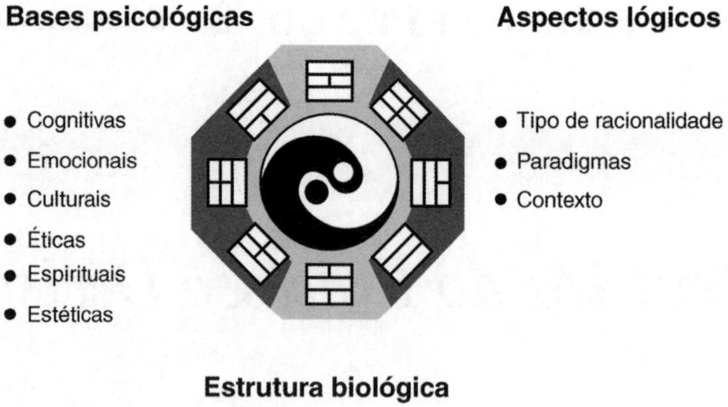

Bases psicológicas

- Cognitivas
- Emocionais
- Culturais
- Éticas
- Espirituais
- Estéticas

Aspectos lógicos

- Tipo de racionalidade
- Paradigmas
- Contexto

Estrutura biológica

FIGURA 2.1 Dimensões sistêmicas da decisão

2.1 A PERCEPÇÃO DO PROBLEMA

A necessidade de decidir surge quando nos defrontamos com um problema que implique a necessidade de escolha e/ou de mudança. Podemos dizer que existe um *problema* quando há um "desvio" entre aquilo que *percebemos* e as nossas expectativas ou necessidades, ou seja, quando a realidade percebida é diferente do modo como gostaríamos que ela fosse.

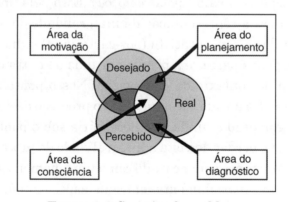

FIGURA 2.2 Conceito de problema

2.1.1 O Processo Perceptivo Humano – Considerações Gerais

O que acontece quando dizemos que percebemos alguma coisa? Vejamos por exemplo uma situação banal de nosso cotidiano: o que ocorre quando colocamos a mão dentro de uma bolsa à procura de um objeto qualquer?

- Quando tocamos num objeto, fazemos uma *distinção seletiva*: em meio a um emaranhado de sensações, distinguimos e damos atenção a algumas sensações.
- A seguir, inconscientemente, comparamos essas sensações com *o nosso acervo de memórias*. Se houver o *acoplamento estrutural,* ou seja, se as sensações tiverem "correspondência" na memória, a experiência passa a ter sentido, e nos sentiremos aptos para "nomear" o objeto. Nomear, nesse contexto, não significa apenas "colocar um nome"; significa colocar o "objeto" no território conceitual, compreensível.

Sempre que "nomeamos" alguma coisa, temos uma agradável sensação de estabilização, de "apropriação" daquilo que foi percebido.

Quando não conseguimos nomear não há percepção; a experiência não faz sentido, e experimentamos uma sensação de expectativa desagradável, que precisa ser resolvida. Todo aprendizado envolve, pelo menos temporariamente, uma tensão de incompletude, denominada por Piaget processo de acomodação.

A percepção é um processo muito complexo, sujeito a inúmeras variáveis. Mais que uma característica biológica, a percepção é um fenômeno cultural. Pessoas de diferentes culturas "lêem" o mundo de maneira diferente porque o percebem de maneira diferente. Um índio e um executivo de uma grande cidade ocidental vêem o mundo de modo tão radicalmente diferente que um parece louco em relação ao outro (veja Seção 1.1 O Componente Mágico da Decisão no Mundo Contemporâneo, Capítulo 1).

Algumas diferenças são extremamente curiosas. Os índios Tapirapé, do norte do Mato Grosso, não desenvolveram a noção de indivíduo e têm grande dificuldade com os números ímpares. Para eles, a unidade não é o 1 e sim o 2 (porque ninguém pode viver sozinho!). O número 1 é sempre parte de alguma coisa. Outro exemplo é o caso dos povos que habitam as regiões polares, que conseguem distinguir (e nomear com diferentes vocábulos) mais de três dezenas de tipos de neve. Habitantes de regiões quentes, mesmo se dispondo a treinar para reconhecer essas diferenças, não conseguem distinguir mais que quatro ou cinco tipos.

A percepção é tributária da memória, e esta, por sua vez, é tributária do meio em que cada ser humano cresceu e se desenvolveu. "O modo de viver e as conversações que guiam esse viver, determinam o que se

16 Capítulo Dois

percebe e o que se faz" (MATURANA, 2002). Conversar deriva de *con* (junto de) *versare* (dar voltas). Pessoas que participam da mesma *rede de conversações* (mesma cultura) "dão voltas juntas" e compartilham de um "nomear" comum, consensual. A leitura que cada um de nós faz do mundo é inteiramente subserviente à nossa estrutura biológica, cultural e comportamental.

> *"... achamos que o mundo é um mundo de objetos, mas não é; não é tão sólido e real como nossa percepção foi levada a crer, mas também não é uma miragem. O mundo é uma ilusão, ele é real por um lado e irreal por outro. Nós percebemos – isto é um fato concreto. Mas o que percebemos não é um fato concreto, porque aprendemos o que perceber"* (CASTAÑEDA, 1984).

> *"... e estamos cada vez mais conscientes de que aquilo que nós pensamos do mundo não é o que o mundo é, mas o que o animal humano pode perceber"* (BRONOWSKI, 1992).

> *"Cada um de nós deforma a realidade de acordo com seu estado de espírito"* (IBOR, 1975).

Essas citações traduzem a complexidade do conceito de realidade. [1] É mais tranqüilizador falar em *realidades* ou em *realidades pessoais* do que admitir a existência de uma única realidade, objetiva, que exista independentemente do observador.

2.1.2 Fatores que Modificam o Fluxo do Processo Perceptivo

O processo perceptivo humano é um processo de alta complexidade, sujeito a inúmeras influências. Comentaremos algumas dessas influências para ilustrar essa complexidade.

2.1.2.1 Estereótipos perceptivos

Tudo aquilo que percebemos com muita freqüência, que faz parte de nossas rotinas, tende a ser percebido como um *estereótipo*, algo muito

---

[1] Realidade: Conceito extremamente complexo e controverso. No sentido em que o empregamos neste livro, diz respeito àquilo que é perceptível pelo ser humano – *realidade perceptível ou realidade pessoal*. A tendência da pesquisa filosófica e científica contemporânea é a de evitar a utilização do termo no sentido de realidade absoluta, que existe independentemente de qualquer observação ou consideração a respeito dela. A tendência dessas duas correntes é a utilizar o termo sempre num contexto relativo: *realidade consensual, realidade pessoal, realidade empresarial*. Mesmo quando o empregarmos sem um adjetivo, estaremos utilizando o termo com esse caráter relativo.

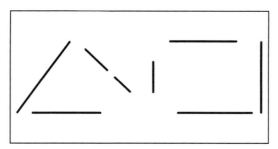

Figura 2.3 O estereótipo perceptivo

familiar, facilmente reconhecível, mesmo que apareça incompleto. Somos extremamente competentes para completar "figuras incompletas", desde que elas nos sejam familiares, como na Figura 2.3, em que é muito difícil deixar de perceber as formas de triângulo e retângulo, mesmo elas estando incompletas. Nossa tendência é perceber imediatamente as duas formas completas.

É necessário esforço para percebê-las como um conjunto de linhas e não perceber as formas da figura como um triângulo e um retângulo, embora elas apareçam incompletas. Nossa experiência com essas formas é tão grande que tendemos a percebê-las de forma estereotipada.

Reconhecemos um familiar por sua maneira de tocar a campainha da casa; ou, ainda, somos capazes de definir seu estado emocional por meio de pequenas percepções, como seus passos, tão familiar é nosso convívio com essa pessoa e nossa experiência em percebê-la. Tudo aquilo que faz parte de nosso cotidiano mais imediato é percebido de modo instantâneo, estereotipado, o que parece ser essencial para nossa vida. Esse tipo de percepção exige menos de nossa atenção e torna o cotidiano muito eficiente. (Voltaremos a tratar mais detalhadamente desse assunto no Capítulo 5.)

Essa característica da percepção, fundamental no viver cotidiano, pode, entretanto, atuar como um elemento dificultador. Por exemplo, quando duas pessoas estão conversando, é freqüente que a que está ouvindo complete o que outra está falando antes que ela acabe de falar e já prepare sua resposta. Em outras palavras, uma não escuta o que a outra diz. Por isso escutar é difícil, principalmente porque temos que transcender essa tendência perceptiva. Escutar exige treinamento e disposição.

2.1.2.2 Contexto perceptivo

O modo de perceber e o resultado da percepção – o "nomear" – podem ser muito modificados pelo contexto do momento de vida do observador durante o qual aconteça a percepção. Isso se torna muito evidente quando observamos situações de nosso cotidiano mais imediato. Por exemplo, uma gestante "vê" todas as outras gestantes porque seu contexto a induz a isso. Se perdemos uma pequena pedra de um anel de cor azul, "vemos" inúmeros pequenos objetos azuis no chão enquanto procuramos a pedra.

Qualquer modificação em nosso *status* corporal modifica intensamente nossa percepção. Dores, sintomas desagradáveis, premências fisiológicas (vontade de urinar ou de evacuar), sentimentos fortes, iluminação deficiente ou excessiva, sons em intensidade excessiva ou insuficiente etc. são exemplos muito claros de elementos que interferem intensamente na percepção e em tudo que resulta dela.

O contexto do momento de vida direciona nossa atenção e todo o processo perceptivo, e é um modificador contundente na tomada de decisão.

2.1.2.3 "Trilhas" prática e contemplativa da percepção

Quando utilizamos muito um determinado caminho no mato, acabamos por delinear esse caminho e marcá-lo permanentemente como uma trilha. Toda trilha muito utilizada fica muito nítida, enquanto as que são pouco utilizadas tendem a desaparecer. Nossa percepção, assim como as trilhas, tende a seguir diferentes caminhos, na dependência de nossa intenção ou disposição no momento. Dois exemplos radicais ilustram bem esses diferentes caminhos. Quando estamos estudando um esquema de conexão de aparelhos eletrônicos, por exemplo, um aparelho de DVD, um amplificador ou uma televisão, enfatizamos os aspectos práticos: onde ligar tais fios, que conexões não devem ser feitas, como obter determinados efeitos etc. Numa situação oposta, quando nos encontramos diante de um belo poente, ou numa relação amorosa, não nos ocupamos com cálculos, ângulos, áreas ou nomes de cores, e sim com o sentir, o contemplar e o desfrutar o momento. Na primeira situação estamos "andando pela trilha prático-utilitária" (modo prático de perceber); na segunda, pela trilha estético-contemplativa do viver (modo contemplativo de perceber).

Essas duas trilhas são como faces da mesma moeda. A todo momento podemos estar ora numa, ora noutra. No entanto, a cultura ocidental urbana contemporânea valoriza muito mais a percepção prática do que a contemplativa. Isso fica claro quando observamos a estrutura dos currículos do ensino básico, em que o ensino da arte, qualquer que seja sua natureza, é sempre considerado secundário, ocupa apenas um pequeno horário e é considerado sem importância na formação do aluno. Um estudante que pretenda estudar belas-artes ou música é, usualmente, considerado "poeta" pelos colegas e visto como uma "figura estranha", ou alguém pouco funcional ou pouco objetivo.

Somente nos últimos anos temos assistido a um renascimento do interesse pela arte, e, muito curiosamente, esse interesse tem surgido mais nas empresas que nos meios acadêmicos. O investimento realizado por empresas no sentido de desenvolver "a trilha" contemplativa de seus funcionários tem sido muito maior que aquele feito por escolas e universidades.

A permanência prolongada e intensa numa dessas trilhas tende a atrofiar a capacidade de perceber características do outro pólo. É freqüente que artistas tenham enormes dificuldades em questões práticas do dia-a-dia, tais como preencher um cheque, manusear um eletrodoméstico etc. Do outro lado, é também muito freqüente que pessoas que exercem atividades técnicas tenham dificuldades para assistir a um espetáculo artístico, ler um poema etc. Esse fenômeno se chama *estreitamento perceptivo*, e é, sem dúvida, um importante fator de estresse nas sociedades contemporâneas.

QUADRO 2.1 Elementos que caracterizam as trilhas prática e contemplativa da percepção

Percepção Prática	Percepção Contemplativa
Palavras	Imagens
Parte	Todo
Razão	Emoção
Conceito	Sentimento
Análise	Síntese
Como?	Por quê?
Julgamento	Apreciação
Tempo medido	Tempo vivido

2.1.2.4 Necessidades existenciais humanas

As necessidades existenciais humanas, tal como conceituadas por Maslow – e modificadas por nós (Figura 2.4) –, constituem um modulador poderosíssimo da percepção humana e a raiz da questão da motivação. O que motiva e mobiliza uma pessoa é a falta de alguma coisa, não sua presença ou excesso. Só nos interessamos por água diante da sede; por aquecimento, diante da sensação de frio; e assim sucessivamente. Água, alimento, ar etc. não são as necessidades e sim os elementos de satisfação dessas necessidades.

A satisfação das necessidades existenciais humanas não é a razão de ser da vida humana, mas condição *sine qua non* para tal.

De acordo com a proposta de Maslow, as necessidades humanas são dispostas hierarquicamente. As necessidades físicas são prioritárias às socioemocionais, essas às intelectuais e essas, por sua vez, às de desenvolvimento pessoal.

As necessidades físicas – necessidades do corpo – são absolutamente prioritárias. Todos nós precisamos de água, ar, alimento, estabilidade ambiental (um astronauta, quando sai da nave espacial, tem que levar seu "meio ambiente" dentro de uma roupa própria, sem a qual ele não sobrevive no espaço), movimento (um membro paralisado ou imobilizado se atrofia rapidamente), higiene, habitação, autocuidado e sono.

Uma pessoa cujas necessidades físicas não estejam atendidas num grau razoável não tem outras necessidades, e sua vida estará pautada na satisfação dessas necessidades. Alguém intensamente faminto ou sedento agirá de forma obsessiva no sentido de satisfazer essas necessidades. Uma pessoa sob grande risco de vida dificilmente terá preocupações éticas ou intelectuais.

As necessidades emocionais são as necessidades satisfeitas no convívio interpessoal. O grande elemento de satisfação dessas necessidades é o afeto. Aceitação social, reconhecimento, diálogo, compreensão, trabalho, respeito, proximidade física, comunicação e carícia são os veículos do afeto. As carências afetivas, extremamente freqüentes nas sociedades contemporâneas, constituem a causa principal dos desentendimentos e talvez das doenças sociais e orgânicas do homem.

Mais recentemente, o lazer tem sido incluído como um elemento de satisfação de necessidades emocionais.

Todos nós já experimentamos dificuldades emocionais suficientemente fortes para desfocalizar o nosso interesse por atividades intelectuais. As necessidades intelectuais – de conhecimento, de reflexão e as práticas intelectuais – só aparecem quando as necessidades emocionais já estão razoavelmente satisfeitas.

As necessidades de desenvolvimento pessoal situam-se no topo da pirâmide. Sem uma adequada satisfação das necessidades físicas, emocionais e intelectuais, nos parece improvável que uma pessoa sinta efetivamente necessidades de se desenvolver como pessoa.

A qualidade da percepção é dependente da intensidade e do grau de satisfação das necessidades existenciais da pessoa naquele momento. Como percepção e decisão são "estruturas" contíguas, tudo o que influencia a percepção afeta decisivamente o processo decisório. Necessidades existenciais não-satisfeitas tendem a moldar e dirigir a percepção e, conseqüentemente, a perturbar o processo decisório.

Um exemplo notável desse fato nos é oferecido no filme *Doze homens e uma sentença* (*Twelve angry men*) pelo diretor Sidney Lumet. Este filme

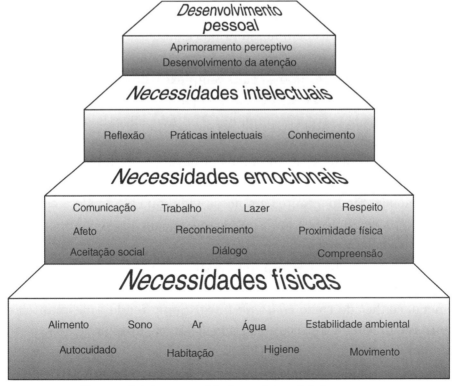

FIGURA 2.4 As necessidades existenciais humanas

mostra o diálogo de doze jurados no julgamento de um rapaz acusado de assassinato; um dos jurados, que atravessava uma enorme dificuldade afetiva em sua relação com seu único filho, tenta insistentemente mandar o acusado para a morte, quando seu desejo inconsciente era o de "matar" sua dificuldade de convívio com seu filho.

Nas empresas, é comum um chefe projetar suas frustrações com as exigências descabidas de seus superiores transferindo para seus colaboradores o mesmo tipo de tratamento.

2.1.2.5 Efeito de linearidade

No processo perceptivo, as experiências resultantes da vida cotidiana – a *práxis* existencial – têm importância fundamental. É nessa práxis, ou seja, na dimensão não-verbal da percepção, que se originam os mecanismos perceptivos e conceituais. Sem ela (a práxis existencial) o ser humano não consegue atribuir significados às suas percepções. Como citamos anteriormente, é clássico o exemplo da relação dos esquimós com a neve: esses povos distinguem e conceituam dezenas de tipos de neve. Para nós, habitantes de regiões quentes, essa distinção é impossível, ou, quando muito, não passa de um ou dois tipos. Isso simplesmente porque ela nunca foi necessária em nossa práxis existencial.

Apesar da enorme importância da dimensão não-verbal da percepção, não há como negar que, quanto mais complexo o processo de socialização e comunicação numa sociedade, mais as palavras tendem a eclipsar outras dimensões da percepção humana. O mundo das palavras e conceitos é um mundo magnífico, no qual podemos nos comunicar e nos entender; sem ele não seríamos seres humanos. A natureza da língua falada e escrita, seu poder dinâmico, sua função representativa e seu papel na vida de relação são tão marcantes em nossa vida, que ela tende a eclipsar a práxis no processo de percepção. Passamos a perceber o mundo da mesma forma como falamos.

A linguagem verbal provoca um desvio na percepção e no pensamento. Nossa percepção vai se amoldando à lógica linear do falar. Esse fenômeno, conhecido como *efeito de linearidade*, tende a desmantelar a simultaneidade das sensações e a adormecer a capacidade de sentir de cada um de nós.

Isso foi percebido e magistralmente colocado no século XVIII pelo poeta e fisiologista Albrecht von Haller (1985):

"A natureza ata as suas espécies por uma rede, não por uma cadeia: mas os homens só podem seguir cadeias, pois são incapazes de apresentar várias coisas, ao mesmo tempo, em seu discurso."

A palavra atua de tal forma sobre a percepção e estabelece uma interação tão íntima entre palavra e percepção, que se torna impossível separar as fronteiras entre ambas.

Esse efeito de linearidade tende a empobrecer a capacidade perceptiva e a estreitar o universo perceptivo, restringindo, como conseqüência, a habilidade de decidir.

2.1.2.6 Supressão perceptiva

Como vimos anteriormente, tudo o que percebemos com muita freqüência, que faz parte das nossas rotinas e se torna muito familiar tende a ser percebido como um estereótipo – algo facilmente reconhecível, mesmo que esteja incompleto. Os estereótipos parecem ser indispensáveis à vida cotidiana, pois sua percepção é virtualmente instantânea e muito eficiente.

No entanto, é importante ressaltar que estereótipos muito marcantes podem ter efeito supressor sobre outros elementos. Algumas vezes a percepção de determinada imagem, coisa ou evento é tão marcante que deixamos de perceber muitas outras coisas naquele momento.

Um exemplo risível desse fato foi o de uma criança de três anos, encontrada calada e amuada em seu quarto, logo após a chegada de seu irmão recém-nascido. Todos os adultos interpretaram seu estado como resultado de descontentamento e ciúmes do bebê e conduziram a questão sob essa perspectiva. Como a criança salivasse muito e permanecesse naquele estado por um tempo excessivamente longo (algumas horas), um pouco incompatível com o que se esperaria de um quadro de ciúmes, alguém resolveu perguntar-lhe o que tinha acontecido: "Por que você está tão triste?" A criança respondeu: "Eu engoli um dinheiro." Ela havia engolido uma moeda grande, que estava parada em sua garganta, e sequer se dera conta da chegada do irmão!

Num contexto empresarial, o lançamento de um novo produto pode suprimir a percepção da sobrecarga ou o estresse que isso causou aos empregados.

Numa empresa que está passando por um processo de reengenharia, com demissões, um funcionário, ao ser chamado para uma reunião com o chefe, antes de saber a pauta do encontro, já começa a se justificar e a explicar por que não deve (ou não deseja) ser demitido.

O modo de perceber as coisas pode ser muito modificado pelo momento de vida ou pelo contexto em que se encontra o decisor. Assim, as donas-de-casa percebem detalhes de decoração ou de receitas culinárias, enquanto executivos financeiros conseguem interpretar e usar informações sobre a bolsa de valores que passam despercebidas à maioria das pessoas.

Como vimos anteriormente, a percepção é dependente da intensidade e do grau de satisfação das necessidades existenciais da pessoa naquele momento. Uma carência muito forte de comida, água ou sexo faz com que a pessoa "só pense naquilo", como observa bem o humorista Chico Anísio. Já a pessoa com ambições intelectuais específicas consegue descobrir, numa livraria ou biblioteca, informações que passam despercebidas às outras pessoas. Da mesma forma, um estilista de moda ou um artista plástico conseguem combinar formas e cores, criando peças ou efeitos que outras pessoas não conseguem antever. Além disso, todos nós tentamos suprimir, eliminar ou criar ruído em tudo o que nos causa dor ou desconforto.

A célebre parábola da raposa que enxerga as uvas verdes porque não as alcança é um exemplo disso. Isso é freqüente em situações de inadaptação familiar: por exemplo, a relutância em acabar com o casamento pode fazer com que um cônjuge traído não veja os sinais evidentes de traição; um pai que idealize o comportamento dos filhos pode não perceber comportamentos de inadaptação de seus filhos, como uso de drogas, sintomas de desajustamento escolar ou familiar etc. A supressão perceptiva é um grande determinante de restrição da capacidade de perceber e de decidir.

2.2 OS FATORES QUE DIRECIONAM A ESCOLHA DAS ALTERNATIVAS

O momento da decisão é caracterizado pela escolha de uma alternativa. Toda decisão é uma opção entre alternativas. Sempre que existe mais de uma alternativa para uma ação, surge a necessidade de optar. Se não há possibilidade de escolha, ou quando elas são impostas, não há decisão; há apenas um fato. A vida é uma seqüência de escolhas. Por

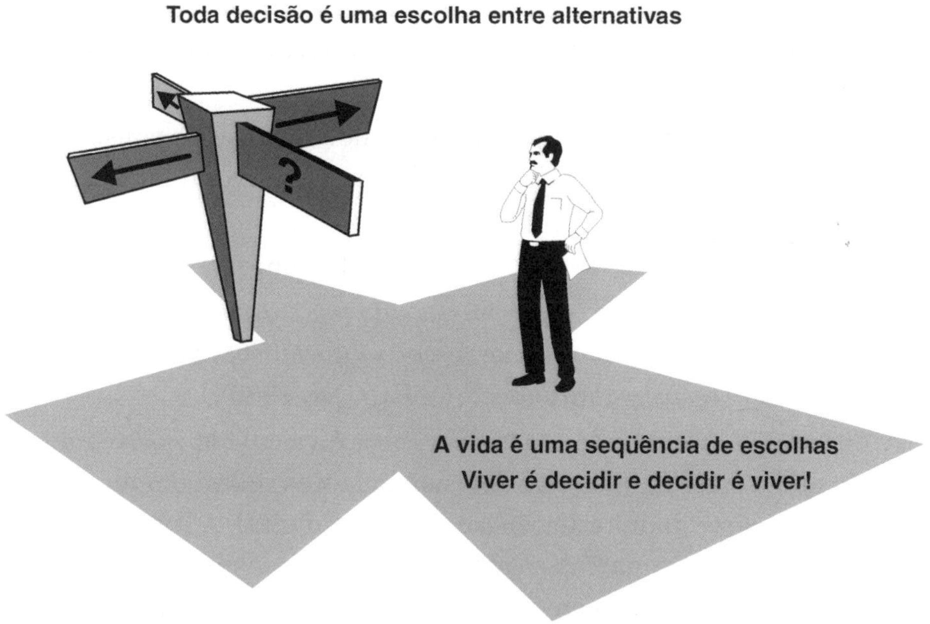

Toda decisão é uma escolha entre alternativas

**A vida é uma seqüência de escolhas
Viver é decidir e decidir é viver!**

FIGURA 2.5 Viver e decidir

isso podemos dizer que viver implica estar sempre decidindo. O viver cotidiano é uma sucessão de decisões rotineiras, assim como a mudança e a inovação dependem de decisões transformadoras. Nesse sentido, pode-se dizer que o estudo da decisão é o estudo de um dos aspectos mais significativos da vida.

2.2.1 Informações Fidedignas sobre o Problema

A tomada de decisão depende da existência de informações fidedignas em tempo hábil. A qualidade da decisão está intimamente condicionada à informação existente, por isso a informação afeta profundamente a vida das pessoas.

2.2.1.1 A era da informação e do conhecimento

"Informação é algo que alguém deseja saber e está disposto a pagar por ela. A informação não é tangível e nem mensurável, mas é um produto valioso no mundo contemporâneo porque proporciona poder. O controle da informação é alvo de governos, empresas e pessoas" (GATES, 1995).

"Hoje, o recurso realmente controlador, o fator de produção, absolutamente decisivo, não é o capital, ou a terra, ou a mão-de-obra. É o conhecimento" (DRUCKER, 1993).

Conhecimento é uma forma organizada de informações consolidadas pela mente humana através dos mecanismos cognitivos da inteligência, da memória e da atenção.

A informação é a base do conhecimento e do compromisso.

"Um indivíduo sem informações não pode assumir responsabilidades, mas um indivíduo que recebeu informações não pode deixar de assumir responsabilidades" (CARLZON, 1989).

A informação, no mundo contemporâneo, é veiculada através dos livros, da mídia escrita, falada e televisionada e das redes computadorizadas. Grande parte da informação corrente já é digital. A Internet contabiliza bilhões de informações e está cada vez mais disponível, e seu uso, mais generalizado. A apreensão da informação é uma função cognitiva superior, que se processa no âmbito da linguagem. Sempre que quisermos apreender mais informações do contexto em que estamos inseridos, teremos que ampliar as nossas habilidades perceptivas, porque o nosso modo de viver atual nos induz a um estreitamento perceptivo e a uma visão de mundo restrita e fragmentada.

As necessidades das pessoas em relação à informação mudam constantemente porque a percepção é individual e contingente.

2.2.1.2 Quantidade e disponibilidade de informações

As duas principais características da era da *informação* são a quantidade e a disponibilidade das informações. Estamos sufocados pela avalanche de informações disponíveis, embora nem todas elas agreguem valor aos nossos objetivos.

O nosso dia-a-dia está repleto de:

- informação que a gente não percebe e não vê;
- informação que a gente vê e para a qual não liga;
- informação que a gente vê e não entende ou não decodifica;
- informação que a gente vê e usa;
- informação que a gente procura;
- informação que a gente adivinha.

O mundo atual está cheio de informações:

Excessivas | Manipuladas | Escondidas | Sonegadas

Erradas | Dispersas

Desfavoráveis | Confiáveis

**O grande desafio do decisor é saber
distinguir umas das outras**

FIGURA 2.6 A informação no mundo contemporâneo

O problema do decisor contemporâneo não é obter, mas interpretar a informação, transformando dados comuns em informações úteis.

A disponibilidade de informação no mundo contemporâneo cria um desafio importante: a integração, a monitoração e a segurança das informações como forma de preservar ou desenvolver pessoas, negócios e recursos.

A informação nas culturas mágicas era cercada de mistério ou segredo, coisa dos iniciados: a posse da informação sempre esteve ligada às estruturas de poder vigentes. Hoje, apesar da tendência crescente de democratização das informações, a competição para obtê-las pode ser entendida como uma espécie de guerra, em que qualquer demora ou espera pode ser fatal.

A informação no mundo atual é um recurso estratégico para as pessoas, organizações e governos. Apesar da grande quantidade de informações disponíveis, o acesso às informações estratégicas é complexo e caro. Muitas vezes, a flexibilidade e a criatividade têm de se sobrepor às grandes redes interconectadas e sistêmicas.

Segundo Henderson, a *era da informação,* pelo progresso e possibilidades que cria, deveria ser uma *era de luz.* Mas a informação em si não

28   Capítulo Dois

ilumina. Ao contrário, a pressão por decisões rápidas e eficazes, com alto teor de risco, com recursos escassos e em ambientes incertos, constitui um altíssimo fator de estresse, com seus conseqüentes males para a saúde e para a qualidade de vida. Está comprovada a incidência de doenças graves, oriundas do sentimento de urgência a que as pessoas são submetidas no mundo moderno, aliado ao excesso ou à carência de informações úteis que lhes permitam resolver os seus problemas.

A falta de acesso à informação em tempo hábil é considerada um pesadelo para os tomadores de decisões.

A incapacidade de lidar com o excesso ou a falta de informação conduz ao mesmo sintoma crítico: a ansiedade. A ansiedade pela informação é um dos males do mundo moderno.

2.2.1.3 A informação no mundo global

A globalização é uma tendência irreversível que afeta indiscriminadamente a vida de todas as pessoas.

A globalização traz consigo a uniformização dos produtos, a homogeneização das culturas, dos valores, da moda, das tecnologias, dos modelos de gestão etc. A tecnologia da informação criou empresas virtuais, sem espaço definido, atuando no mundo todo, nas vinte e quatro horas do dia. A globalização terá que ser sustentada por sistemas de informação compatíveis para suportar a comunicação e as negociações dela decorrentes.

Por outro lado, permanece a consciência de que não há possibilidade de soluções padronizadas para todos os problemas, por causa das desigualdades sociais: grande parte da população da Terra nunca recebeu uma chamada telefônica sequer; nunca assinou um cheque ou teve acesso à medicina convencional, apesar de toda a sofisticação tecnológica que o planeta suporta atualmente.

2.2.1.4 Tecnologia da informação

A disseminação, a monitoração e o controle da informação são considerados papéis essenciais da liderança, seja ela representada pelo chefe, pai ou governante. O conceito atual de liderança implica orientação, participação, compartilhamento, responsabilidade e conseqüência. Não é possível integrar todos esses processos sem o uso da tecnologia da informação.

Para trabalhar com a quantidade e a complexidade das informações no mundo moderno temos que construir modelos. Um modelo é uma representação simplificada e significativa da realidade. Serve para fundamentar as decisões. Os modelos reduzem a complexidade e proporcionam formas de agregá-la em subsistemas, para torná-la administrável.

A tecnologia da informação apóia-se num tripé:

- a teoria geral dos sistemas (analisada no Capítulo 3);
- a cibernética; e
- a teoria da informação.

A cibernética é a ciência da comunicação e do controle que atua integrando os processos físicos, fisiológicos, psicológicos e filosóficos. A cibernética não pode ser associada exclusivamente aos equipamentos que lhe dão suporte, mas também não pode prescindir da informática, da mídia escrita e falada, das redes computadorizadas e da interação humana.

A tecnologia da informação surgiu da necessidade de se estabelecerem estratégias e instrumentos de captação, organização, interpretação e uso das informações. Implica a existência de recursos tecnológicos (hardwares e softwares adequados), para torná-las disponíveis, compatíveis, seguras, eficazes e viáveis.

A tecnologia da informação permite que as pessoas rompam com os antigos paradigmas e criem novas formas de viver. Esse poder lhe confere a capacidade de transpor limites e criar formas de aprimoramento contínuo.

2.2.1.5 Sistemas de informação gerencial

Os sistemas de informação gerencial (*management information systems*) são mecanismos de apoio à gestão desenvolvidos a partir da tecnologia da informação e com o suporte da informática, para atuar como condutores das informações que visam facilitar, agilizar e otimizar o processo decisório nas organizações.

Os sistemas de informação têm por finalidade a captura e/ou a recuperação de dados e a sua análise em função de um processo de decisão. Envolvem, de modo geral, o decisor, o contexto, o objetivo da decisão e a estrutura de apresentação das informações .

Segundo Freitas e Kladis, os sistemas de informação podem ser classificados em cinco tipos:

30   Capítulo Dois

1. *Sistemas de informações transacionais*. Processam grande volume de informações para as decisões administrativas ou rotineiras.

2. *Sistemas de informações gerenciais* (SIG). Contêm informações periódicas de planejamento e controle para a tomada de decisões.

3. *Sistemas de apoio à decisão*. Informações que auxiliam os decisores na geração de alternativas.

4. *Sistemas especialistas*. Assimilam a experiência dos decisores para a resolução de problemas semelhantes no futuro.

5. *Sistemas de apoio ao executivo*. Usados pela alta direção na explicitação de informações conjunturais usadas para balizar as decisões não-estruturadas.

Decisões programadas dependem de sistemas de informação efetivos; as decisões não-programadas não podem prescindir de um modelo decisório que transcenda a máquina, embora a sua ajuda não possa ser totalmente descartada.

Para serem efetivos, os sistemas de informação precisam:

- atender às reais necessidades dos usuários;
- estar centrados no usuário (cliente) e não no profissional que os criou;
- atender ao usuário com presteza;
- apresentar custos compatíveis;
- adaptar-se constantemente à nova tecnologia de informação;
- estar alinhados com as estratégias de negócios da empresa.

2.2.1.6 Impactos na gestão

A tecnologia da informação é um recurso decisivo na vida dos gestores porque viabiliza a elaboração de estratégias, modela novas estruturas (matriciais, holográficas, em rede) e influencia os comportamentos das pessoas nas organizações.

Peter Drucker afirma que o profissional competente agrega valor a si próprio através das informações que detém. Para sobreviver em mercados globalizados e turbulentos, os profissionais de informática precisam entender de negócios e os homens de negócios precisam ter conhecimentos de informática.

A sobrevivência da empresas no mundo globalizado depende da velocidade de assimilação das informações e da correspondente agilidade decisória nesse contexto. A imagem institucional é constituída e desfeita a partir da informação. Dessa forma, os administradores do futuro deverão ser capazes de operar em mercados internos e externos, através de redes interorganizacionais, procurando desenvolver:

- visão geral do negócio, dentro de perspectivas sistêmicas que englobem clientes, fornecedores e comunidades e sejam capazes de agregar valor às suas próprias estratégias;
- sensibilidade para perceber as características globais, institucionais, econômicas e culturais;
- otimização das melhores práticas locais e capacidade de difundi-las para outros contextos;
- compartilhamento das decisões e participação das equipes, tanto nas questões operacionais críticas quanto nos processos estratégicos;
- adequação dos processos de planejamento, tendo em vista o alcance de maior velocidade, flexibilidade e controle;
- interesses múltiplos e capacitação multidisciplinar.

O aumento da participação nos processos decisórios deverá estimular a autonomia das equipes em todos os níveis (*empowerment*), diminuindo o uso da autoridade no sentido vertical (de cima para baixo) e dando maior ênfase aos mecanismos normativos ou reguladores de foco central, tais como a visão compartilhada, a motivação e a cultura organizacional.

A habilidade gerencial de atuação em redes depende de quatro fatores:

1. Confiança entre as pessoas envolvidas.
2. Mudança dos modelos mentais que condicionam o seu comportamento dentro dos velhos paradigmas.
3. Transparência das atividades, regras do jogo e desempenho.
4. Métodos de análise e de processamento da informação.

2.2.1.7 Informação e tempo no processo decisório

Como foi visto, no ambiente turbulento em que vivemos, encontrar a informação necessária em tempo hábil é um fator de extrema relevância ao processo decisório.

O processo decisório é relacionado com o tempo, com a disponibilidade e capacidade humana de processar informações. A avalanche de informações existente no mundo atual fragiliza as rotinas. A fragilização das rotinas induz às grandes transformações, abrindo espaço para novos paradigmas, que, por sua vez, se transformam em novas rotinas.

Assim como na física, a aceleração das mudanças provoca certa *relatividade* dos mecanismos sociais. Tempo e espaço são cada vez mais virtuais, ou seja, estão na fronteira entre o real e o imaginário. As pessoas em qualquer tempo e lugar trocam informações dentro de suas respectivas áreas de interesse e podem adquirir, assim, uma enorme quantidade de conhecimento (GARCEZ, 1995).

Entre o primeiro grito de um ser humano e sua última respiração, o tempo é experimentado de diversas formas:

- tempo/espaço – "onde estou";
- tempo/ser – "onde sou";
- tempo/subjetividade – "onde sinto";
- tempo/objetividade – "que eu meço".

Medimos a vida em unidades de tempo: "Fulano tem tantos anos de idade." Qualquer pessoa, não importa a idade, sexo ou condição, dispõe de vinte e quatro horas por dia, nas quais pode agir livremente, de acordo com a sua decisão ou livre arbítrio.

Nossa relação com o tempo é extremamente complexa e se processa sempre em duas dimensões diferentes: a do *tempo medido* e a do *tempo vivido*.

Tempo medido, físico, conceitual, objeto de conhecimento.

Tempo vivido, emocional, social, objeto de experiência.

Na realidade, o tempo é absolutamente individual e intransferível. Tempo dedicado a alguém é prova de consideração ou afeto. A qualidade de vida está relacionada com o tempo que as pessoas dedicam a si próprias. Nada substitui o tempo, e nenhum recurso pode dilatá-lo ou constrangê-lo. É um ditador absoluto e peremptório, no dizer de Peter Drucker, inelástico e insubstituível. Por isso, nada cria mais tensão no organismo do que a premência do tempo.

Tempo e espaço são categorias fundamentais da consciência humana, sem as quais não seríamos humanos. Paulo Freire ilustra esse fenômeno

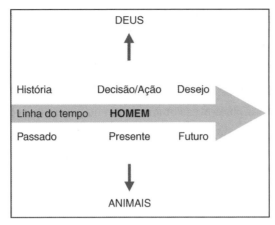

FIGURA 2.7 Linha do tempo

afirmando que o homem se encontra inserido dentro da "linha do tempo" e pode formular os conceitos de passado, presente e futuro. Tem noção da história, usa a sua experiência passada como referência para a sua ação no presente, e assim molda o futuro de acordo com os seus desejos e suas capacidades. Como um ser relacional, capaz de sair de si, de se projetar nos outros, o homem percebe e compreende a sua realidade, pode decidir sobre ela, criá-la e recriá-la. Por isso, todos os seus atos são conseqüentes. Os animais, guiados pelo instinto, não têm consciência do tempo e não podem interferir no próprio destino – estão fora da linha do tempo. E Deus, por estar acima da linha do tempo, é concebido como onipresente.

Diferentes culturas têm diferentes relações com o tempo. A cultura hinduísta, no sul da Índia, não utiliza os conceitos de passado e futuro. Para eles, existem apenas o presente (*aj*) e o que não é presente (*kal*), sem a delimitação conceitual e direcional de passado e futuro. A cultura grega clássica tendia à atemporalidade porque enfatizava o saber e o estar. Ao contrário, os hebreus, dos quais somos igualmente descendentes, adotaram um modelo temporal, histórico, do fazer, do passar.

Em nossa concepção atual, no passado reside nossa história; no futuro, nossos desejos; no presente, nossas ações e decisões. Talvez por isso nossa cultura (ocidental capitalista) vê o passado como uma lição, o futuro como um ideal e o presente como um problema. Somos idealistas e futuristas. Tendemos a menosprezar o presente e a "pré-ocupar" com o futuro. Encaramos o tempo como algo que flui inexoravelmente e que

34 Capítulo Dois

QUADRO 2.2 Decisão: função da informação no tempo e no contexto

A informação que se processa no passado é memória.
A informação que se processa no presente é diagnóstico.
A informação que se processa no futuro é prognóstico, previsão, prevenção.

Todas elas são importantes como insumo ao processo decisório porque:

DECISÃO *f* (INFORMAÇÃO + TEMPO)
NO CONTEXTO

nos remete sempre a um porvir. O tempo é visto mais como arauto de nossa finitude do que como fonte de possibilidades ou de criação.

Nosso momento histórico está sendo vivido sob o signo da pressa. Nossa época se caracteriza por um profundo e estranho mal-estar diante do tempo. As frases mais típicas do dia-a-dia na atualidade são: "não tenho tempo"; "não dará tempo"; "não há tempo a perder"; "estou com pressa"; "quanto tempo vamos gastar?".

Pressa é particípio do verbo latino *premere* (apertar, premer); e, etimologicamente, significa "espremido". Quando sentimos pressa, estamos espremidos contra nossos desejos.

Nossa vida na contemporaneidade é um misto de pressa e de turbilhão: (turbo/*turbinis* – "aquilo que roda muito").

Medimos espaço com unidades de tempo: a distância daqui a tal cidade é de duas horas; os competidores de Fórmula-1 são classificados pela terceira casa decimal do segundo. Os jovens não namoram; ficam... Vivemos a estética do efêmero. A democracia está sendo substituída pela *dromocracia* – a dominação pelo mais rápido.

Vivemos inteiramente subservientes ao *tempo medido*; as unidades de medida de tempo (minutos, horas, segundos etc.) são percebidas como "reais" e não como convenções. Vivemos num mundo de excessos, de velocidades, de negócios, de pessoas apressadas e ansiosas.

A informação acumulada na década de 1980 é maior que nos vinte mil anos de história anterior. A biblioteca de Dante Alighieri no século XIV tinha 1.338 volumes e continha, ao que se supõe, todo o conhecimento da época. Cerca de trezentos anos mais tarde, Isaac Newton tinha 25 mil livros, e ali estava supostamente registrado todo o conhecimento europeu da época. Em 1990, a biblioteca do Congresso americano tinha cerca de

93 bilhões de livros, que, digitados, formariam um arquivo de cerca de três trilhões de bytes. As cifras contemporâneas de fluxo de informações são da ordem de centenas de trilhões de bytes/dia!

A língua portuguesa tinha cinqüenta mil vocábulos em 1500. Em 1850, tinha cem mil. Em 1990, tinha quatrocentos mil, com um incremento de mais de 2.000 palavras/ano, desde então.

No início dos anos 1990, o fluxo de informações era cerca de duas mil vezes maior do que a capacidade instalada de organizá-la. Acredita-se que hoje esse número passe de dois milhões.

Empregamos unidades de tempo cada vez menores; o nanossegundo (*nánnos* = muito pequeno, nanico), que equivale a um bilionésimo do segundo, é hoje utilizado em medidas de desempenho de computadores. Tudo está vertiginosamente acelerado.

Nossos excessos porém, não são só de tempo. São também de população, de espaço, de inovação e de informação.

O mundo vem experimentando um crescimento imenso, sem precedentes, dos sistemas de comunicação (telecomunicação, viagens, mídia etc.). Esse crescimento tem feito com que conceitos como os de *fronteira* e *limite geográfico* sejam postos em xeque. Fragiliza-se também o limite da casa (privado) com a rua (público). A malha comunicativa embrulha e amarra no mesmo pacote os mais variados indivíduos e sociedades. Alvin Toffler chamou de *"choque do futuro"* a nossa incapacidade de absorver a velocidade dos acontecimentos no mundo contemporâneo.

Vivemos uma transição histórico-paradigmática. Todos os valores até então vigentes, determinantes da estrutura social – família, governo, escola etc. –, estão sob questionamento. Cintilam novidades. Ciência, arte, filosofia e religião não têm mais o mesmo poder de propor postulações transcendentes.

Como o processo decisório está intimamente relacionado com o tempo e com a disponibilidade e capacidade de processamento de informações, nossa capacidade de tomar decisões importantes está fragilizada, "encostada contra a parede".

Embora o tempo cronométrico seja inelástico, o tempo emocional (vivido) não é; e muitas vezes temos muito mais flexibilidade de tempo do que somos capazes de avaliar. Isso é especialmente válido para os relacionamentos, seja na família, seja nos negócios. Às vezes a clarificação das alternativas tem um ritmo próprio e não há substituto para o tempo

36 Capítulo Dois

nessas circunstâncias. A pressa e a velocidade excessiva produzem confusão e mais tempo ainda se tornará necessário para resolver o problema. A ilusão auto-imposta de que não haverá tempo produz uma enorme pressão que leva ao pânico e suas conseqüências.

2.2.1.8 Informação, comunicação e linguagem

Como tudo o que chamamos de *informação* está inserido no contexto da linguagem, é importante chamarmos a atenção para as duas dimensões básicas da linguagem verbal – a *denotativa* e a *conotativa* – cuja compreensão é fundamental para o entendimento da nossa relação com as informações.

- A *dimensão denotativa* é do significado explícito, objetivo, racional, técnico e factual de uma palavra ou expressão conceitual. Por exemplo: na dimensão conotativa, a palavra *porco* denomina um *"mamífero da ordem dos artiodáctilos, não-ruminantes, originário do javali, porém existente quase em toda parte como animal doméstico"*.
- A *linguagem conotativa* é a do significado implícito, emocional, não-racional, de uma palavra ou expressão. Mantendo o mesmo exemplo, *porco* conota sujeira (porcaria), coisa malfeita etc.

É sempre mais fácil lidar com o sentido denotativo do que com o sentido conotativo da palavra porque aquele tem menos implicações emocionais.

Outro aspecto relevante refere-se ao excesso de informações. É difícil estabilizar a percepção quando há informações excessivas. Nesse estado, as coisas perdem a forma, cria-se uma espécie de confusão mental no decisor, gerando tensão e insegurança.

Dizemos que uma mensagem contém *informação* quando ela apresenta novidade. Quando a mensagem não contém novidades (a mensagem traz apenas coisas conhecidas), é chamada de *redundância*. Didaticamente, é possível criar-se um "índice de informação", uma equação que contém a quantidade de informações (novidades) no numerador e a quantidade de redundância (repetições) no denominador:

Quando a quantidade de informação é muito maior que a de redundância, a equação ($^1/_0$) tende ao infinito e representa o *caos perceptivo*. No caso contrário – informação zero e redundância máxima ($^0/_1$) –, a equação tende ao zero e representa o *tédio perceptivo absoluto*.

>   Informação
>   ———————
>   Redundância

Isso se torna muito claro numa aula expositiva. Quando o professor traz um excesso de novidade (informação) e pouca ou nenhuma redundância, os alunos têm a sensação de caos, de incompreensão absoluta, de ansiedade; a percepção fica desfocalizada. Ao contrário, uma aula em que se apresentam apenas coisas muito conhecidas é um excelente sonífero. Uma boa didática requer o equilíbrio entre informação e redundância.

A informação é um instrumento de redução da incerteza. O excesso de certeza gera redundância. Hoje em dia, lidamos o tempo todo com a redundância porque a quantidade e a disponibilidade da informação crescem numa progressão exponencial.

Todos nós temos um limite biopsicocultural para processar as informações. O excesso de informações pode se transformar em incerteza e resultar em nenhuma comunicação. Como disse Kingsley Widmer: "Quanto mais se é informado, menos se sabe."

É preciso notar que, em meio a esse mar de informação, muitas vezes adotamos uma atitude não-perceptiva, ou seja, deixamos inconscientemente de ver o que salta aos nossos olhos. A percepção seletiva está relacionada com o princípio do prazer-dor, explicado no item 2.2.2.2, e

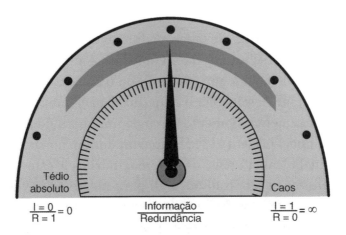

FIGURA 2.8 Informação e redundância

pode ter várias causas. Uma delas é causada pela redundância, pela inibição reativa do sistema nervoso quando saturado pelo excesso de informações.

Por outro lado, há uma diferença significativa entre informação e comunicação.

> *"A informação é um processo em via única: depende da conexão entre um sujeito e um observador. Implica uma intenção do observador e depende de seus valores (nem sempre conscientes), de suas experiências, de sua formação e do contexto"* (MONTENEGRO E BARROS, 1988).

Decorre de uma percepção subjetiva, pessoal e intransferível. É produto da estrutura perceptiva do sujeito aliada ao contexto. A informação é conceitual, instrumental, pactual e simbólica, e condiciona as formas de relacionamento existentes no mundo atual.

O seguinte fato verídico ilustra esse fenômeno:

> Um paciente idoso que sempre vivera em uma pequena cidade do interior e nunca tinha vindo à capital foi encaminhado ao Hospital das Clínicas para tratamento. Apesar de portador de doença curável, mostrava-se particularmente tenso e temeroso. Após ser examinado, foi encaminhado para internação. Como seu estado clínico inspirasse cuidados, foi levado do ambulatório para a unidade de internação pelo próprio médico, em uma cadeira de rodas.

> No saguão dos elevadores havia uma fila, e o paciente viu aquela porta de aço abrir, recolher algumas pessoas e fechar por alguns momentos. Quando voltava a abrir, as pessoas tinham "desaparecido".

> Antes de entrar no elevador, pediu ao médico que o acompanhava que "o matasse ali mesmo". O médico, completamente perplexo diante daquele pedido inusitado, levou o paciente para uma saleta para conversar e esclarecer a situação. O paciente tremia e transpirava intensamente. Somente cerca de uma hora depois foi possível perceber que o paciente estava apavorado com a perspectiva de entrar naquela "caixa", pois, no seu imaginário, ele estava convicto de que as pessoas eram colocadas ali para morrer. Ele via as pessoas entrarem, a porta se fechar, permanecer algum tempo fechada, e, quando se abria novamente, as pessoas haviam sumido! (Circuns-

tancialmente, no momento em que o paciente ficou em frente ao elevador ele descera vazio.) Ele nunca vira um elevador na vida antes!

Foi necessário o médico entrar no elevador sozinho, abrindo e fechando a porta, para demonstrar-lhe que aquilo não era um "sumidouro"... Depois que ele se certificou de que não havia perigo e fez a sua primeira viagem com segurança, sua diversão principal durante todo o tempo em que permaneceu internado foi andar de elevador.

A comunicação, ao contrário da informação, é um processo em via dupla, que decorre dos relacionamentos interpessoais ou da existência de redes de informação interativas. Uma informação isolada não vale nada; só tem sentido se for conectada a outras. A informação é percebida, a comunicação é vivenciada; 70% da comunicação humana não é verbal, é relacional.

A comunicação humana se processa em dois níveis: de conteúdo e de relação. O nível de conteúdo envolve a mensagem "fria", que contém a informação verbal. O nível relacional é o que dá sentido ao conteúdo porque envolve os comportamentos; os afetos e as atitudes, que se expressam fundamentalmente pela via não-verbal (entonação, inflexão, gestos, expressão corporal etc.).

O homem ocidental urbano é extremamente racionalista e se sente inseguro. Não consegue resolver um problema se ele não estiver bem definido, claramente expresso. O racionalismo é a predominância do conceitual sobre o emocional, da informação sobre a comunicação, e, como toda predominância, causa conflitos.

Expressar adequadamente os sentimentos é uma das coisas mais difíceis para o adulto do mundo ocidental contemporâneo. Mas a emoção é o motor básico da vida. Podemos repelir, represar, enterrar o sentimento, mas "sentimento enterrado é problema plantado". Quando menos se espera ele irrompe, e quanto mais fundo foi colocado, mais violento nasce. Talvez por isso a era da informação seja, também, a era do medo.

Em um mundo paradoxal, é muito difícil encontrar comportamentos lógicos e coerentes. É comum nessas circunstâncias usar uma argumentação lógica para justificar o ilógico. A confusão do pensamento, das informações e da comunicação, em um contexto paradoxal, torna as

40 Capítulo Dois

mensagens e informações também paradoxais. A comunicação absurda revigora o paradoxo. Por exemplo, a seguinte ordem dada por um diretor: "Vamos implantar a gestão participativa nesta empresa e todos estão obrigados a participar, caso contrário serão despedidos."

Quando há imposição de escolhas, não há liberdade de decisão. Toda comunicação humana está relacionada, de uma forma ou de outra, com a confiança existente entre as pessoas. Um exemplo é o exercício "O dilema dos prisioneiros", utilizado com freqüência em Programas de Desenvolvimento Gerencial, em que pessoas ou grupos isolados, mas interdependentes, têm de efetuar escolhas sem que detenham nenhuma informação anterior. Eles precisam demonstrar confiança mútua, na avaliação conjuntural de sua própria idoneidade aos olhos do outro e em suas previsões sobre o processo decisório do outro. Todas as opções, nesse caso, são paradoxais, e a sobrevivência comum depende das previsões sobre as ações que os outros irão adotar, ou seja, implica que o decisor saiba conviver com o paradoxo. Nessa circunstância, a maneira como a informação é percebida, interpretada, usada e manipulada é de fundamental importância.

"A maior parte das informações é processada ciclicamente e sofre diversas formas de tratamento (algumas inconscientes). De modo geral, guarda ligações muito tênues com seu momento de gênese. Se este ciclo não for visualizado ou compreendido o uso da informação fica contaminado pelas percepções, valores, condicionamentos, intenções e manipulações do decisor" (MONTENEGRO E BARROS, 1988).

2.2.2 Decisão e Perdas

O momento da decisão é caracterizado pelo engajamento do decisor com uma alternativa. A decisão é sempre pessoal. As decisões ditas institucionais são, na realidade, tomadas por uma só pessoa. Decisões coletivas são somatórios de decisões individuais. O momento da decisão é um momento de solidão. A escolha de uma das alternativas é unidirecional; depois de tomada a decisão, o caminho está traçado, ficamos expostos às suas conseqüências.

A capacidade de efetuar escolhas entre várias alternativas é um ato privativo do ser humano, envolve-o integralmente e é fruto de sua consciência. A consciência é reflexiva, permite-nos refletir sobre a nossa própria realidade, no tempo e no espaço. A consciência nos posiciona diante do problema e nos permite refletir criticamente sobre alternativas e conseqüências. A qualidade das decisões depende dos níveis de consciência e alienação do decisor.

O conflito gerado pela dúvida na escolha de alternativas é resolvido pelo triunfo de uma delas. A escolha de uma das alternativas em detrimento de outras representa a perda de outras possibilidades. Toda escolha envolve renúncia. Por isso, o momento de decisão costuma ser visto como uma experiência de perda. Esse fato, aparentemente sem importância, é, embora inconsciente, um fator determinante de dificuldades na tomada de decisões.

É improvável que alguém tenha consciência clara de todos os processos que levam um ser humano a optar por uma ou outra alternativa diante de um problema. Nenhuma explicação prévia ou feita *a posteriori* é satisfatória para o aclaramento desse processo. Todas as decisões envolvem processos tácitos, intuitivos, inconscientes e mágicos.

As escolhas são significativamente influenciadas pelas características estruturais do decisor (inteligência, *status* social, sexo, cultura, crenças, motivações, auto-organização, saúde etc.) e por suas condições emocionais do momento.

O conhecimento e a situação existencial do decisor no momento em que são tomadas as decisões são faces de uma mesma moeda e influenciam decisivamente a avaliação e a escolha das alternativas para solução de um problema.

A *face técnica* dessa moeda representa a experiência do decisor com o assunto sobre o qual ele tem que decidir. Nela atuam seus conhecimentos e habilidades em lidar com aquela questão específica. Quanto maiores forem sua habilidade e treinamento, mais fluente será sua ação no processo decisório.

Mas é a *face existencial* ou a situação do decisor (suas condições emocionais, intelectuais, físicas, e o estado de satisfação de suas necessidades existenciais) o grande determinante do processo decisório. Ao contrário da face técnica, que é passível de treinamento e desenvolvimento, a face existencial é imprevisível e, até certo ponto, "incontrolável". É nela que se situa a maior parte dos obstáculos do processo decisório,

42 Capítulo Dois

principalmente os que apontamos a seguir: o medo do novo, o impasse entre o prazer e o sofrimento e a rejeição de alternativas vistas como inúteis.

2.2.2.1 O medo do novo

Sob o ponto de vista da percepção humana, é muito mais fácil "re-conhecer" alguma coisa do que "conhecê-la". O desconhecido ("des-conhecer") implica a necessidade e o esforço de conhecer. Por isso, o novo ("des-conhecido") é, a princípio, assustador. Um exemplo empresarial clássico é a fabricação do relógio de quartzo, descoberto e apresentado por um suíço em um encontro comercial, em 1967, na própria Suíça. Sua proposta (nova, "des-conhecida") foi desprezada pelos fabricantes de relógios tradicionais como algo sem futuro. O desprezo foi tal, que seus descobridores não se preocuparam em patentear a descoberta, tão convencidos estavam de sua pouca utilidade. Um fabricante japonês presente ao evento, que não tinha tanta tradição como relojoeiro e talvez por isso não se sentisse ameaçado pela mudança, adotou a idéia. O resultado foi a virtual decadência da indústria relojoeira tradicional da Suíça. Em poucas décadas, ela viu milhares de empregos serem diluídos pela avalanche da indústria relojoeira japonesa, baseada justamente no relógio a quartzo, mais eficiente e mais barato.

Rogers e Rogers e Shoemaker propõem que a difusão e aceitação de novas idéias constituem um processo complexo, mas bastante parecido em diferentes situações. Esses autores afirmam que:

- 3% das pessoas podem ser consideradas *inovadoras* – têm personalidade criativa, são os primeiros a adotar novas idéias e convivem bem com o risco da novidade.
- 12% constituem os *adotadores precoces* – o conjunto de pessoas que aderem a uma nova idéia logo após os inovadores. Segundo esses autores, grande parte dos líderes naturais pertence a essa categoria.
- 35% constituem a *maioria inicial* – a grande massa que primeiro adota a inovação.
- 35% constituem a maioria tardia – a outra grande maioria, mais cética, que adota a inovação mais tardiamente. Nesse grupo estão

as pessoas mais tradicionalistas, que convivem mal com o risco da novidade.

- 15% são *retardatários* – só muito tardiamente adotam a inovação. São os elementos caudatários do processo, que convivem muito mal com o risco e que tendem a uma "leitura supersticiosa do mundo".

Quando é aceita pela maioria tardia, a inovação deixa de ser encarada como uma inovação e passa a ser tratada como um fato cotidiano.

O tempo que transcorre entre uma inovação e sua aceitação varia imensamente, na dependência da intensidade da mudança que a inovação demanda.

Os computadores pessoais são um exemplo de adoção relativamente rápida de uma inovação. Entre a comercialização inicial e a adoção pela maioria tardia transcorreram não mais que 10 anos, e ele deixou de ser encarado como uma novidade tecnológica.

Num outro extremo, diante de uma inovação com enormes implicações existenciais, como um novo modelo paradigmático de concepção de mundo – o sistema heliocêntrico (em contraposição ao geocêntrico), – o tempo de adoção dos adotadores precoces até a maioria tardia foi de vários séculos.

2.2.2.2 O impasse entre o prazer e o sofrimento

O ser humano, em geral, tenta de toda forma suprimir, eliminar ou "criar ruído" em tudo que lhe causa desconforto. A cultura ocidental, em particular, enfatiza e incentiva de forma intensa os desejos de melhora – de crescer, de ficar rico, poderoso, famoso, bonito etc. Paradoxalmente, nossa cultura, originária da cultura judaico-cristã, valoriza sobremaneira o sofrimento como forma de alcançar a vitória, o bem, a vida eterna. O "tempo cristão" é tripartite – *tempo de preparação, tempo de sofrimento* e *tempo de salvação.* Como a salvação é projetada para o *post-mortem*, a vida passa a ser marcada pelo sofrimento.

O conceito de trabalho ilustra claramente esse ponto de vista. A palavra *trabalho* deriva do latim *tripalium,* um antigo relho utilizado em torturas e punições. A ética da sociedade que originou a cultura católica considera o trabalho castigo divino, decorrente do pecado original. A ética protestante, ao contrário, propõe que o homem deva zelar pelo produto de seu trabalho (riqueza), porque ela constitui uma graça de Deus. As culturas desenvolvidas sob a influência do zen-budismo apregoam o

44 Capítulo Dois

desapego gradual do passado e concebem o trabalho (e a vida em geral) como forma de desenvolver um processo de melhoria contínua (o *kaizen*). Não é por acaso que os programas da qualidade total, originários dessas culturas, se baseiam nesse princípio.

A vida do homem ocidental acontece nesse impasse cultural. Nossas decisões são profundamente influenciadas por esse paradoxo, e pendemos ora para a busca do prazer, ora para o culto ao sofrimento.

2.2.2.3 A rejeição de alternativas vistas como inúteis

Essa é uma ocorrência muito comum no caso de inovações tecnológicas de grande impacto. O telefone foi um dos inventos que mais demorou a ser utilizado comercialmente, porque não reconheceram nele nenhuma utilidade no momento de sua apresentação. Mesmo que o tempo entre a invenção e a utilização comercial de alguns dos principais inventos de uso corrente continue diminuindo, como mostra o Quadro 2.3, muitos deles ainda encontram resistências no momento em que são apresentados.

2.2.3 Os Bloqueadores das Decisões

Muitas pessoas apresentam grande dificuldade em tomar decisões. Outras não conseguem fazê-lo de modo nenhum. Uma vez consumada, a

QUADRO 2.3 Intervalo entre a invenção e a comercialização

Invenção	Intervalo entre a Invenção e a Comercialização em Escala Industrial
Fotografia	112 anos
Telefone	56 anos
Motor elétrico	65 anos
Rádio	35 anos
Tubo de vácuo	33 anos
Raios X	18 anos
Televisão	15 anos
Radar	12 anos
Reator nuclear	10 anos
Transistor	3 anos
Bateria solar	3 anos
Plásticos	2 anos

decisão é uma estrada sem volta. As conseqüências virão, cedo ou tarde, positivas ou negativas. Por isso a decisão exige um compromisso efetivo com a escolha feita e suas conseqüências. Isso nem sempre é fácil por três motivos:

1. Não existe decisão perfeita porque não se podem analisar todas as alternativas e todas as conseqüências.

2. Ao optar por uma alternativa, temos que renunciar às outras, e isso sempre gera um sentimento de perda, mesmo quando a decisão é eficaz.

3. Toda decisão é um ato absolutamente individual e intransferível. Não se pode decidir pelos outros e nem culpar os outros pelas nossas más decisões.

Modificar uma posição exige esforço. É mais fácil fugir da decisão do que enfrentá-la, e muitas vezes fazemos isso por métodos subliminares. Evitamos a decisão apoiando-nos em ideologias e referenciais rígidos, não passíveis de questionamento, ou por meio de processos que nos auto-iludem, como a alienação, o perfeccionismo, a idealização excessiva, a autodepreciação, a preocupação em manter uma pretensa imagem de si, ou o famoso "complexo de anjo", pelo qual nos julgamos sempre os melhores. Esses fenômenos foram chamados por Rubin de *"bloqueadores das decisões"*.

Como foi visto no capítulo anterior, o processo decisório é sistêmico e integrado, envolvendo todo o nosso ser – em suas dimensões lógica, biológica e psicológica. Por isso, a energia gasta no processo decisório mobiliza o organismo por inteiro. Quando o objetivo não se realiza, a energia não-produtiva represada dentro de nós precisa ser liberada de alguma forma. Os bloqueadores das decisões atuam como mecanismos de defesa e têm por finalidade servir de válvula de escape para essa energia. Alguns operam isoladamente, outros em conjunto, mas todos guardam estreita relação de interdependência, alimentam-se mutuamente, e, se neutralizamos alguns, outros aparecem, porque não conseguimos atingir suas estruturas interconectadas. É impossível lidar com um inimigo invisível. A seguir, listamos alguns dos principais bloqueadores de decisões:

1. *Procrastinação*. Adiamento indefinido da escolha, postergação injustificada por medo da mudança e de suas conseqüências.

2. *Alienação*. É a maior defesa contra a ansiedade, a angústia e a frustração. Se a gente não vê, não sente, não sofre. "O que os olhos não vêem o coração não sente", diz o velho ditado. Infelizmente essa manobra defensiva drena toda a alegria interior, bem como o nosso potencial de auto-realização. Freqüentemente é um processo inconsciente que começa na infância e prossegue por toda a vida adulta. É uma reação à hostilidade, à rejeição e à sabotagem. Indiferença, permissividade, superproteção, favoritismo, sadismo e brutalidade são comuns na história das pessoas alienadas. Seu efeito sobre a personalidade é devastador.

3. *Resignação*. A decisão oferece possibilidade de mudança, e isso é algo que o resignado absolutamente não deseja. Geralmente, os resignados têm complexo de vítima. Mergulham no trabalho, têm um alto senso de dever e condenam-se à eterna infelicidade. Os mal-amados, os malcasados são um bom exemplo de resignados. O reino da resignação é o da mediocridade.

4. *Dificuldade de estabelecer prioridades*. Na multiplicidade de alternativas ofertadas pelo mundo moderno, não dá para fazer tudo. Saber estabelecer prioridade e lutar objetivamente por elas é essencial.

5. *Falta de confiança ou auto-estima baixa*. A falta de confiança e de auto-estima nos empobrece porque cria ambivalências que paralisam a nossa capacidade decisória. O decisor fica pulando de uma alternativa para outra sem conseguir se fixar em nenhuma.

6. *Imagem irrealista de si próprio ou auto-idealização*. É o típico mecanismo de compensação. No portal do Templo de Apolo, em Delfos, estava escrito: "Conheça-te a ti mesmo e aja com moderação." Nenhum de nós é absolutamente realista a seu respeito, mas o autoconhecimento é fundamental para a tomada de decisões madura e eficiente. Se temos uma imagem irrealista de nós mesmos, nossas decisões tenderão a inconseqüentes e a desilusão será freqüentemente nossa companheira.

7. *Falta de consciência de si*. O desenvolvimento da consciência está profundamente ligado à percepção. Quando uma pessoa toma consciência de algo, passa a ter condições de promover mudanças efetivas. A conscientização é irreversível.

8. *Auto-ilusão*. Resultante da falta de consciência de si, manifestada de modo muito diverso, pela alienação, perfeccionismo, idealiza-

ção, autodepreciação, preocupação com a própria imagem ou "complexo de anjo".

9. *Dependência emocional.* É muito comum nas situações de conflito como busca de apoio para as nossas decisões. Freud dizia que "em cada medo há um desejo". O dependente emocional se anula em função de outros porque, inconscientemente, tem uma necessidade obsessiva de ser querido. O medo de amar e de se desiludir atrapalha seu processo decisório. No fundo, tem sonhos de glória e posturas de mártir (vitimização). O outro lado da moeda tem também o mesmo significado. As pessoas que manifestam excessiva necessidade de aplauso e aprovação paradoxalmente padecem do mesmo mal. A compulsão pelo aplauso provoca decisões terrivelmente distorcidas porque, para impressionar favoravelmente os outros, tomam decisões rápidas e impulsivas, baseando-se apenas nas alternativas que irão provocar admiração e afeto, sem analisar outras conseqüências.

10. *Perfeccionismo.* Os perfeccionistas apresentam grande dificuldade de lidar com o tempo porque querem condições e decisões perfeitas, o que não existe. Postergam sempre que podem, com uma boa desculpa: a falsa esperança de evitar a decisão por meio de uma solução mágica. Têm dificuldade de renunciar às alternativas, querem escolher todas, e, ao querer tudo, destroem o que não têm. Vivem na ilusão de que, se não fizerem escolha alguma, as coisas se arranjarão por si sós. Concentram grandes doses de energia em torno de soluções fracassadas. Para corrigir esse problema, o decisor tem que aprender a se contentar com o "pouco possível", em vez de ficar sonhando com o "muito ideal".

11. *Otimismo ingênuo.* Parte da falsa expectativa de que as coisas vão melhorar sem que se faça nenhum esforço para que isso aconteça. Sonha acordado, confunde a realidade com o desejo, e com isso evita a decisão. Quando "cai na real", o baque é profundo. A frustração aumenta a inércia, e instaura-se um círculo vicioso que destrói a motivação. Muitas pessoas passam a vida trocando decisões por desejos e morrem infelizes, vazias e insatisfeitas.

12. *Medo.* É o mais comum dos bloqueadores de decisão. O medo é paralisante. Freqüentemente tolhe todo o processo decisório. Como uma metástase, contamina o tecido que ainda está sadio. Arrasa

com o bom humor, a auto-estima, a criatividade, o raciocínio, os relacionamentos interpessoais. A frustração causada pelo medo volta-se para o corpo e transforma-se em doenças, propensão para acidentes, baixo desempenho, relacionamentos destrutivos, insônia, falta ou excesso de apetite ou qualquer outra síndrome de autopunição, porque a maior conseqüência do medo é a raiva que sentimos de nós mesmos.

13. *Condicional crônico*. Aquele que se desculpa ou se recrimina constantemente em nome de condições ou recursos que poderiam ter acontecido na nossa imaginação, mas que na realidade nunca existiram. É o mais cruel dos bloqueadores, porque não perdoa a si próprio por ter deixado de ser alguém que nunca poderia ter sido ou de fazer algo que nunca poderia ter feito. "Se eu fosse mais inteligente... se eu tivesse sabido... etc." A falta de misericórdia consigo mesmo guarda um terrível potencial de destruição da personalidade, e as pessoas que apresentam essa síndrome freqüentemente precisam de ajuda profissional.

14. *Cabra-cega*. Esse tipo de decisor apresenta grande dificuldade de avaliar as alternativas, o que faz com que evite a decisão. Sem opções não há escolhas, há predeterminação. A cegueira para as opções não é acidental. A idealização e o medo do conflito são suas grandes causas. Esse tipo de bloqueador é muito comum quando o decisor se encontra sob forte pressão emocional, estressado ou cansado. Um pouco de relaxamento, um bom descanso ou férias podem resolver o problema. Dar-se tempo, nessas situações, não é egoísmo, é bom senso. Há um velho ditado que aconselha a "não decidir na crise". Exige coragem, porque nesses momentos pode vir a vontade de desistir, de largar tudo e partir para outra.

15. *Pressão de tempo*. Quando sentimos pressa, temos a tendência de agir impulsivamente. A idéia de que não haverá tempo suficiente para o alcance dos objetivos ou necessidades das pessoas instala o caos generalizado. As pessoas podem querer fazer em uma noite o que tiveram a vida toda para fazer e não o fizeram. Nesse caso, tempo funciona como salvaguarda para as decisões impulsivas. Escolhas sábias, sólidas, são praticamente impossíveis em clima de desespero, de êxtase ou de extrema excitação. Nesses instantes, o domínio sobre a decisão é improvável.

16. *Racionalização.* É o não-decisor que, como na fábula da raposa, não alcança as uvas e se desculpa afirmando que estão verdes. Comum nas pessoas intelectualizadas e racionais, constitui uma autodesculpa para as frustrações.

17. *Falta de criatividade e de imaginação e pobreza de idéias.* Levam o decisor a escolhas mesquinhas nascidas de alternativas pobres. Na maioria das vezes, estão relacionadas à acomodação e à preguiça, mas algumas vezes podem ser causadas por falta de informações fidedignas.

18. *Desorganização interna.* O processo decisório mobiliza todas as faculdades humanas, e a falta de integração entre os aspectos lógicos, biológicos e psicológicos causa um evidente transtorno emocional. Há pessoas que são predominantemente movidas pela lógica; outras, pelas emoções. São personalidades cíclicas, desestabilizadas, imprevisíveis, depressivas ou eufóricas. Não têm um traço forte que integre as sensações dispersas e seja capaz de manter o controle nas situações emocionais e manifestar sensibilidade nos aspectos racionais. Essa capacidade integrativa é sinal de maturidade e atualmente considerada um fator importante na seleção de executivos e líderes, com a denominação "quociente emocional".

19. *Ideologias e referenciais teóricos muito rígidos.* Limitam a visão do decisor. Os paradigmas, a cultura organizacional, a religião, o compromisso ideológico e a pressão institucional são alguns desses fatores.

20. *Focalização perceptiva.* Percebemos as coisas na medida de nosso interesse ou intencionalidade. Se não temos interesse ou motivação, desconectamos nossos sensores e as opções que nos seriam oferecidas.

2.2.4 Valores Individuais

Toda decisão envolve valores. Existem fundamentalmente duas categorias de valores individuais: os valores de competência e os valores de avaliação.

2.2.4.1 Valores de competência

São ligados aos sistemas conceituais que desenvolvemos para compreender o mundo, prever conseqüências, analisar causas e alternativas e buscar formas de solucionar problemas. Conceitos são categorias segundo as quais organizamos o mundo. Não podemos pensar sem essas categorias; dependemos dos conceitos para ordenar nossas experiências. Os conceitos não existem isoladamente: estão dispostos numa espécie de rede de relações, chamadas de sistemas conceituais. Quando bem-sucedidos, esses sistemas conceituais tendem a se estabilizar. Sem eles somos como barcos sem leme. São eles que nos permitem ter sistemas de controle e atuar de maneira inteligente e organizada para satisfazer as nossas necessidades. Os animais não precisam ter sistemas conceituais porque o instinto cumpre essa função. Infelizmente, nenhum sistema conceitual se adapta perfeitamente ao mundo. Mesmo assim, é necessário um grande esforço para duvidar e desafiar um sistema conceitual quando ele deu certo no passado porque, se mudarmos um valor, toda a rede do sistema se altera, exigindo uma reorganização difícil, mesmo quando resulta em melhorias consideráveis para as pessoas. Por isso, quanto mais rígido e efetivo for o sistema conceitual de uma pessoa, mais resistente às mudanças ela será, e mais restrito será o seu contexto na tomada de decisões.

2.2.4.2 Valores de avaliação

Relacionados aos nossos julgamentos de valor, os *valores de avaliação* estão profundamente ligados às nossas percepções. De modo geral, tendemos a proteger os sistemas conceituais que nos parecem bons. Quando se torna muito importante manter percepções valorativas, as pessoas podem apoiar desesperadamente sistemas conceituais pouco efetivos a fim de obter uma autopercepção favorável.

Quando há evidência de conflitos entre os sistemas conceituais, desenvolvemos mecanismos de defesa para lidar com eles. Esses mecanismos de defesa servem para evitar que as pessoas se confundam ou percam seu rumo cada vez que acontece algo diferente das suas expectativas.

Os mecanismos de defesa ajudam a garantir nossa estabilidade e os nossos relacionamentos afetivos porque nos ajudam a continuar convivendo com pessoas, mesmo quando percebemos que elas não se enquadram em nossas idealizações.

Por outro lado, eles dificultam o processo de mudança, condenando-nos a cometer os mesmos erros passados. Tornam-nos muitas vezes cegos aos erros que poderíamos corrigir. Às vezes, nos permitem uma pequena modificação (conservadorismo dinâmico), mas, em geral, nos fazem prisioneiros da nossa própria proteção. Os decisores efetivos conseguem flexibilizar essas defesas e por isso têm coragem para decidir e enfrentar as conseqüências.

A escolha entre alternativas sofre considerável influência de aspectos menos formais e menos controláveis, tais como opiniões expressas por colegas, por amigos, e pelos meios de comunicação.

Quando tomamos decisões, quase nunca utilizamos espontaneamente os elementos de uma tomada racional de decisões, como a busca ampla de alternativas, a avaliação probabilística da situação ou o estabelecimento minucioso de metas operacionais. Muito mais freqüentemente do que se imagina, as decisões cumprem funções do inconsciente não diretamente relacionadas com a questão a ser decidida. Por isso, em muitas situações, não é possível compreender o significado de uma decisão sem uma avaliação profunda da situação em que ela é tomada.

2.3 AS CONSEQÜÊNCIAS DA DECISÃO

A análise das alternativas implica a avaliação de suas conseqüências, ou seja, dos acontecimentos que sobrevirão à escolha.

Toda decisão tem conseqüências e envolve riscos, mas, uma vez processada a escolha, o caminho está traçado e é unidirecional.

Existem dois fatores que não podem deixar de ser considerados na análise das conseqüências:

- o grau de certeza ou incerteza; e
- o nível de risco existente no processo decisório.

2.3.1 Certeza ou Incerteza no Processo Decisório

A adequação da decisão é definida pelo resultado que dela se espera. Decisões difíceis são aquelas cujas conseqüências serão muito provavelmente negativas (dilemas); por exemplo, uma cirurgia mutiladora ou um programa de reengenharia numa organização. Quando há certeza, não há ambigüidade, nem conflito na escolha. Mas a incerteza torna a decisão problemática e complexa.

O obstáculo inicial e mais formidável à reflexão, nesse caso, é a "tentação da certeza". Vivemos imersos em uma tradição na qual a existência de um mundo material, objetivo, parece indiscutível. Não nos damos conta do caráter essencialmente subjetivo da percepção. Como diz Bronowsky: "... estamos cada vez mais conscientes de que aquilo que pensamos do mundo não é o que o mundo é, mas o que o animal humano pode perceber".

A palavra *certeza* tem duas conotações:

- uma subjetiva, que representa a segurança pessoal de um determinado conhecimento;
- outra objetiva, representada pela garantia que um conhecimento oferece da sua verdade.

A palavra teve, em seu uso histórico, e ainda conserva, ambos os significados, para os quais o inglês tem duas palavras diferentes:

- *certitude*, que se refere ao sentido subjetivo; e
- *certainty*, que se refere ao caráter objetivo.

Quando se trata de certeza de informações, conotamos a palavra no sentido subjetivo e tentamos conferir-lhe caráter objetivo. É uma forma de buscarmos segurança diante daquilo que é essencialmente incerto.

Adotamos para isso a idéia de estabilidade do conhecimento, que faz alusão à solidez do conhecimento. Platão afirmou que a estabilidade do conhecimento depende da estabilidade do seu objeto; por isso só é possível conhecer estavelmente as coisas estáveis, ao passo que as coisas não-estáveis (mutáveis) podem ser objeto apenas do conhecimento provável.

Confundimos muito a idéia de certeza com a de verdade. Verdade é subserviente à credibilidade. A verdade só é verdade para quem acredita nela, é muito mais uma questão de fé do que de qualquer outra coisa.

A noção subjetiva de certeza e os problemas inerentes a ela nasceram quando, com a importância atribuída pelo cristianismo à fé, foi reconhecida a possibilidade de uma segurança subjetiva do saber, não garantida por um critério objetivo de verdade.

Esses dois sentidos vêm perpassando a história até hoje.

Na maioria das vezes, as decisões são tomadas num clima de incerteza. Em muitas situações, a incerteza é inerente ao processo. O que se deve distinguir, no entanto, é que não há necessariamente uma relação direta entre incerteza e insegurança. A incerteza é objetiva, a insegurança, subjetiva. Por exemplo, tanto as decisões médicas quanto as decisões gerenciais são tomadas sempre em meio a um alto nível de incerteza, mas não com insegurança. A incerteza é inerente à prática médica e à ação gerencial, a todo o conhecimento biológico e a todas as situações econômicas e sociais. Dessa forma, tanto a prática médica como a ação gerencial podem ser definidas como a arte de administrar a incerteza.

Entretanto, muitas decisões ocorrem sem que o decisor possua preferências articuladas, suas escolhas são construídas durante o processo decisório e não simplesmente reveladas. Freqüentemente dependem de uma visão geral do problema, do método de análise das alternativas e do contexto.

A percepção diferente de uma determinada escolha leva à tomada de decisões diferentes. Dois profissionais igualmente experientes podem adotar soluções diferentes para um determinado problema, de acordo com as informações que possuem e as interpretações que fazem delas. Suas decisões são mais influenciadas pelas estatísticas ou por fatores de risco. As pessoas têm medo do risco.

A insegurança, por outro lado, é uma característica do decisor e não do fato a ser decidido. Um maior ou menor grau de insegurança é função da experiência e da situação emocional e existencial do decisor, como discutimos anteriormente.

2.3.2 Risco

A maior parte das decisões envolve riscos, e por isso tendemos a procurar sempre a alternativa menos arriscada. A intensidade do risco vai depender da possibilidade, maior ou menor, de conseqüências desagradáveis, da experiência e autonomia do decisor para tomar a decisão e da possibilidade concreta de alcançar o objetivo que se pretende.

O estudo do processo decisório confirma de modo categórico a expressão de Nietzsche: "não se deve querer arrebatar ao mundo seu caráter inquietante e enigmático."

A proporção do risco na decisão depende de duas variáveis:

- a autonomia do decisor (*poder de decisão*); e
- a possibilidade de alcance do objetivo da decisão (*viabilidade*).

O poder de decisão está relacionado com a pessoa do decisor, seja pelos seus atributos ou pela sua condição. A viabilidade decorre da dispo-

Viabilidade		
	Baixa	Alta
Poder — Alto	Risco elevado	Risco nulo
Poder — Baixo	Risco total	Risco pequeno

FIGURA 2.9 Risco nas decisões

nibilidade de recursos de todas as ordens, na maioria das vezes externos ao decisor ou independentes de seu controle.

A Figura 2.9 demonstra a correlação entre esses dois fatores e a sua influência na tomada de decisão.

Se o decisor dispõe de autonomia ou poder e existe um alto grau de viabilidade no alcance do objetivo, os riscos são praticamente nulos, e as conseqüências da decisão são previsíveis.

Se tanto a autonomia do decisor quanto a viabilidade de alcance dos objetivos forem muito baixas, os riscos são desproporcionais, e a decisão deve ser evitada.

Pouca autonomia com alta viabilidade traz riscos pequenos.

Muita autonomia com pouca viabilidade de alcance inviabiliza a decisão.

PARTE II

Macrovisão do Processo Decisório

CAPÍTULO 3

Dimensões Sistêmicas da Decisão

3.1 A CRISE DE PERCEPÇÃO NO MUNDO CONTEMPORÂNEO

As decisões contemporâneas estão correlacionadas com as macromudanças que estão acontecendo no cenário mundial. Esse não é um tema novo; ao contrário, poucos assuntos têm sido tão debatidos nos últimos tempos, seja nos salões acadêmicos, seja nos meios empresariais ou do governo. Isso acontece porque estamos vivendo um momento muito especial na história humana, um daqueles momentos de síntese que permitem uma mudança de patamar, uma transformação de grande amplitude e profundidade. A transformação é uma mudança definitiva, radical e revolucionária. A sensação de perda de referências que acontece nesses momentos cria um estado de perplexidade em todas as pessoas. É isso que Fritjof Capra identifica como a grande crise do nosso tempo – a crise de percepção.

> *"Encontramo-nos no meio de uma mudança tão radical que nos obriga a rever todos os nossos parâmetros decisórios, porque os novos paradigmas são sistêmicos, afetam-nos de maneira geral e absoluta, o que implica uma transformação total do nosso modo de ser e de agir... O mais grave é que políticos, empresários, acadêmicos e*

demais lideranças estão presos a essas percepções desatualizadas e continuam usando as mesmas abordagens antigas e obsoletas. E o pior de tudo é que ainda não se deram conta disso...

Esse problema tem dimensões globais e não depende apenas de mudanças individuais, mas de decisões políticas de largo espectro, das quais dependerá a própria sobrevivência da humanidade. Entretanto, esses fenômenos não podem ser vistos separadamente, porque são, na realidade, facetas diferentes de uma mesma crise de percepção" (CAPRA, 1982).

Hoje a mudança é tão radical que não podemos deixar de vê-la, de senti-la, de pensar nela. Mas nem por isso sabemos lidar com ela, e nossas decisões são o reflexo disso. A mera percepção não gera a mudança, é apenas o primeiro passo. Muitas pessoas falam com relativa facilidade em visão global, abordagens holísticas, raciocínio sistêmico, mudanças aceleradas, sem, todavia, traduzir seu discurso em ação. No discurso, aparentam ser vanguardistas, inovadoras, flexíveis e criativas. Na prática, costumam ser as mais renitentes, aquelas que escondem sob uma teoria verbalizada um comportamento arcaico e arraigado. Essas pessoas ouviram falar das mudanças, concordam que "daqui para a frente tudo vai ser diferente", mas não tomaram a decisão de mudar. Agem como se a mudança devesse acontecer apenas para os outros, sem alterar o próprio *status quo*.

Como se explica isso? As grandes transformações estão relacionadas com as mudanças de paradigmas. Quando os paradigmas sociais que regem o comportamento de grande número de pessoas mudam bruscamente, como parece estar acontecendo agora, a sociedade se transforma. São momentos críticos cujos efeitos se expandem por todo o sistema social. Podem não ser aprovados por todos, mas também não podem ser ignorados, porque tornam evidentes:

- as crenças, os valores, os hábitos e as bases do conhecimento existentes no sistema social;
- aquilo que perdeu a validade ou se tornou obsoleto;
- as coisas novas que estão sendo geradas, descobertas ou utilizadas, muitas das quais ainda não passaram por um processo de análise crítica ou não foram institucionalizadas.

3.2 A INFLUÊNCIA DOS PARADIGMAS NAS DECISÕES

Paradigmas são modelos ou padrões aceitos e compartilhados por um grupo social (KUHN, 1978). Os paradigmas são as rotinas de uma cultura e exercem grande influência nas nossas decisões, porque decidimos com base em modelos mentais específicos.

Informações e contextos que se encaixam nos nossos paradigmas fluem com facilidade, enquanto os outros têm grande dificuldade de ser aceitos porque nossos modelos conceituais tendem a reforçar nossas crenças e valores habituais.

Durante a vigência de um paradigma, a maioria das decisões e ações é direcionada para que ele se mantenha. A força conservadora dos paradigmas fundamenta-se na crença da certeza daquilo que está em vigor, o que dificulta ou até mesmo impede a aceitação do novo. O conservadorismo arraigado pode resultar numa espécie de paralisia ou impotência decisória.

Nosso mundo pós-industrial é dominado pelos paradigmas cartesianos, e, como tal, apresenta uma grande dificuldade de compreender a totalidade. Como se sabe, o método de Descartes, que fornece as bases da metodologia científica, baseia-se na compartimentação do conhecimento, comparado metaforicamente ao conjunto justaposto de tijolos ou blocos que compõem um edifício.

A física, tida como modelo de ciência no passado, vem liderando uma mudança nos paradigmas científicos, a partir da Teoria da Relatividade e da física quântica. Em contraposição ao reducionismo e à fragmentação preconizados pela metodologia científica tradicional, apregoa-se a necessidade de um modelo capaz de garantir uma abordagem integrada à compreensão dos sistemas sociais. Partindo do pressuposto de que não é possível isolar qualquer coisa em si mesma, porque tudo está conectado ao resto do Universo, o novo paradigma é sistêmico e contém, segundo Capra, cinco pressupostos básicos que deverão orientar o pensamento científico daqui por diante:

1. *Da fragmentação para a totalidade.* As partes não podem ser analisadas separadamente, mas em função de sua relação com o todo. As implicações dessa mudança na tomada de decisão são muito grandes, pois, nesse novo paradigma, o exame das alternativas e conseqüências precisa ser consideravelmente ampliado.

2. *Da estrutura para o processo.* A estrutura de um sistema e o processo a ela vinculado revelam a teia de seus relacionamentos internos. O paradigma tradicional considera a estrutura sistêmica de modo estático e rígido, enquanto o modelo emergente a enxerga formada por elementos dinâmicos, mutáveis, relativos, evolutivos e construtivos. Para conviver com essas duas abordagens, os decisores precisam se tornar mais flexíveis e disponíveis para as mudanças.

3. *Da ciência objetiva para a epistêmica.* De acordo com esse pressuposto, a decisão depende da subjetividade do observador e do contexto em que a decisão é tomada. Essa nova abordagem reconhece outras dimensões além da racionalidade objetiva, trazendo para discussão, no campo da ciência, temas antes negados por ela, tais como: o imaginário, a intuição[1] e os aspectos mágicos da decisão.

4. *Da construção metafórica em blocos para o conceito de redes.* Essa nova concepção tem causado grande desconforto aos cientistas, a partir da constatação de que nenhum conceito, modelo ou disciplina é mais importante do que o outro e de que eles só funcionam eficazmente através de redes interligadas e transdisciplinares. Obviamente, as decisões nesse contexto se tornam muito mais complexas, mas também muito mais eficazes.

5. *Da verdade absoluta para a descrição aproximada.* Se aceitarmos o pressuposto de que tudo é interconectado, de que não se pode interferir nas partes sem afetar o todo, a ciência terá de rever seus métodos e admitir que não se pode explicar nada de maneira absoluta, mas somente através de aproximações sucessivas. Para decidir eficazmente nesse contexto tornam-se necessários:

   - A mudança dos nossos modelos mentais, ou seja, do quadro de referenciais perceptivos que condicionam nossos valores e orientam nossas decisões.

   - A opção pelo novo, mesmo que o antigo ainda atenda à maior parte das demandas, o que exige visão de longo prazo e motivação suficiente para enfrentar o desconforto da mudança.

   - O apoio grupal, para que a decisão possa ser implementada e institucionalizada.

---

[1] Intuição: ato ou capacidade de pressentir, capacidade de conhecer alguma coisa por um canal diferente do canal da razão.

- A existência de instrumentos e ferramentas adequadas ao decisor e ao contexto.

A mudança de paradigmas força-nos a adotar referências diferentes das usuais e exige a tomada de decisões inovadoras. Um novo paradigma é resultante de um trabalho criador. O homem o acata quando sente que ele é necessário. Os novos paradigmas não impedem a resolução dos problemas acobertados pelos anteriores, mas, como são quase sempre incompatíveis com eles, indicam novos rumos e são sempre relevantes.

Sem essa mudança de percepção nos valores e na maneira de pensar não há como planejar a construção de um futuro sustentável. Por isso, os critérios para a tomada de decisão no mundo contemporâneo deverão transitar:

- "da visão mecanicista do mundo, contemplada pelo reducionismo da metodologia científica cartesiana, para uma visão ecológica e sistêmica de todos os fenômenos;
- da visão do corpo humano como uma máquina, para uma concepção integrada do ser humano;
- de um sistema de valores baseado na dominação e na luta competitiva para sobreviver, para um outro sistema de valores baseado em parceria e reconhecimento da interdependência" (CAPRA, 1982).

3.3 A DECISÃO NOS SISTEMAS SOCIAIS

O conceito de sistema, usado inicialmente na física e nas ciências biológicas, propõe uma abordagem interdisciplinar muito útil quando se trata de descrever, analisar, prognosticar e interferir em fenômenos inter-relacionados.

Todos os sistemas, sejam eles físicos, mecânicos, biológicos ou sociais, consistem em um conjunto organizado de partes especializadas, em interação contínua, responsáveis pela transformação e troca de energia, recursos e informações entre o sistema e seu ambiente. Pressupõem o reconhecimento de uma profunda relação de interdependência interna (entre os subsistemas) e externa (entre o sistema e o ambiente).

Essas propriedades são encontradas em todos os sistemas sociais, tais como a família, as empresas, as instituições, as associações etc.

O modelo sistêmico é um esquema conceitual, que permite analisar de maneira ampla e direta os objetivos, a estrutura, o funcionamento e as inter-relações dos organismos complexos. Ele permite a análise dos sistemas sociais não apenas pelos seus componentes ou pela sua dinâmica interna, mas também pela identificação e possibilidade de intervenção no comportamento dos atores que dele participam e influenciam o alcance de seus resultados.

No tocante à decisão, o modelo sistêmico organiza e clareia as percepções, possibilitando análises mais consistentes das alternativas, escolhas mais adequadas e avaliações mais objetivas das conseqüências. A vantagem da sua aplicação ao estudo dos processos decisórios é que ele não está sujeito às distorções tendenciosas que surgem quando julgamos ações com base em nossas próprias crenças e valores. Todos nós temos a tendência de avaliar os comportamentos e as decisões dos outros a partir dos nossos próprios valores, por isso é comum não aceitarmos as idéias de quem pensa ou age diferentemente de nós. Quando fazemos isso, estabelecemos limites para o comportamento dos outros, o que freqüentemente resulta na polarização das percepções. A polarização é uma característica do comportamento humano que, em si, não é negativa, mas oferece riscos de perda de objetividade ou dispersão nos processos decisórios.

Apesar de constituir-se em um fenômeno estritamente individual, a decisão humana é complexa porque seus efeitos se estendem por todos os sistemas sociais. Indivíduos e organizações estão profundamente imbricados uns nos outros, influenciam-se mutuamente e não sobrevivem uns sem os outros. As pessoas são muito mais do que partes constituintes dos sistemas sociais, são seus criadores, e os conduzem através das decisões que tomam. Entretanto, uma vez constituído, o sistema social afeta as percepções, os valores, as decisões e as ações dos indivíduos.

3.4 CARACTERÍSTICAS DOS SISTEMAS SOCIAIS

Os sistemas sociais apresentam as seguintes características:

- Têm um objetivo comum que não pode ser alcançado pelas partes isoladamente.
- São formados por partes interligadas e complementares que se relacionam dentro de uma estrutura especializada.
- Adotam tecnologias, práticas consolidadas, padrões de autoridade e formas de comunicação específicas para ligar e integrar as atividades dos subsistemas.

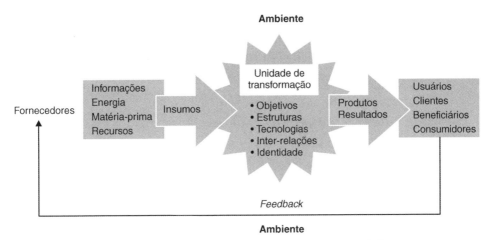

FIGURA 3.1 Características dos sistemas sociais

- Dependem de transações com clientes e fornecedores externos, que lhes provêem recursos e absorvem a sua produção ou resultados.
- Possuem uma identidade, um núcleo intocável que lhes confere uma marca especial – o caráter –, sustentada por uma teoria ou uma ideologia, por meio da qual as suas realidades, interna e externa, são interpretadas e tratadas em termos práticos, conforme demonstra a Figura 3.1.

Mudanças sociais dependem de mudanças de valores. Quando o sistema de valores muda, surgem novos padrões culturais evolutivos e involutivos. Para entender e administrar os sistemas sociais, precisamos de estruturas conceituais capazes de considerá-los em todas as suas dimensões, de conviver com as mudanças que os afetam e de se adaptar continuamente a elas.

3.5 A TEORIA DOS *HOLONS*

Uma das contribuições mais importantes para a análise dos sistemas sociais foi concebida por Arthur Koestler, através do conceito de *holon*, como uma forma de contraposição aos extremos do reducionismo proposto pela metodologia científica cartesiana e aos exageros do *holismo,* que pretende a hegemonia do todo sobre as partes, em todas as circunstâncias.

Ele juntou dois conceitos gregos – *holos* (que significa totalidade) e o sufixo *on* (que significa parte ou partícula) –, criando um neologismo para explicar as inter-relações existentes dentro dos sistemas complexos.

"Os termos parte e todo são relativos e ambíguos. Uma parte, como geralmente usamos a palavra, significa algo fragmentado e incompleto, que não tem uma existência por si mesmo. O todo, ao contrário, é considerado como algo completo em si mesmo e dispensa qualquer explicação adicional.

Mas todos e partes nesse sentido absoluto simplesmente não existem em lugar nenhum, no domínio dos organismos vivos e das organizações sociais.

O que encontramos são estruturas intermediárias em diversos níveis e numa ordem ascendente de complexidade: partes que se revelam todos, ou vice-versa, de acordo com o modo como as observamos. Os fonemas, as palavras, as frases são todos, mas são também partes de um todo maior, assim como são as células, os tecidos, os órgãos, as famílias, os clãs e as tribos. Todos os membros dessa hierarquia têm, como o deus romano Jano, duas faces que olham em direções opostas: a face voltada para os níveis internos é a de um todo completo em si mesmo; a face voltada para cima, em direção ao ápice, é a de uma parte dependente. Uma é a face do senhor, a outra, a face do servo" (KOESTLER, 1978).

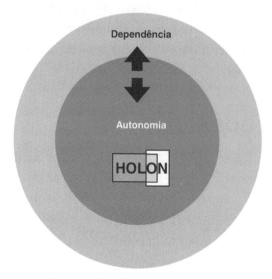

FIGURA 3.2 Conceito de *holon*

Os *holons* apresentam três características específicas, visíveis em qualquer tipo de sistema:

1. *Hierarquia.* Significa ordem sagrada, indicando que todo sistema tem uma finalidade e está organizado hierarquicamente em relação à sua função e ao controle de seus processos internos.
2. *Códigos fixos.* Dizem respeito às regras que sustentam a identidade do sistema e organizam a sua estrutura em profundidade e extensão. Contêm os limites do sistema, aquilo que não pode ser mudado, que constitui o seu núcleo essencial. A maior parte das decisões tomadas com base nesses códigos é rotineira, conservadora e voltada para a manutenção e para a permanência.
3. *Estratégias flexíveis.* Dizem respeito à dinâmica e à flexibilidade do sistema, bem como às estratégias que ele usa para sobreviver. Expressam a autonomia do *holon* para criar, inovar ou se transformar.

A organização social depende da existência do todo e das partes para sobreviver. Uma sociedade sem estruturação hierárquica comporta-se de maneira caótica. Por outro lado, não existem sistemas sociais monolíticos, padronizados em uma estrutura única. As sociedades complexas são organizadas em vários tipos de hierarquia entrelaçadas, a que damos o nome de *estruturas em rede*. Cada um desses níveis da hierarquia detém uma forma autônoma de poder ou de controle, que podem ser rígidos ou elásticos, autoritários ou participativos, mas sempre existem. Assim, cada *holon* social atua como uma unidade autônoma, tem uma individualidade, uma identidade, compartilha de um mesmo território e de um código de leis explícitas, costumes e crenças.

A dicotomia entre o todo e as partes se manifesta na polaridade de duas tendências inerentes a cada *holon*: a integração e a auto-afirmação. Essas tendências ocorrem sob diferentes formas, nos vários níveis da hierarquia, como mostra a Figura 3.3.

A polaridade dessas duas tendências constitui o núcleo da "teoria dos *holons*". O conceito de *holon* é dialético, comporta a harmonia e a dissonância, a análise e a síntese, o funcionamento e a oposição. O *holon* é símbolo da contradição entre a parte e o todo, a autonomia e a dependência. Esse paradoxo é inseparável da vida.

Essas forças contraditórias existem potencialmente em todos os sistemas sociais. São energias vitais, importantes e necessárias, mas que de-

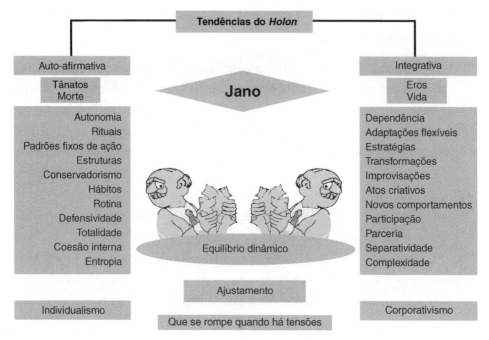

FIGURA 3.3 Tendências do *holon*

vem coexistir em equilíbrio dinâmico. É importante observar que essas características em si são neutras. A eficiência de seu uso é uma questão de grau. Se utilizadas em excesso, tornam-se negativas, se inexistentes, geram estagnação. Existe um ponto de equilíbrio que precisa ser encontrado e respeitado para que o *holon* funcione de maneira adequada.

As tendências contraditórias dos *holons* atuam nos sistemas porque não existe organização sem antagonismos. Por isso, todos os sistemas vivos estão sujeitos às crises.

O mundo atual, marcado pela velocidade das mudanças, é um mundo em crise. A palavra crise (do grego *krisis*) significa momento de decisão. Ao criar um impasse, a crise obriga a uma tomada de decisão. Tomar decisões durante as crises é muito difícil devido às incertezas que, quase sempre, estão presentes nesses momentos.

Toda crise, seja qual for a sua origem, traduz-se por uma falha na regulação do sistema, ou seja, no controle de seus antagonismos. Por outro lado, os antagonismos irrompem quando há crise. Podem também deflagrar crises que estão em estado de latência. Quando a crise se manifesta, a desordem se propaga no sistema. Quanto maior for a complexidade do sistema, maior é a possibilidade de desordem, e, portanto, maior é o perigo da crise. Paradoxalmente, é também maior a capacidade do sistema para vencer suas dificuldades e tirar proveito delas para o seu desenvolvimento. Dependendo da forma como é administrada, a crise pode ser benéfica, porque traz dentro de si a semente da inovação (MOURA, 1978).

Um grupo social ou um organismo está em equilíbrio quando as tendências auto-afirmativas e integrativas de seus *holons* se contrabalançam mutuamente. Nos momentos de tensão ou de crise, esse equilíbrio se rompe e o *holon* tende a perder o controle. Sua auto-afirmação se transforma em agressividade, seja o *holon* um indivíduo, uma organização ou um sistema social maior. O *holon* superexcitado pode monopolizar suas funções em detrimento da totalidade, e esta só funciona como todo se as partes funcionarem como partes.

Quando o processo se inverte, ou seja, quando há dependência excessiva, o poder do todo sobre as partes corrói a autonomia e a individualidade e o *holon* perde a sua identidade. Isso pode conduzir a uma regressão das tendências integrativas, propiciando formas primitivas de interação grupal; por exemplo: o governo passa a ignorar as misérias individuais; a empresa deixa de se importar com o sofrimento dos operários. Cria-se um abismo entre a identidade e a totalidade.

Nos momentos de crise, a existência simultânea de paradigmas novos e velhos dificulta a tomada de decisão, porque as diferentes visões de mundo e seus referenciais perceptivos específicos fazem com que cada um considere as alternativas e conseqüências de maneira personalizada. Em condições normais, as tensões surgidas nessas transações são passageiras. A decisão correta devolve o equilíbrio ao sistema, redirecionando-o para as suas finalidades. Isso explica por que as grandes mudanças, tanto nas pessoas como nos sistemas sociais, costumam acontecer após os períodos de crise.

CAPÍTULO 4

Paradoxos e Decisões

4.1 DECIDINDO ATRAVÉS DOS PARADOXOS

Observadas à luz da história, as decisões revelam a essência do comportamento humano no mundo, com suas tradições, seus feitos, suas práticas, suas crenças, sua cultura e seus paradoxos.

Paradoxo é uma situação com alternativas múltiplas e conseqüências opostas. Todo paradoxo envolve uma contradição e, muitas vezes, confunde o decisor e o induz a resultados errôneos, a conseqüências indesejáveis ou arriscadas, a partir de alternativas corretas ou premissas coerentes.

Em uma sociedade paradoxal como a nossa, não existem decisões simples e receitas infalíveis, porque:

> *"Há um paradoxo no âmago de todas as coisas, e o desafio do futuro é achar um caminho através dos paradoxos, já que eles não podem ser resolvidos, mas apenas controlados (...) Quanto mais turbulenta a época, mais complexos são o mundo e os seus paradoxos. A turbulência está associada à Teoria do Caos. Segundo essa teoria, a turbulência é um prelúdio necessário à criatividade e a alguma nova ordem. Portanto, podemos e devemos reduzir a severidade de algumas contradições, minimizar as inconsistências e entender os*

enigmas dos paradoxos, embora não possamos resolvê-los completamente ou fugir deles até que a nova ordem se estabeleça... O paradoxo tem de ser aceito, enfrentado e ter um sentido na vida, no trabalho e entre as nações."

Se os paradoxos não podem ser resolvidos, também não podem ser ignorados, porque não há como eliminar a complexidade. A impossibilidade de resolver os paradoxos nos dá a falsa impressão de que não podemos decidir sobre eles: o paradoxo limita ao mesmo tempo em que desafia a decisão, e isso também é uma contradição.

Realmente, controlar os paradoxos parece ser o maior desafio do nosso tempo, e só podemos fazê-lo através de decisões sábias. Escolhas certas no momento certo são a única garantia que temos de um futuro sustentável e de mudanças menos dolorosas. Handy identifica esse momento com base no conceito de "curva sigmóide". Idéia semelhante foi desenvolvida por Capra, baseada no *I Ching*, o *Livro das Mutações*, das antigas dinastias chinesas. Esses autores procuram demonstrar que a vida nos sistemas sociais, nas organizações e nas pessoas transcorre através de ciclos de ascensão e decadência. Para iniciar um novo ciclo, é necessário que as decisões sejam tomadas em um momento determinado, quando os velhos paradigmas ainda estão em vigor e os novos ainda não despontaram de todo.

Decidir através dos paradoxos implica a capacidade de perceber o global e atuar sobre as pequenas coisas que estão ao nosso alcance, acei-

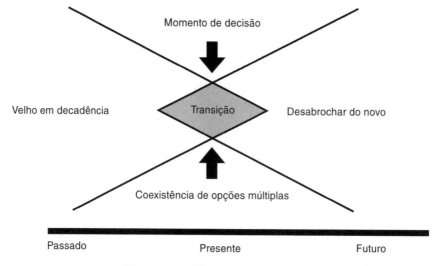

FIGURA 4.1 Momento de decisão

tando a nossa impotência diante do que não tem solução. Contrapõe a visão de longo prazo (onde se situam os resultados) com o "aqui e agora" (quando as decisões devem ser tomadas). Alguns paradoxos são contextuais e podem ser diluídos com a alteração das circunstâncias. Nesses casos, as decisões atuam sobre eles de modo indireto. Mas há paradoxos que estão fadados a não ser resolvidos nunca, porque encerram uma contradição essencial e permanente. Decidir através dos paradoxos não significa resolvê-los, mas criar meios de conviver com eles.

4.2 DILEMAS E PARADOXOS DA SOCIEDADE CONTEMPORÂNEA

Tanto o modelo cartesiano como o holístico, se tomados como fórmulas únicas, nos levam a um "beco sem saída". Não se pode negar a contribuição trazida pelo modelo cartesiano. Ele foi e continua sendo válido como o método que propiciou o desenvolvimento da ciência e da tecnologia até o ponto em que elas se encontram. Ele ainda é o único meio válido para explicar cientificamente os fenômenos. É essencial para orientar as decisões rotineiras, porque é baseado na racionalidade objetiva e funcional. Mas, quando é tomado como o único parâmetro para a tomada de decisões, contribui para acirrar os paradoxos da sociedade contemporânea.

Quando os paradoxos contaminam os sentimentos e as relações humanas, instala-se a doença. Um desses traços patológicos mais evidentes na vida contemporânea é a cisão entre razão e emoção, pensamento e sentimento, mente e coração, verdade e paixão.

A predominância absoluta da razão sobre o afeto resulta em esquizofrenia, e a emoção descontrolada é neurótica. A incapacidade de lidar com a crise de percepção, explicada anteriormente, causa uma espécie de "esquizofrenia social generalizada". A violência social ou mesmo a dificuldade de absorver as mudanças velozes cria estados crônicos de paranóia. A dificuldade de enxergar soluções em tempo hábil mata a esperança e alimenta a depressão.

O conceito de normalidade estatística faz com que a maioria das pessoas atacadas por esses sintomas sinta-se "normal". Os anormais passam a ser considerados aqueles que não foram completamente dominados pela sociedade da informação e da mudança e ainda mantêm a sua integridade física e psicológica.

Outra conseqüência grave das decisões contemporâneas são as alterações ecológicas devido ao descuido que tivemos com o meio ambiente. Na ânsia incomensurada de ter, produzir ou fazer, o homem devastou a natureza, e hoje corre o risco de desestabilizar o equilíbrio interno do planeta, ameaçando inclusive a sobrevivência da raça humana no futuro.

As alterações no ecossistema se inter-relacionam com os sistemas biológicos e sociais. Como não é possível isolar o todo das partes, se interferimos em um, inexoravelmente afetamos o outro. Além disso, as conseqüências culturais e sociais do uso da tecnologia e da ciência têm sido deixadas de lado e provocado alterações significativas no comportamento humano, como, por exemplo, a total incapacidade dos governos de todo o mundo de administrar os grandes centros urbanos e de conter a migração para os centros considerados desenvolvidos, sejam eles cidades ou países.

Quando os decisores levam em conta apenas as variáveis que os afetam diretamente, sem analisar as conseqüências para os outros subsistemas ou o seu impacto no sistema maior, o risco de ruptura do sistema social torna-se muito grande. Corre-se o risco de resolver um problema criando outro maior em outros contextos, como, por exemplo, tomar um remédio para curar uma doença e sofrer efeitos colaterais iguais ou piores que ela. Essas conseqüências são tão graves, que poderíamos, metaforicamente, chamá-las de patológicas.

Países em desenvolvimento, como o nosso, ostentam alguns sintomas dessas patologias sociais, tais como:

- Incontrolado crescimento populacional e gravíssimos problemas de distribuição de renda.
- Incidência de conflitos e antagonismos sociais, com potencialidade de confrontações devidas aos contrastes internos entre uma minoria rica e uma maioria miserável ou a divergências ideológicas insuperáveis.
- Incapacidade dos governos de resolver problemas sociais básicos, tais como educação, moradia, saúde, segurança e emprego.
- Grande dependência das flutuações econômicas internacionais, dos mercados, do capital especulativo, das flutuações de preços etc.
- Passividade e alienação das pessoas, que, por ignorância, desinformação ou desesperança, não conseguem ver solução para esses problemas.

Decidir através dos paradoxos implica aprender a ampliar o contexto em que eles estão inseridos. Muitas especulações têm sido feitas sobre o futuro da humanidade e das organizações do futuro. A história nos mostra que o estabelecimento de previsões ou cenários sempre foi uma preocupação da humanidade, antes de tomar suas decisões. Nesse intuito, os homens construíram templos, fizeram longas viagens, ofereceram tesouros aos deuses. Em atenção às previsões feitas, fundaram cidades, declararam guerras e destronaram reis. Na realidade, o homem necessita de referenciais para tomar decisões, tais como:

- Ter uma espécie de radar para informá-lo das mudanças que estão ocorrendo no mundo, e isso a tecnologia moderna já lhe oferece.
- Avaliar o impacto que essas mudanças vão exercer sobre ele, e isso depende de sua acuidade perceptiva e de seu nível de consciência.
- Saber como responder a essas mudanças de maneira produtiva, e isso depende de decisões sábias.

Os atuais cenários mostram que estamos numa encruzilhada. Em um futuro próximo, muitos dos paradoxos que presenciamos hoje precisam ser controlados, e as nossas decisões de hoje deverão contribuir para direcioná-los no rumo certo. A seguir listamos alguns deles.

4.2.1 Homem e Máquina

O termo "tecnotrônica" é um neologismo criado por Zbigniew Brzezinski a partir da junção dos termos "tecnologia" e "eletrônica" para sintetizar

QUADRO 4.1 Dilemas e paradoxos da era contemporânea

Homem	e	Máquina
Consumo	e	Dinheiro
Emprego	e	Trabalho
Liberdade	e	Controle
Competitividade	e	Parceria
Simplicidade	e	Complexidade
Passividade	e	Participação
Comunicação	e	Isolamento
Globalidade	e	Localidade
Oriente	e	Ocidente

a influência da tecnologia e da eletrônica na vida atual. A informática, a cibernética, a criação quase diária de novos equipamentos eletrônicos têm uma influência inegável sobre o nosso cotidiano, afetam as nossas percepções, mudam nossos hábitos e condicionam nossas decisões. Não há como negar que a tecnologia e a inovação desvendam ou resolvem alguns paradoxos. Mais que isso: quase pensam por nós e, seguramente, muitas vezes, decidem por nós. Quem pode resistir aos apelos da mídia, ao conforto que os eletrodomésticos nos proporcionam, à praticidade que o computador pessoal imprime ao nosso trabalho diário? Quantas vezes exclamamos entusiasmados: "Não vivo mais sem o computador", "Não saberia viver sem uma geladeira em casa"? No entanto, há poucas décadas, nossos pais e avós sobreviveram, e muito bem, sem que nada disso existisse. Obviamente, suas decisões tiveram de ser bastante diferentes das nossas.

A sociedade tecnológica propicia uma verdadeira integração do homem com a máquina, e os apelos insaciáveis do mercado por novos produtos criam valores marcados por uma profunda desvitalização, o que é de certa forma uma atração pelo não-vivo, pelo inanimado. A reverência pela vida, nesse caso, fica em segundo plano. Decisões autopunitivas, falta de cuidado com a saúde e com o corpo são alguns sintomas desse fenômeno, visíveis no cotidiano, por meio da preferência pelos aparelhos, em vez das pessoas; dos processos em lugar dos produtos; das estruturas em vez das relações. O supremo paradoxo das relações interpessoais na atualidade é o de "amar as coisas e usar as pessoas".

Esses comportamentos trazem no seu bojo uma profunda desumanização, fruto da nossa incapacidade de conviver e assimilar a enorme carga de mudanças que afeta todo o sistema social. Essas mudanças têm reforçado os valores vigentes e condicionado uma desvitalização ainda maior do ser humano.

As projeções e cenários futuros são pessimistas, se não alarmantes, em relação a esse assunto.

> *"Mais do que os cientistas, são os escritores de ficção científica que exploram um novo tipo de sociedade surgida do caos social e econômico no mundo pós-industrial. Para todos eles a tônica é uma só: um governo mundial e uma estrutura empresarial completamente automatizada em que as pessoas serão 'escravas das máquinas'. Uma gigantesca rede de computadores cuidará de tudo, a liberda-*

de individual será reduzida ao ponto zero, as máquinas rastrearão seus passos e invadirão os recônditos de seu íntimo. A manipulação genética poderá fabricar pessoas segundo os desígnios dos líderes. Chega-se a um ponto em que a máquina adquire maior discernimento e toma decisões mais sábias do que os homens. Cultiva uma 'ética própria' e possui uma 'psicologia robótica'. Resta-nos apenas a esperança de que essa Máquina onisciente e todo-poderosa domine o caos e faça surgir um novo Gênesis!" (BRZEZINSKI, 1968).

4.2.2 Consumo e Dinheiro

Vivemos num mundo sem precedentes: nunca a sociedade foi tão afluente e nunca se viu tanta miséria; nunca as pessoas buscaram tanto os prazeres imediatistas do consumo e em tempo algum se viu tanto tédio. Vivemos na sociedade do descartável e do desperdício. O crescimento econômico depende do aumento da produção e da criação constante de novos produtos. Desde a Revolução Industrial, no fim do século XVIII, o mundo tem assistido a uma vasta acumulação de materiais, produtos e serviços. A expectativa é de que nas próximas décadas a disponibilidade de novos produtos seja ainda muito maior. Prevê-se, até mesmo, uma nova Revolução Tecnológica, a partir do desenvolvimento da microeletrônica e da manipulação genética. Embora o desenvolvimento tecnológico tenha contribuído de maneira impressionante para a prosperidade e a qualidade de vida de uma faixa da população mundial, trouxe também um rastro de efeitos colaterais indesejados e imprevistos.

Vivemos numa sociedade centrada no mercado que, a despeito da nossa vontade ou da nossa percepção, condiciona e dirige a nossa vida. Nesse contexto, nosso padrão de decisão costuma ser substituído pelo das instituições a que pertencemos.

O mercado é uma instituição e, como tal, despersonaliza as pessoas, roubando-lhes primeiro a vontade e, depois, a identidade. Estamos nos transformando em "teres" humanos em vez de "seres" humanos!

Erich Fromm (1977) rotula essa prioridade do *ter* sobre o *ser* como uma das patologias da sociedade moderna. Segundo ele,

"o homem, como um dente da engrenagem da máquina de produção, torna-se coisa e deixa de ser humano. Ele passa seu tempo fazendo coisas nas quais não está interessado, com pessoas nas quais não

está interessado, produzindo coisas nas quais não está interessado; e, quando não está produzindo, está consumindo. Ele é o eterno lactente, de boca aberta, absorvendo sem esforço e sem atividade interior tudo o que a indústria (que impede o tédio e produz o tédio) lhe impinge. Por mais inconsciente que seja, o tédio continua sendo tédio."

O dinheiro desempenha um importante papel na sociedade de mercado. Consiste em fonte inesgotável de motivação. Sem dinheiro não há consumo, e por isso ele está subjacente aos objetivos e desejos de todas as organizações e indivíduos. Todo mundo quer sempre mais dinheiro e luta por ele com veemência:

- os empresários querem maiores lucros;
- os empregados querem melhores salários;
- o governo quer mais impostos;
- os profissionais liberais querem aumentar seus honorários;
- as igrejas e instituições sociais querem maiores contribuições.

Na fantasia de muitas pessoas, ganhar na loteria ou receber uma polpuda herança é um símbolo de felicidade.

Na realidade, o dinheiro é, paradoxalmente, um poderoso impulsor ou bloqueador das decisões. As pessoas tomam decisões diferentes em relação ao dinheiro, e isso determina o estilo de vida de cada um.

Há pessoas que não têm dinheiro, mas têm tudo o que o dinheiro proporciona. São os dependentes do dinheiro dos outros, tal como os filhos, enquanto vivem à custa dos pais, ou os que vivem à custa do dinheiro do povo, no governo; ou das contribuições dos filiados, nas instituições.

Há os que já têm muito dinheiro, mas vivem obcecados pelo desejo de ter cada vez mais. São os ambiciosos, que pautam suas decisões por viver correndo atrás do dinheiro e que costumam morrer por causa dele.

Há os que não têm dinheiro algum e são excluídos de uma vida digna por causa disso.

Enfim, há quem guarda dinheiro, os usurários; quem abusa do dinheiro, os perdulários; quem reparte o dinheiro, os caridosos; e os que roubam o dinheiro dos outros, os ladrões. Todos têm suas motivações específicas, embora o alvo seja um só.

O trabalho na nossa sociedade é visto como uma forma de obtenção de rendas. Por isso é avaliado em termos do lucro, dos resultados, do desempenho e da produtividade. Também o homem, nesse contexto, é avaliado pelo retorno financeiro que é capaz de garantir à empresa, ou seja, o trabalho passa a ser medida de eficiência e também de conflito, quando o patrão acha que o empregado ganha mais do que produz, enquanto este acha que ganha menos do que merece.

A concepção do dinheiro como conseqüência do trabalho tem provocado uma das grandes celeumas da vida moderna: o medo de perder o emprego, o que, na realidade, revela o medo da falta de dinheiro.

Guerreiro Ramos se rebela contra essa força avassaladora do mercado e propõe um novo modelo de decisão, que ele chama de "teoria da delimitação", um alerta para os decisores e formuladores de políticas sociais, no sentido de que o mercado não pode ser o único fator de referência na tomada de decisões do homem contemporâneo porque atende apenas a um número limitado das necessidades humanas. A famosa frase imortalizada pelo economista americano Milton Friedman, *"there's no such thing as a free lunch"* (não existe almoço gratuito), metaforicamente esclarece que toda opção tem conseqüências, tem "um preço". Além disso, toda decisão envolve um "investimento", uma disponibilidade pessoal. Exige esforço, dedicação de tempo, conhecimento ou dinheiro. Nunca é gratuita. Como qualquer empreendimento, necessita de um aporte de recursos. O dinheiro é um dos mais importantes. Dependendo do contexto, pode ser o parâmetro de viabilidade da decisão. Se houver um desequilíbrio entre o grau de motivação ou necessidade de resolver um determinado problema e a disponibilidade de recursos, o processo decisório é abortado, e o decisor paga o preço da frustração. O dinheiro é sempre paradoxal: pode nos proporcionar muitas coisas, mas pode tirar outras como afeto, qualidade de vida, estabilidade familiar, tempo para o lazer. Dinheiro pode causar felicidade e infelicidade, tranqüilidade e preocupação, conforto e desassossego, realização ou competição.

4.2.3 Emprego e Trabalho

Talvez este seja um dos problemas mais relevantes do nosso tempo. Desde o século XIX, quando a Revolução Industrial criou o emprego nas organizações formais, o homem fez dele uma fonte de referência tão importante quanto a religião ou a família. Talvez se possa afirmar, sem exagero, que em muitos casos o trabalho substituiu a fé. Além do amor, o trabalho despontou como uma das motivações fundamentais do ser humano.

A sociedade de mercado é uma sociedade centrada no trabalho. Certamente nenhuma outra atividade humana foi tão valorizada no século XX, não importa se considerada sinônimo de virtude, sucesso, conflito ou redenção. Exaltado pela ética protestante, o trabalho foi fator importante na consolidação do capitalismo, talvez a sua base. Cultivado em exagero, criou várias categorias: os proletários, os operários, os gerentes e os viciados em trabalho, os *workaholics*.

O século XX foi indiscutivelmente o século do culto ao trabalho. E o trabalho, até os anos 1990, foi consubstanciado no emprego. De repente toda essa estrutura se rompeu. O emprego, visto como uma fonte de sobrevivência, um marco de tranqüilidade, um alvo de conquista, passou a ser um produto inexistente ou descartável. Enquanto no passado a virtude esteve ligada à prática religiosa e o *status* social à nobreza, o século XX identificou o trabalho como referencial de dignidade humana, virtude e posição social. O trabalho, na nossa sociedade, torna a pessoa responsável e admirada, é visto como forma de realização, chance de aprendizado e gerador de desafios. Daí o espanto e a perplexidade com o fim do emprego e o medo da perda de seu significado. Mas, assim como a renda e o dinheiro, a carga de trabalho está se tornando mal distribuída: há os que trabalham demais e os que não têm trabalho; os que têm o trabalho como fonte de realização e os que ainda o relacionam com o anátema bíblico (*"ganharás a vida com o suor do teu rosto"*); os que se orgulham de tê-lo conseguido e os que são desprezados por não terem acesso a ele. A tecnologia, a automação, a globalização econômica, a busca da qualidade, o aumento do nível de exigência dos consumidores motivada pela elevação dos padrões de vida e de educação estão revolucionando as bases da estrutura empresarial. A transformação é radical e parece não ter volta.

Paradoxalmente, tanto as ideologias políticas comprometidas com os ideais trabalhistas quanto a ciência e a tecnologia, neutras por definição, mas teoricamente a serviço da melhoria das condições de vida, colaboraram juntas para o fim do emprego e o acirramento das crises sociais do nosso tempo.

O modelo político dominante no mundo ocidental é o capitalismo. Seus valores influenciaram as decisões tomadas nestas últimas décadas, conduzindo o mundo ao estado em que ele se encontra. Considerado no nível estritamente material, o capitalismo foi um excelente nivelador – "colocou as meias de seda, que antes eram privilégio das rainhas, ao alcance das operárias" (SCHUMPETER, 1942) –, mas não foi capaz de repetir o feito nos aspectos não-materiais dos privilégios, tanto no passado como no presente.

O comunismo, centrado no pleno emprego e na primazia dos operários, afogou os sonhos do proletariado na tirania, na burocracia, na intolerância e no atraso.

O socialismo não escapou à contradição: criou o *welfare state* (o estado do bem-estar), inventou as formas de participação indireta no trabalho, mas também inaugurou a era do desemprego na Europa.

Os países orientais, com uma filosofia de vida identificada com os valores budistas, introduziram o *kaizen* (melhoria contínua) no vocabulário empresarial, trazendo-o do plano individual para o plano coletivo, mas seu uso nas empresas foi essencialmente voltado para a melhoria da qualidade do produto e não da vida dos trabalhadores.

Ora, é sabido que as ideologias dão origens às atitudes e estas, às decisões. Na longa perspectiva da história, sempre foram dadas prioridades diferentes aos valores sociais.

O mundo moderno valoriza o trabalho como fonte de recompensas materiais e símbolo de sucesso, mas manteve-se ambíguo em relação ao emprego. Símbolo de escravidão, de uso do ser humano como um custo ou recurso de produção, o emprego foi aviltado e vilipendiado. Houve tempo em que o sonho da maioria dos trabalhadores era o de ser patrão, símbolo de liberdade e riqueza, de não ter hora para trabalhar, de ser dono do próprio destino.

Hoje, apavorados, muitos trabalhadores descobriram que o ídolo tinha os pés de barro. Por mais difíceis que fossem as relações capital-trabalho, a disponibilidade de emprego estava ligada à própria sobrevivência.

Ameaçados pelo desemprego têm hoje uma relação de amor-ódio com a máquina. Admiram a sua potência, reverenciam a sua praticidade, mas morrem de medo de que ela tome os seus lugares nas fábricas. Cultivam uma capacidade inédita, a empregabilidade, ao mesmo tempo em que, perplexos e amedrontados, se curvam desesperados às exigências e à exploração patronal. Para salvar o emprego, sacrificam a própria vida.

4.2.4 Liberdade e Controle

A sociedade capitalista ancora seus valores na democracia representativa de seus governos como forma de garantir os direitos da coletividade. No entanto, o que se observa na prática é um individualismo exacerbado que cultiva a competição e a individualidade como valor. Durante muito tempo, esses valores não foram questionados. "Viva e deixe viver", "Cada um por si e Deus por todos" são máximas que espelham valores da nossa sociedade.

Essa questão se torna mais significativa quando passamos a observar que qualquer acontecimento importante ocorrido no mundo atual afeta diretamente cada indivíduo, onde quer que ele se encontre. A dimensão sistêmica das decisões ganhou amplitude e vulto com os recursos da tecnologia e da informação. O confronto de interesses é mais difícil e mais complexo à medida que sua extensão aumenta. Quando as necessidades individuais não obtêm respostas satisfatórias, em tempo hábil, costumam-se verificar graves desequilíbrios sociais. Nesse contexto, o controle social das decisões torna-se imperativo. A complexidade do mundo que nos rodeia está aumentando mais depressa do que a nossa capacidade de compreendê-la e de lidar com ela. O mundo parece funcionar como se tivesse vida própria e de forma diferente da pretendida. Para atender aos desejos das pessoas sem perder de vista os interesses coletivos, é necessário estabelecer limites. Quanto maior for o nível de autonomia e descentralização, maior será a necessidade de controle para que não se atinja o caos. A sociedade moderna vive o paradoxo da decisão individual controlada socialmente. Como esse controle não pode ser feito somente pela máquina, a sociedade contemporânea necessita de um referencial de valor, um balizador da conduta individual. Como as organizações e os partidos políticos não têm sido capazes de congregar a maioria das aspirações humanas, temos assistido a um renascimento espiritual e filosófico, na esperança de que aí esteja a base para os novos paradigmas.

4.2.5 Competitividade e Parceria

Poucas palavras têm sido tão usadas no momento quanto competitividade e parceria. No entanto, ambas são mal compreendidas.

Há uma diferença sutil entre competitividade e competição.

Competição é uma relação interpessoal de ganha-perde, numa situação em que há adversários ou oponentes. É uma característica comportamental que envolve pessoas. A competição pode ser positiva, desde que exercida em condições especiais, reguladas e preestabelecidas, com o conhecimento e consentimento de ambas as partes, como nos jogos desportivos, nas campanhas políticas, ou em situações de emulação nas vendas etc. Entretanto, muitas vezes ela vem carregada de fortes contornos emocionais, ou de luta pelo poder, suscitando o aparecimento de conflitos e desavenças.

Competitividade é um termo que tem sido muito usado nas empresas modernas como uma qualificação inerente a um produto ou a uma empresa, e não ao comportamento de alguém. A competitividade é atributo de uma empresa ou produto que merece a escolha e a fidelidade de um cliente ou consumidor. A competitividade, nesse caso, é um fator diferencial no processo decisório de quem compra algo. É essencial para a sobrevivência das empresas porque lhes garante a efetividade no mercado, e este sim, funciona como um jogo ou uma competição, regulado pelas leis da oferta e da procura, em que vence o mais forte ou o mais hábil.

A competitividade é caracterizada por três fatores básicos: a qualidade do produto ou serviço, a excelência do atendimento e o preço. Esses fatores influenciam o comprador na tomada de decisão e o levam a optar pelo que o atende melhor. Vale lembrar que a qualidade aqui é entendida como aquilo que o cliente deseja ou que é adequado ao uso. A escolha, nesse caso, tem componentes subjetivos, o que leva as empresas a realizar verdadeiros malabarismos para encantar ou seduzir o cliente, como forma de se tornar ou de se manter competitiva. A decisão do cliente funciona com um jogo de forças. Muitas vezes ele decide por um produto mais caro porque a qualidade do produto, a adequação ao uso, a rapidez do atendimento ou até mesmo a preferência pessoal influencia a sua opção.

Embora a competitividade guarde características de antagonismo e disputa, ela somente pode ser conseguida por meio da parceria e da cooperação entre as pessoas. Hoje, admite-se consensualmente que o diálogo, as posturas cooperativas e o trabalho em equipe são essenciais para se obter a parceria e que, sem esta, não há como se tornar uma empresa competitiva.

Paulo Moura (1994) estabelece uma interessante diferença entre sociedade e parceria:

> *"A sociedade é baseada fundamentalmente na posse, no ter, uma vez que os sócios são os que possuem parcelas de um todo, não necessariamente iguais. Já parceria é a condição de ser parte, e, na sua essência, supõe igualdade, porém uma espécie de igualdade que está baseada no ser. A parceria só se realiza através da criação de uma comunidade (comum-unidade)."*

No antigo paradigma, a forma de cooperação mais comum era justamente a sociedade, baseada no *ter*. O momento atual exige que nos tornemos parceiros, porque estamos todos no mesmo barco, as decisões dos outros nos afetam e nossas decisões afetam a todos. Citando Paulo Freire (1979): "Ninguém liberta ninguém, ninguém se liberta sozinho, os homens se libertam em comunhão."

4.2.6 Simplicidade e Complexidade

Os sistemas biológicos são complexos porque são formados por bilhões de células igualmente complexas. Os sistemas sociais são mais complexos ainda. Quanto mais organizado o sistema, maior a sua complexidade. A ordem é um fator preponderante nos sistemas complexos; por isso, a rotina, a padronização, as regras, os regulamentos ajudam a administrar a complexidade nos sistemas sociais, criando limites, definindo o campo de ação e estabelecendo a latitude decisória de cada pessoa. Não há como gerir a complexidade sem antes, torná-la simples.

Por outro lado, esses limites diminuem a liberdade individual, mas esse é o preço que se paga para o viver coletivo. A rigidez das regras engessa a capacidade decisória individual, mas cria a disciplina. A ausência delas cria o caos. A flexibilidade restabelece a ordem necessária ao funcionamento do sistema.

As organizações são sociedades em miniatura e não estão imunes ao que acontece no macrossistema. Vistas sob o ponto de vista do modelo sistêmico, elas fazem parte do processo, são agentes de mudança, enquanto assimilam os valores e as características do sistema maior. Assim, ao mesmo tempo em que se mostram organizadas e controladas, precisam estar preparadas para lidar com a incerteza e o imprevisto, com os paradoxos e com os conflitos presentes no sistema social, o que

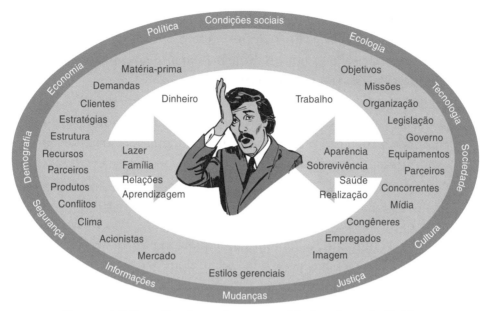

FIGURA 4.2 Pressões da contemporaneidade sobre o indivíduo

exige delas grande dose de flexibilidade. A flexibilidade é a arma que temos para lidar com a complexidade, porque todos os sistemas vivos, sejam eles indivíduos, organizações ou sociedades, não existem no vácuo e estão submetidos a pressões ambientais cada vez mais fortes.

A pressão exercida pelos sistemas sociais e organizacionais sobre os indivíduos é cada vez maior. Como toda sobrecarga, gera estresse, e o homem moderno é especialmente vulnerável aos seus efeitos. A consciência dos fenômenos que nos circundam e o autoconhecimento são essenciais para o alcance da flexibilidade e discernimento das condições que nos permitirão navegar entre esses paradoxos.

4.2.7 Passividade e Participação

A passividade do homem no mundo contemporâneo é apenas um sintoma do que Erich Fromm chama de "síndrome da alienação". Ao se comportar passivamente, o homem não se relaciona com o mundo, submete-se a ele, e por isso se torna solitário, indefeso e ansioso. A submissão, entretanto, em vez de aliviar a ansiedade, muitas vezes a potencializa.

A crise de percepção afeta o homem naquilo que ele mais necessita para tomar uma decisão de qualidade: um mínimo de segurança ou de certeza em relação às consequências. Escolhas erradas representam

84   Capítulo Quatro

graves riscos. Dúvidas geram tensão. Ele precisa acreditar que o método pelo qual toma decisões é certo. Prefere tomar a decisão "errada" e estar seguro a respeito dela a tomar a decisão "certa" e ficar atormentado por dúvidas em relação a sua validade.

Durante séculos essa certeza foi garantida pelo conceito de Deus. A Igreja falava por Deus. Atualmente, o homem continua a buscar na espiritualidade a resposta para as suas dúvidas, mas as várias seitas e religiões parecem não estar lhe oferecendo as respostas esperadas. Na sua confusão, buscou refúgio na ciência. Mas esta também não foi capaz de aliviar as suas dúvidas, porque não lhe garantiu a previsibilidade e não foi capaz de lidar com a complexidade crescente da vida moderna. Perdido no seu isolamento, o homem não é mais capaz de decidir sozinho. Nem a fé, nem a ciência, nem a intuição, nem os computadores foram capazes de dar-lhe um norte, ou oferecer-lhe uma direção. Incapaz de assumir sozinho as conseqüências de seus atos, não conseguiu conviver com a solidão da decisão; ávido de certezas e carente de apoio, buscou a companhia de seus semelhantes.

Essa é a explicação para a valorização crescente da participação, da decisão grupal, do trabalho em equipe no mundo moderno. Esse é um fenômeno quase universal. Empresas, regimes políticos, governos e famílias, todos concordam com a necessidade de participação. Hoje, no mundo todo, apregoam-se valores democráticos, e até mesmo os governos autoritários não conseguem negar o direito do povo de escolher diretamente os seus líderes e em participar das decisões que afetam os seus destinos. A despeito de essa participação ainda não ser efetiva em todos os países, ela é considerada um valor, um critério indicativo de desenvolvimento e bilhete de entrada no clube dos países desenvolvidos.

Todos esses fatores, em seu conjunto, trouxeram profundas mudanças no comportamento das pessoas e nas condições sociais. Embora ainda prevaleçam grandes e hediondas desigualdades nos países mais pobres, pelo menos a percepção do problema já é consensual.

Nas empresas, os antigos modelos de planejamento, baseados nos paradigmas cartesianos e nos ambientes estáveis, tiveram que ceder lugar a formas de planejamento mais contingenciais e mais participativas. O dinamismo dessa nova realidade passou a exigir estruturas flexíveis, algumas vezes superpostas ou redundantes, buscando integrar o todo às partes e vice-versa, tornando-se, sobretudo, um veículo para o exercício de formas democráticas e participativas do poder.

É interessante observar que, por si só, a participação nos pequenos grupos não propicia níveis significativos de mudança nem nas organizações, nem na sociedade, porque afeta apenas as decisões rotineiras. As decisões transformadoras ainda têm sido privativas das elites, tanto no Oriente como no Ocidente. Além da participação nos pequenos grupos, situada no local de trabalho, necessária à viabilização ou otimização das metas, surgiram novas formas de participação indireta, situadas fora do local de trabalho, destinadas a resolver os conflitos nascidos nas relações entre o capital e o trabalho, tais como as negociações coletivas, os comitês de fábrica e os processos co-gestionários desenvolvidos na Europa nos últimos 50 anos (MOTTA, 1993).

Por outro lado,o papel da liderança teve de ser reconceituado. Do significado etimológico de conduzir pessoas, passou a representar aquele que inspira, que insemina valores, que catalisa ideais do grupo. De um atributo pessoal, a liderança passou a ser fruto do reconhecimento ou da opção dos liderados. O carisma foi substituído pela visão compartilhada.

4.2.8 Comunicação e Isolamento

A principal mudança no sistema social se processa nas áreas do conhecimento. A tecnologia, que é o conhecimento aplicado, encontra veículo fácil no sistema de comunicações em rede, que se processa mundialmente e nos permite assistir em tempo real a qualquer evento em qualquer parte do planeta e até mesmo fora dele, por meio de satélites, das estações espaciais etc.

A rede de comunicações materializada pela mídia e pelas redes de computadores influencia profundamente as nossas decisões porque coloca todo o conhecimento disponível ao nosso alcance. Sem ela, o conhecimento e a tecnologia ficariam restritos. A rede de comunicações globalizou a economia e os valores políticos.

A quantidade de informações disponíveis modificou todos os métodos decisórios, conforme foi visto Capítulo 2. A velocidade com que elas circulam trouxe novas conotações aos processos de escolha. A visão das conseqüências tornou-se mais ampla e também mais complexa porque multiplicou *ad infinitum* a disponibilidade das informações, mas, em contrapartida, diminuiu o tempo das escolhas. As decisões ganharam qualidade, mas tornaram-se infinitamente mais complexas.

Por outro lado, os mesmos recursos que potencializam a comunicação fazem com que o homem moderno se torne mais isolado. A máquina, cada vez mais, elimina a necessidade e a oportunidade de contato humano. A presença contínua e maciça da televisão, do computador, do enorme acervo de livros, revistas, jornais e outros meios de comunicação faz com que o homem moderno tenha pouco tempo para se relacionar com outros. Anestesiado pela profusão de estímulos, acaba trabalhando, se distraindo e aprendendo sozinho. A mesma sociedade que lhe cobra participação rouba-lhe as condições de convivência e de contato humano.

4.2.9 Globalidade e Localidade

Um dos efeitos mais importantes do paradigma sistêmico no mundo moderno é o paradoxo da visão global e atuação local. Só podemos interferir nas micromudanças, só podemos tomar decisões que estão dentro do nosso escopo de atuação. Não podemos, porém, deixar de considerar as alternativas e as conseqüências dos nossos atos no sistema maior.

Talvez seja essa a essência da crise da percepção. Ao perceber o todo, tornamo-nos responsáveis por ele, no sentido de que isso nos obriga a buscar soluções para os problemas globais, mesmo que o nosso poder seja mínimo, e a nossa capacidade decisória circunscrita a um pequeno território.

Esse paradoxo se resolve pelo compromisso. Quando percebemos que nossas decisões, por mais humildes que sejam, têm ressonância em todo o mundo, nós nos sentimos parte dele. O senso de comprometimento nos retira do isolamento da alienação, estimula a nossa generosidade e enterra o egoísmo. A consciência sistêmica dos valores universais nos ajuda a localizar o contexto e agir com humildade naquilo em que é possível contribuir e, indiretamente, a longo prazo, naquilo em que não nos é dado realizar por nós mesmos. As decisões, nesse caso, ganham um sentido processualístico e incremental de atuar por partes (sem deixar de considerar o global), de hierarquizar e priorizar pequenas soluções.

Essas decisões exigem profunda capacidade diagnosticadora, habilidade perceptiva, visão prospectiva para enxergar as suas conseqüências no futuro, coragem para admitir as nossas fraquezas e limites e também uma alta dose de autoconfiança para usar nossas potencialidades, de maneira sinérgica.

4.2.10 Oriente e Ocidente

Uma constatação curiosa, para o ocidental que desembarca no Oriente, é que seus habitantes, antes de serem ricos materialmente, já o eram em originalidade. Têm um modo próprio de se comportar que em nada se parece com as maneiras ocidentais. Preservam com orgulho suas raízes culturais, que consideram berço cultural do mundo. Costumam lembrar que, etimologicamente, a palavra *"oriente"* está relacionada a *"rumo"*, *"direção"*, e dizem em tom de troça que: *"quem não está no Oriente está desorientado"*...

Suas origens culturais e filosóficas favorecem a integração econômica entre eles. Na segunda metade do século XX, a maioria dos países do Sudeste asiático passou por uma profunda mudança nas suas estratégias comerciais, nos seus regimes políticos e nos seus comportamentos, mas jamais abriu mão da sua identidade.

4.2.10.1 Principais características da cultura oriental

As características culturais mais marcantes dos orientais são:

- a filosofia budista;
- a força da coesão grupal e do trabalho em equipe;
- o autodomínio.

A filosofia budista

Da mesma forma que a religião católica impregnou seus valores na estrutura comercial da Idade Média e a ética protestante forneceu as bases para o surgimento do capitalismo, a filosofia budista teve influência capital nos negócios do Sudeste asiático.

O zen é uma filosofia experiencial e ativa, sem o cunho dogmático, prescritivo e normativo que caracteriza as crenças ocidentais. Seus adeptos não necessitam de uma figura divina para servir de parâmetro espiritual. O próprio homem, quando se torna um iluminado – um guru –, oferece um modelo de comportamento a ser imitado. A perfeição humana é alcançada pelo aperfeiçoamento contínuo, o *kaizen*. Esse mesmo pressuposto, transportado para o mundo dos negócios, serviu de base aos programas da qualidade total, os quais perseguem a melhoria contínua dos produtos e serviços, da mesma forma que o *kaizen* aplicado ao plano espiritual.

88   Capítulo Quatro

A filosofia budista está presente em todos os países do Sudeste asiáti-co. Como não se trata propriamente de uma religião, mas de uma filoso-fia de vida, não foi tão afetada pelo regime comunista na China, e o xin-toísmo japonês não passa de uma adaptação local dos valores budistas. A busca de um caminho (*Tao*) parece estar presente na capacidade de se adaptar e de encontrar soluções em tempos de crise, características desses povos. Também parece estar relacionada com a grande capacida-de de trabalho e de dedicação a causas maiores, como a reedificação do país, ou da empresa.

A força da coesão grupal e do trabalho em equipe

As sociedades orientais não ostentam o individualismo exacerbado dos povos do Ocidente. A lealdade ancestral ao país, ao imperador ou ao governante, ao clã e à família estão hoje personificadas na lealdade às empresas. A extrema dedicação dos empregados, mais do que uma exi-gência das chefias, constitui uma opção pessoal, calcada em valores ar-raigados. Isso explica a predominância do trabalho em equipe, a busca de soluções harmoniosas e a dificuldade de conviver (e até mesmo de admitir) os conflitos interpessoais.

Existe um sentimento de honra pessoal que pode ser afetado por uma briga ou confrontação. As pessoas preferem fugir às situações conflit-vas; o "não" é considerado uma palavra indesejável, áspera e cruel. A aceitação dos fatos e a conformidade nas relações de poder confirmam a tendência de ação grupal. Para coibir confrontos indesejáveis, escon-dem-se atrás do conservadorismo, das tradições milenares, cultivadas ritualmente por todos.

A vida profissional e a vida familiar se misturam com freqüência; a lealdade e o amor à empresa costumam ser iguais ou maiores do que aqueles dispensados à família. Isso explica em parte o tratamento que procuram dar aos empregados, a participação nos lucros, a estabilidade no emprego e a criação de verdadeiras parcerias entre patrões e empre-gados, que não se vêem obrigatoriamente como forças contrárias. Os estilos de liderança, pelo crivo dos nossos paradigmas, podem ser con-siderados paternalistas e autoritários, mas, paradoxalmente, também benevolentes. O uso do poder é visto como natural, o que explica a acei-tação de lideranças fortes.

Criar harmonia é um valor altamente cultivado nos países orientais. *"Vá em frente em harmonia com o mundo"* é uma mensagem típica encontrada nas paredes de fábricas japonesas. Mas a harmonia é vista de maneira diferente da nossa, tanto nos relacionamentos interpessoais como na concepção estética, que se manifesta de maneira não-dual, valorizando as formas assimétricas e triangulares, tais como são vistas na arquitetura, nas obras de arte e nos *ikebanas* (arranjos florais).

Nas empresas, isso transparece nas estruturas não-lineares, na ênfase dada aos processos em vez das funções, na liberdade de atuação no chão de fábrica. Há um alto nível de exigência, de obediência, disciplina, respeito e humildade em relação às chefias e às autoridades em geral. Essas posturas são tão fortes que chegam a aparentar subserviência e têm trazido dificuldades de adaptação nas empresas orientais que abrem filiais no Ocidente, onde tais atitudes são consideradas demasiadamente autoritárias e desrespeitosas pelos empregados e sindicatos.

É muito conhecido o sistema de tomada de decisões nas empresas japonesas, o *ringi (rin* = submeter e *gi* = deliberação). Ele consiste em um sistema de decisão compartilhada e consensual obtida por uma equipe que participa efetivamente de todo o processo decisório. Antes de tomar uma decisão, os japoneses definem o problema rigorosamente. Na maioria das fábricas japonesas começa-se o dia com a revisão dos objetivos e a definição dos possíveis problemas. O *staff* se reúne todos os meses para decidir sobre as atividades em andamento, os problemas, as políticas organizacionais, os planos futuros, a segurança e o bem-estar dos funcionários, os critérios de remuneração e outros tópicos relevantes. Analisam cuidadosamente todos os detalhes possíveis. Por isso a decisão é demorada, mas a implementação é mais fácil. Apesar disso, a decisão final nas empresas japonesas é muito centralizada. O processo é amplamente discutido com todos, mas a palavra final é do presidente ou da matriz. Esse método segue rigorosamente os valores vigentes no Oriente. O *ringi* ajuda a manter a harmonia, o moral elevado, e reforça a lealdade e a coesão entre chefes e subordinados. As decisões tendem a ser mais consistentes e mais representativas a longo prazo, mas o sistema é lento, às vezes parece um pouco vago e confuso, o que costuma deixar os ocidentais irritados e perplexos. Muitas negociações se desfazem por isso. O método tem muitas limitações. É muito eficiente para decisões estratégicas, mas a avalanche de detalhes esconde uma burocracia e uma lentidão incompatíveis com a velocidade da sociedade ocidental.

No Oriente usam-se menos os contratos escritos que no Ocidente; confia-se mais na palavra dada. As relações éticas são internalizadas e

90   Capítulo Quatro

não-escritas. Em vez de gastar tempo com atitudes formais, os orientais preferem utilizar seu tempo, esforço e dinheiro para reforçar o senso de pertencimento. O viver cotidiano, baseado no pensamento budista, busca relações interpessoais respeitosas, honestas, verdadeiras e generosas. Os orientais, de modo geral, cultivam primeiro a amizade para depois fecharem negócios. Essa amizade é estendida aos clientes, fornecedores, terceirizados e outros associados.

O autodomínio

Os orientais são contidos. Reprimem ou disfarçam sentimentos e falas. Adotam com freqüência ritos baseados em expressões não-verbais. A manifestação de certos sentimentos em público é vista como sinal de pouca educação, por isso aparentam frieza ou distância, demonstrando modéstia, escondendo os próprios feitos e mantendo quase sempre um sorriso respeitoso. Há muito pouca tolerância aos erros. Eles devem ser evitados a todo custo para que não ocorra a perda da "*honra*". Esse sentimento é expresso por uma palavra intraduzível, mais próxima do conceito de "*obrigação*", e é extremamente forte, principalmente entre os japoneses. A par de tudo isso, os orientais demonstram uma grande disposição para o trabalho e chegam a trabalhar 50 horas por semana, com períodos de férias anuais que variam de cinco a 15 dias. Outra característica da cultura oriental é a sua disposição para imitar. O *benchmarking* tem aí a sua origem, e nos países orientais a cópia não tem as mesmas conotações éticas que no Ocidente. "Adotar, reciclar, exportar" chega a ser um lema, uma forma racional de queimar etapas, de promover o aperfeiçoamento contínuo, a partir de algo que já existe. Essas características culturais são responsáveis por muitas das estratégias de gestão das empresas orientais tais como: a qualidade dos produtos; a estabilidade no emprego; a terceirização, a formação de parcerias e alianças estratégicas; a existência de enormes corporações multinacionais; o planejamento a longo prazo e a visão global.

4.2.10.2 Análise comparativa entre as culturas oriental e ocidental

As culturas ocidental e oriental contemporâneas são profundamente diferentes, como descreve o Quadro 4.2.

As questões mencionadas no Quadro 4.2 são claramente demonstradas pela observação da estrutura das línguas próprias dessas duas

QUADRO **4.2** Diferenças entre a visão de mundo do homem ocidental moderno e do homem oriental

Oriente	Ocidente
O pensamento oriental é pontual, "saltando" com facilidade de um conceito a outro; esse tipo de pensamento não privilegia relações do tipo causa/efeito; as idéias são circunscritas mais do que descritas.	O pensamento ocidental é discursivo, progride a partir de um determinado conceito para alcançar outro conceito de forma a criar, entre eles, relações tipo causa/efeito; as idéias ou os fatos são descritos.
A relação com conceitos diferentes é ambivalente, "inclusivista", tendendo à idéia do "tanto um quanto outro".	A relação com conceitos diferentes é monovalente, exclusivista, tendendo à idéia do "um ou outro".
O pensamento é predominantemente globalizante.	O pensamento é predominantemente analítico; para tentar compreender o mundo, o homem ocidental "fragmenta o mundo", cria categorias e classificações.
O conceito de todo é alcançado por complementação.	O conceito de todo é alcançado por síntese.
O oriental é introvertido e se concentra mais no mundo interior, pessoal, procurando reduzir a força dos desejos através da meditação e de práticas que levam à introspecção.	O ocidental é extrovertido e se concentra mais no mundo exterior, estimulando o desejo (desejo de ter, de conhecer, de saber, de poder, de prazer, de riqueza, de beleza, de juventude etc.). Como desejo e sofrimento são faces da mesma moeda, a cultura ocidental criou toda uma parafernália de tecnologias anti-sofrimento.
O oriental enfatiza o intuitivo e atua principalmente de acordo com suas experiências.	O ocidental enfatiza o racional e atua principalmente segundo suas idéias.
O oriental "olha" para o passado.	O ocidental "olha" para o futuro.
O comportamento oriental tende ao coletivismo, enfatizando a comunidade.	O comportamento ocidental tende ao individualismo, com ações centradas no "eu", enfatizando a personalidade.
O oriental aceita a servidão com facilidade, em troca da calma e da prosperidade, e conforma-se mais facilmente com regimes autoritários.	O ocidental é amante da liberdade e está mais pronto a combater por ela; seu regime político preferido é a democracia.

grandes regiões geográficas e culturais do planeta. As línguas ocidentais contêm um grande número de palavras e partículas que acentuam o relacionamento tipo causa/efeito: *donde, pois, porque, daí, assim, com isso, em conseqüência de, por causa de, eis por que, por isso, visto que, em virtude de, da seguinte maneira* etc. A estruturação discursiva do homem ocidental se opõe radicalmente à estruturação pontual do oriental. As línguas ocidentais revelam claramente a relação linear com o tempo (do passado vai-se ao presente e deste para o futuro).

Ao contrário, a consciência oriental cria uma relação não-linear com o tempo. A língua japonesa desconhece a conjugação no sentido das línguas ocidentais, e, por isso, em última análise, qualquer ação descrita nunca abandona a relação com o presente.

No Ocidente, o tempo costuma ser simbolizado por uma seta que aponta do passado para o presente e deste para o futuro (veja Figura 2.7, Capítulo 2).

No Oriente o tempo costuma ser representado por uma espiral. A crença da reencarnação e a aceitação passiva de que há um tempo para viver, um tempo para morrer e outro para renascer estão apoiadas nesse tipo de visão do tempo. O ocidental vê o passado como irrecuperável: "Não adianta chorar sobre o leite derramado", não se pode interferir no passado; as decisões do presente moldam o futuro e só atuam sobre ele. O oriental, que crê em vidas futuras, admite que terá o mesmo problema pela frente e poderá reparar as decisões erradas ou as coisas "malfeitas". Essa crença atua como um poderoso redutor do estresse porque tira da decisão seu caráter fatalista.

Na pintura clássica chinesa, o artista volta sua atenção para a paisagem como um todo; os detalhes são secundários, com freqüência apenas sugeridos e não claramente delineados como na pintura ocidental.

Os valores no Ocidente são expressos através da linguagem, no Oriente, através da experiência e da ação. O Ocidente legitima seus pensamentos e ações através da ciência, que é racional e baseada em cânones; o Oriente baseia-se na tradição e na experiência, que são baseadas em percepções e sentimentos.

A expressão mais plena do pensamento ocidental é a ciência. A ciência é produto de uma sociedade pluralista e multifacetada em seus valores, princípios e concepções filosóficas; por causa disso, ela também se estrutura de maneira fragmentada e descontínua. Essa fragmentação e descontinuidade são uma característica das nossas práticas, métodos e técnicas. Não se pode falar em ciência oriental. A cultura oriental sempre se desenvolveu sobre um corpo ideológico consistente, tradicional e

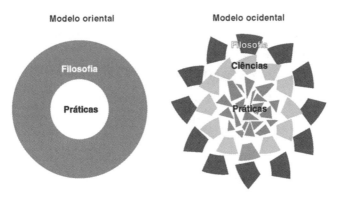

FIGURA 4.3 Cultura oriental e ocidental

milenar – quase monolítico. Suas práticas passam fora do crivo da ciência e incorporam diretamente os valores vigentes. Os orientais tendem a pensar de maneira global e contextual. Primeiro consideram o geral, o todo, depois o particular. Um exemplo curioso dessa tendência é a forma como se indica um endereço nos países orientais: primeiro o nome do país, depois a cidade, o nome da pessoa, a rua e o número, exatamente ao contrário da prática ocidental.

Os modelos de vida ocidental e oriental são obviamente incompletos, como demonstra a Figura 4.3. Espera-se que algum dia a humanidade caminhará no sentido de uma convivência integrada e complementar desses modelos, conforme sugere a Figura 4.4.

4.2.10.3 Modelos decisórios no oriente e no ocidente

Os modelos decisórios, na sociedade ocidental capitalista, baseiam-se em paradigmas que tiveram origem durante a Revolução Industrial,

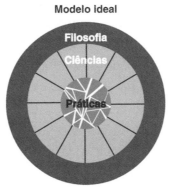

FIGURA 4.4 Modelo de valores e práticas integradas

ocorrida na Inglaterra ao final do século XVIII. Logo após a Segunda Guerra Mundial, as economias ocidentais passaram por um surto de baixa produtividade e crescimento lento.

Na segunda metade do século XX, o mundo ocidental começou a prestar atenção ao modelo japonês de administração, que foi capaz de ameaçar os mercados europeus e o americano, com índices de produtividade e competitividade surpreendentes. A eficácia japonesa afetou negativamente a indústria automobilística americana e passou a ditar as regras para os modelos de gestão contemporâneos em todos os países ocidentais.

O mesmo fenômeno aconteceu com outros países da Ásia do Pacífico: China, Taiwan, Hong Kong, Coréia do Sul e Cingapura, esses quatro últimos apelidados de "Tigres Asiáticos", tal a agressividade com que se lançaram em busca da prosperidade e do sucesso no campo dos negócios. Até então, as empresas orientais eram consideradas ineficientes e improdutivas. De repente, assombraram o mundo com estupendos surtos de progresso e desenvolvimento, exatamente o dobro dos parâmetros ocidentais.

Atualmente, a sociedade moderna, também chamada de pós-industrial, ou pós-capitalista, pede emprestados à Ásia oriental paradigmas e valores característicos do funcionamento dos seus negócios.

As decisões no mundo contemporâneo são profundamente afetadas por essa mistura de valores. As comunicações nos fazem viver hoje um momento de convergência, no qual valores e posturas se mesclam em busca de uma síntese. Na realidade, tanto as formas de decisão orientais como as ocidentais têm suas forças e fraquezas, e uma combinação dos dois estilos provavelmente seria mais eficiente. Nesse caso, as decisões poderiam ser tomadas rápida e efetivamente, nos níveis em que realmente causam impactos, porque em qualquer país do mundo, sob qualquer regime político, sob o influxo de qualquer cultura, se houver desejo forte, direção e disciplina, o resultado será sempre o sucesso.

CAPÍTULO 5

Decisão e Mudança

Diz um antigo provérbio chinês que "Não há nada mais permanente do que a mudança". A mudança faz parte da nossa vida. Não apenas, nós, os seres humanos, mas tudo o que nos rodeia está em permanente transformação. O próprio Universo encontra-se, há bilhões de anos, em processo de expansão, ou seja, de mudança. Materiais, objetos, minerais, vegetais, por mais que pareçam estáveis, estão em processo de mudança. O que varia é apenas a velocidade. Nos sistemas vivos, os ciclos da mudança são mais rápidos, portanto mais visíveis.

Quanto mais rápidas as mudanças, maior o seu impacto nas pessoas, porque elas têm que tomar decisões para se adaptar à nova situação. É esse processo de adaptação contínua que garante a sobrevivência e o desenvolvimento humanos. De certa forma, todos os sistemas adaptam-se às novas circunstâncias, mas apenas o ser humano o faz de maneira consciente e criativa. Ele é o único capaz de intervir no curso das mudanças, de influir sobre elas e de optar entre alternativas múltiplas. Essa capacidade do homem de conduzir o seu próprio destino e de modificar o ambiente que o cerca deve-se exclusivamente à sua capacidade de decidir, isto é, de escolher, entre mais de uma probabilidade, aquela que lhe parece melhor.

Não existe decisão sem mudança, nem mudança sem decisão (mesmo que a decisão reforce a permanência).

Por isso, qualquer mudança e/ou decisão exigem:

- "Coragem para conviver com o desconhecido e com o esforço de conhecer; essa coragem nasce da necessidade de enfrentar a ambigüidade inerente a qualquer mudança. É produto do conflito fundamental que envolve o homem no momento em que ele se defronta com a necessidade de mudar e seu natural apego à estabilidade" (BRETAS PEREIRA, 1994).
- O preenchimento dos quatro quesitos básicos que compõem a tétrade da mudança: *querer, saber, poder, dever*.
- Algum grau de enfrentamento do imaginário, das reações humanas às mudanças, que veremos mais detalhadamente neste capítulo.

5.1 DIMENSÃO DAS MUDANÇAS

De modo geral as mudanças acontecem em três dimensões:

1. *Mudanças reacionárias* – relacionadas com *decisões incrementais*.
2. *Mudanças evolucionárias* – relacionadas com *decisões de adaptação*, resultantes do processo de aprendizagem ou de desenvolvimento.
3. *Mudanças revolucionárias* – relacionadas com *decisões radicais*.

5.1.1 Mudanças Reacionárias e Decisões Incrementais

As mudanças reacionárias, são frutos de decisões rotineiras que as pessoas adotam de forma incremental,[1] por força das circunstâncias, quando não podem mais resistir a elas. De modo geral, são medidas de baixo impacto comportamental, lentas, atrasadas, rotineiras, meras respostas adaptativas a situações de absoluta inadequação. Esse tipo de mudança é inevitável, e não há como fugir dela. São próprias de indivíduos ou

---

[1] A abordagem incremental da decisão foi desenvolvida por Charles Lindblom (1959), que usou a expressão *disjointed incrementalism* para descrevê-la. O termo é utilizado no jargão administrativo para caracterizar esse modelo, no qual são tomadas apenas decisões adaptativas, de forma contínua e progressiva, como forma de preservar a segurança das mudanças.

organizações acomodados ou resistentes, que esperam até o último momento para adotar mudanças e as restringem àquelas absolutamente necessárias à sua sobrevivência, e, ainda assim, o fazem reclamando ou negando a necessidade de mudar. São decisões do tipo "quebra-galho", em que o decisor, em vez de tentar uma avaliação completa das alternativas, considera apenas aquelas que alteram, o mínimo possível, o *status quo*. Nesses casos, apenas um pequeno número de alternativas é considerado pelo decisor, e para cada alternativa somente algumas conseqüências são analisadas. Como resultado, não há uma resolução definitiva do problema, mas apenas soluções paliativas que funcionam como medicamentos sintomáticos, aliviando as pressões no curto prazo.

A estratégia básica das decisões incrementais é maximizar a segurança das mudanças e preservar, ao máximo, a estabilidade. Nesse tipo de decisão, mascaram-se as transformações substantivas, por meio de um comportamento que Schon (1971) denominou *"conservadorismo dinâmico"*, em que, paradoxalmente, usa-se a mudança acidental e pequenina como uma forma de evitar a mudança essencial ou substantiva.

Ao concentrar-se apenas nas mudanças acessórias, a decisão incremental deforma a realidade e distorce a informação. Não gera aprendizagem e instaura a "inhaca" e o "nhenhenhém".

5.1.2 Mudanças Evolucionárias e Decisões de Adaptação

A mudança evolucionária é lenta, gradativa, consciente e consentida. Inicia-se na percepção de um problema e, a partir daí, se amplia para influenciar as decisões e os comportamentos das pessoas. Como ela nasce e se desenvolve na consciência individual, nem sempre pode ser identificada por fatos, eventos ou momentos definidos, mas sim através do processo de decisão ou de aprendizagem que lhe deu origem.

A mudança evolucionária tende a ser gradual e contingente. Caracteriza-se por um processo natural de adaptação dinâmica, fruto de ciclos previsíveis como crescer e envelhecer; ou de intenções conscientes do decisor, como aprender e desenvolver. A mudança evolutiva não é imune ao desconforto característico de qualquer mudança. Exige doses especiais de esforço que não combinam com a comodidade fácil, com a estabilidade da rotina, nem com uma existência plácida, mas tende a ser mais suportável e a gerar menor resistência do que as mudanças revolucionárias.

98 Capítulo Cinco

A mudança evolutiva está profundamente relacionada com o processo de aprendizagem. Todas as pessoas têm um impulso para a competência e para o conhecimento, e esse é um fator motivacional muito forte. A motivação para o aprender coloca o organismo em movimento na busca do saber.

Porque são cumulativas, as mudanças evolucionárias podem ser transformadoras a longo prazo, desde que fundadas em uma visão clara, objetiva e sistêmica das conseqüências. De modo análogo ao processo decisório, a mudança evolutiva passa pelas seguintes fases:

- Fase 1 – *Percepção da necessidade de mudança*: A partir do momento em que temos a percepção de algo novo de que necessitamos ou desejamos descartar ou incorporar, nos desfazemos de velhos hábitos, crenças e valores cristalizados em nós pelo cotidiano e pela rotina. Quando nos conscientizamos de que eles não são mais válidos ou desejáveis, começamos a mudar. Nessa fase inicial, a necessidade sentida de mudança é ainda vaga e frágil. É apenas uma sensação de desconforto, de incômodo com a situação atual. Muitas vezes sentimos o desconforto sem precisar exatamente o que queremos ou o que necessitamos fazer.

- Fase 2 – *Mudança de atitude*: É o movimento que se processa em nossa consciência quando começamos a questionar nossas crenças e valores mediante a percepção de um fato novo. Acontece a partir do momento em que passamos a admitir, interiormente, que é preciso agir de forma diferente. Nesse instante, começamos a criar a disponibilidade para o novo dentro de nós, ou seja, passamos de uma percepção difusa para a consciência clara da necessidade da mudança.

- Fase 3 – *Mudança de comportamento*: Caracteriza-se pela incorporação de uma nova forma visível e exteriorizada de ser ou de agir, quando a mudança se concretiza e a decisão finalmente transforma-se em ação.

- Fase 4 – *Estabilização do novo comportamento*: É o momento de institucionalização da mudança, quando se torna necessário reforçar os novos hábitos. No princípio, eles são frágeis, passíveis de reversão pela inércia, pela força dos hábitos ou da rotina. Exemplos característicos da falta de estabilidade de um comportamento novo são as recaídas nos programas de recuperação de toxicômanos ou o "efeito sanfona" nos regimes de emagrecimento.

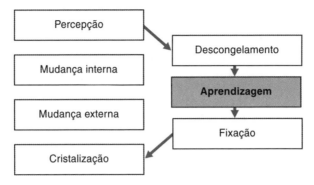

FIGURA 5.1 O processo de mudança

5.1.3 Mudanças Revolucionárias e Decisões Radicais

A mudança revolucionária é ampla, impositiva, traumática e difícil. É uma mudança rápida, de grande impacto, fruto de momentos críticos que exigem decisões radicais. Tem origem em eventos marcantes, externos ao decisor, como por exemplo uma guerra, uma catástrofe, uma mudança de regime ou de governo, um acidente, uma doença etc. Esse tipo de mudança atinge radicalmente o decisor, exigindo modificações prementes em seus comportamentos, influenciando a partir daí as suas decisões e percepções. Seu caminho prossegue na ordem inversa ao da decisão adaptativa. Primeiro o decisor age, depois pensa no que fez ou está fazendo. A mudança revolucionária é dolorosa e estressante e vem sempre acompanhada de grandes doses de insegurança, porque significa uma ruptura violenta com o passado. Produz efeitos rápidos e quase sempre traumáticos, provocando grande resistência, ressentimentos, mágoas e até boicotes. A mudança revolucionária rompe com o fluxo da história, cria novos ciclos e novas identidades. Na maioria das vezes, atua como indutora da mudança de paradigmas.

5.1.4 Mudança, Transição, Transformação e Inovação

Apesar de serem usados muitas vezes como sinônimos, existe uma diferença fundamental entre os conceitos de mudança, transição, transformação e inovação. Todos são formas de mudança, mas contêm variações qualitativas no seu significado.

- **Mudança.** É a apresentação de algo sob outro aspecto. É uma alteração, conversão, modificação, troca, variação. Pode ser lenta, gra-

100 Capítulo Cinco

dual ou brusca, superficial ou profunda, acidental ou substantiva, suave ou radical.

- **Transição.** É a *passagem* de um estado para outro; *"passagem"* aqui, é a palavra-chave. A passagem de uma época para outra ou de um estado para outro costuma apresentar contradições entre os valores emergentes e a busca de preservação dos antigos. De modo geral, os momentos de transição são dramáticos e geram perplexidade. São "tempos de crise" e de muitas opções. Quase todas as sociedades utilizam ritos de passagem para marcar esses momentos de transição entre as etapas da vida. As festas de quinze anos, a formatura, a cerimônia de casamento etc. são exemplos desses rituais. Nessas fases, mais do que nunca, faz-se indispensável o desenvolvimento de uma mente crítica (aprendizagem), por meio da qual o homem possa se defender dos perigos dos irracionalismos e encaminhamentos distorcidos da emoção, comuns nessas fases de transição".

- **Transformação.** O conceito de transformação, na forma que nos referimos aqui, indica uma mudança de estágio ou de patamar. A transformação é a mudança absoluta, essencial, definitiva, que rompe brutalmente com o passado e não tem retorno. Muitas vezes contém uma mudança de estado reconhecido e visível no momento em que acontece, por exemplo: morrer, sair do casulo e virar borboleta etc. Na maioria das vezes gera medo pelo desconhecido. Suportar sozinho o peso das decisões inovadoras é estressante e desolador.

- **Inovação.** É o emprego prático de uma invenção. Invenção é o descobrimento de uma idéia nova, independentemente de sua aplicação. A inovação traz sempre uma idéia de melhoria, nascida de um ato de criatividade e um desejo de que algo de melhor venha a acontecer. Assim, ajuda-nos a criar esperança por dias melhores ou possibilita que as coisas possam ser feitas de modo mais adequado, mais produtivo, mais eficaz e menos traumático. A inovação tem sido um dos fatores essenciais do desenvolvimento em nossa sociedade. O mundo progrediu através de ciclos de inovação à medida que a novidade técnica foi se disseminando. Quando um ciclo de inovação se esgota a sociedade entra em estagnação até que um líder empreendedor dê início a um novo ciclo. Shumpeter (1942) chamou esse ciclo de "destruição criadora", conceito que abrange tanto os aspectos benéficos quanto os aspectos desestabilizadores que ela acarreta.

A inovação não é privativa dos superdotados. Tem pouco ou nada a ver com inspiração. Exige trabalho duro e disciplinado. Entretanto, o inovador é alguém que desestabiliza, que perturba, porque não existe mudança sem um estado de tensão ou de desconforto. Por isso a inovação "cria-dor" no sentido de romper com o passado, a rotina, o conhecido e a permanência; superar o *status quo* para abraçar o novo que está para nascer.

A cada momento no mundo atual alguém está decidindo lançar um produto novo no mercado. Muitos produtos desaparecem com a mesma velocidade com que foram criados, outros vêm para ficar. Essa é uma das características da sociedade de mercado. Contamos com uma diversidade e uma quantidade de produtos e serviços cada vez maiores e melhores. Por outro lado, o ciclo de vida desses produtos tende a se tornar cada vez mais rápido.

A inovação transparece nos aspectos físicos, nos métodos e processos empresariais, baseada em duas colunas de sustentação: a tecnologia e a criatividade humana. Criatividade e inovação são processos contínuos e concomitantes.

A inovação funciona como um poderoso agente transformador que modifica crenças, hábitos e interesses sedimentados em indivíduos, grupos e organizações. Pode ser conflitiva porque encerra a idéia de destruição e criação existente em todos os sistemas orgânicos.

A inovação é fruto de um processo decisório; não surge do acaso, mas de um sentido de direção de uma intenção predeterminada de mudar. É resultante da motivação para gerar e implantar idéias novas e da decisão de superar obstáculos e resolver problemas.

Quando a informação é usada de maneira positiva, o homem se forma, se educa e transforma a realidade. Quando a informação é usada de maneira negativa, o homem deforma a realidade. Em ambos os casos, a decisão transforma a realidade porque gera inovação. A inovação pode ser um ato criador ou um ato que "cria-dor", um ato de criação ou algo que "cria-ação".

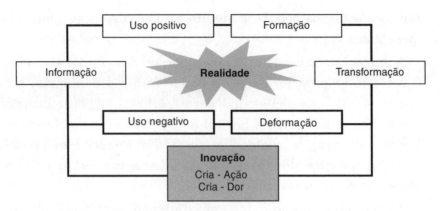

Figura 5.2 Mudança, transformação e inovação

5.2 A TÉTRADE DA MUDANÇA

Para que uma mudança pessoal ou coletiva seja possível, é necessário atender à tétrade formada por quatro verbos moduladores: *querer*, *saber*, *poder* (no sentido de possibilidade) e *dever* (no sentido de conveniência).

Querer apenas é insuficiente, quando não se sabe, ou não se pode ou não se deve. Saber fazer também é insuficiente quando não se quer ou não se deve, e assim por diante. Dentre esses "verbos moduladores", a grande dificuldade reside principalmente no "saber". Num exemplo do cotidiano, que afeta inúmeras pessoas – parar de fumar –, o grande problema está no *saber* viver sem fumar. Para parar de fumar o *querer* é quase sempre insuficiente. Se o fumante não *souber* parar, dificilmente isso será possível.

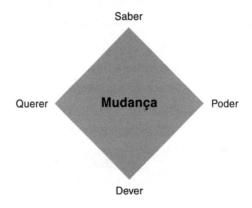

Figura 5.3 A tétrade da mudança

5.3 DECISÃO E SABER: A QUESTÃO DO CONHECIMENTO

A trajetória do saber na sociedade ocidental capitalista é bem visível. Ela tem se processado através de ciclos de duzentos a quinhentos anos, desde o século V a.C.

A partir do século XII, a quantidade de conhecimento aumentou muito, e os centros geradores de saber passaram a acompanhar os centros de poder. Dos mosteiros – fora das cidades – onde o ensino era conservador, fechado em si mesmo, sem nenhum interesse pela divulgação do saber, migrou para as catedrais – dentro das cidades –, onde nasceram as universidades. Com a secularização do poder a partir do século XV o saber também mudou de sede: migrou da catedral para o palácio. As universidades se ligaram ao poder político constituído, e se distanciaram progressivamente do poder da Igreja. No século XX, com a migração da sede do poder dos palácios para as empresas, as universidades se tornaram "órfãs de pais vivos". As universidades (que antes eram do bispo ou do rei) ficaram à espera de adoção. O saber saiu das universidades e elas perderam o elo de ligação com o mundo, porque a rede de informações globalizada alimenta a sociedade do conhecimento em tempo real, via Internet.

Ainda estamos sob o impacto das mudanças nessas relações com o conhecimento. Pela primeira vez, a informação está efetivamente se coletivizando. Ao contrário de todos os períodos históricos anteriores, em que o trajeto da informação, desde a imprensa até a televisão, seguiu o trajeto do "um" ou de "poucos" para muitos, a Internet faz a informação caminhar de "muitos" para "muitos". O saber, que já há muito tempo deixou de trafegar pelas hidrovias, rodovias e aerovias, hoje caminha

FIGURA 5.4 O trajeto do saber

pelas infovias: caminhos virtuais que estão, ao mesmo tempo, em todo lugar e em lugar nenhum. Ainda não sabemos como projetar as conseqüências dessa mudança tão radical.

Cada um desses ciclos representa uma era definida da história, com características próprias e marcantes, e a intensidade da transformação verificada na passagem entre um e outro foi tão grande que dificilmente quem vivesse no período posterior poderia imaginar o modo de vida das gerações que viveram a transição. Diz um antigo provérbio chinês: "Quando Deus deseja colocar um homem à prova, fá-lo nascer em uma época de transição." Estamos vivendo um desses períodos, e, como todo período de mudança revolucionária, este é um tempo rico tanto em dificuldades quanto em possibilidades. As características fundamentais do nosso tempo podem ser sintetizadas em dois pontos, a globalização e a sociedade do conhecimento.

Peter Drucker (1993) chama esse período de sociedade pós-capitalista, lembrando que tudo que é "pós" é provisório, e estima a sua duração até o final da primeira década do século XXI. Segundo ele, os futuros historiadores provavelmente considerarão a sociedade do conhecimento o fato mais importante ocorrido no século XX. A explosão tecnológica, que possibilitou a revolução da produtividade no mundo todo, é fruto dessa mudança radical no significado do conhecimento.

Até o século XIX, tanto no Oriente como no Ocidente, o conhecimento foi usado para o "ser", como base para o autoconhecimento e o crescimento moral e espiritual da pessoa. Era o suporte da racionalidade substantiva, e seus resultados eram pessoais. Naquele tempo, uma pessoa educada não fazia esforços físicos; o simples carregar um pacote era considerado pouco lisonjeiro para alguém de boa posição. Cultivavam-se o ócio contemplativo, a arte e a espiritualidade.

A partir da Revolução Industrial, o conhecimento passou a ser aplicado ao "fazer", transformando-se em recursos e utilidades (ferramentas, processos e produtos) e passando a ser suporte de uma racionalidade funcional. Desde então, o que caracteriza o homem ou a mulher "de conhecimento" é o uso que faz do saber. Os resultados do conhecimento são externos, encontram-se fora das pessoas, na sociedade, na economia e no avanço do próprio conhecimento. Por outro lado, o conhecimento, que sempre havia sido um bem privado, transformou-se em bem público, e hoje pertence à sociedade.

O conhecimento traz consigo a responsabilidade. Já foi usado para mandar e para manipular. Hoje precisa ser usado em parceria e comunhão, porque não é mais institucional, não reside em livro nem no computador, está sempre ancorado na pessoa. É transportado, criado e aperfeiçoado por pessoas. É aplicado e ensinado e transmitido por pessoas. A sociedade do conhecimento é centrada no homem, e é ele que define a capacidade de desenvolvimento do mundo moderno. É o seu emblema e o seu baluarte.

Taylor foi pioneiro em aplicar o conhecimento ao estudo do trabalho, e os japoneses foram os que melhor compreenderam as suas idéias, buscando parceria entre o capital e o trabalho, enfatizando o treinamento e a aquisição de habilidades como forma de obter maior produtividade e reverter em melhores salários para o trabalhador. A aplicação do conhecimento ao trabalho elevou a produtividade. Hoje, o conhecimento é o principal recurso dos indivíduos e das empresas. De Taylor para cá, a produtividade aumentou dezenas de vezes, conquistou vantagens competitivas para as empresas e melhorou a qualidade de vida das pessoas. Paradoxalmente, contribuiu tanto para a ascensão como para a queda do emprego no século XX, pois, da mesma forma que sistematizou a inovação e valorizou competências e habilidades adquiridas pela via da escola, foi também o responsável pelo aumento do desemprego, ao alimentar a tecnologia de ponta e a automação.

O conhecimento é cada vez mais especializado. A era do conhecimento é a era da especialização. As técnicas se transformaram em disciplinas e estas, em habilidades. O conceito de utilidade aplica-se integralmente ao conhecimento no mundo atual. Ele é fluido, aplicável, presta benefícios, confere poder: o poder da competência que garante a empregabilidade, o respeito e a sobrevivência, a qual depende cada vez mais de nossa capacidade de fazer bem aquilo que sabemos. A educação no mundo contemporâneo tem que ser permanente, requer dos indivíduos uma postura de aprendizagem constante – a habilidade de "*aprender a aprender*". Por isso, que o conhecimento provavelmente jamais voltará a ser monopólio das escolas, dos mosteiros, dos palácios e muito menos das empresas. Hoje, ele é coletivo, permeia toda a sociedade, literalmente, através das redes de computadores, da mídia, da fibra ótica etc. O grande desafio do ser humano neste início de século é o de transformar a

106 Capítulo Cinco

QUADRO 5.1 Semelhanças entre os processos de decisão, mudança e aprendizagem

Decisão	Mudança	Aprendizagem
Percepção do problema	Percepção da necessidade de mudança	Percepção do problema
Análise do problema Consciência	**Mudança de atitude** Consciência	**Aquisição de conhecimento** Consciência
Momento de decisão Ação	**Mudança de comportamento** Ação	**Uso do conhecimento** Ação
Vivência das conseqüências da decisão Avaliação das conseqüências e identificação das necessidades de adaptação ou reciclagem da decisão	**Cristalização e institucionalização da mudança** "*Recongelamento*" das novas crenças e hábitos	**Modificação estável no comportamento** Estabilização do aprendido

informação e o conhecimento em sabedoria, o que só é possível por meio de decisões igualmente sábias.

5.3.1 Decisão, Mudança e Aprendizagem

É importante notar que tanto o processo decisório como os processos de mudança e aprendizagem têm origem no momento em que se percebe a existência de um problema.

De acordo com Caravantes e Bretas Pereira (1981), a aprendizagem pode ser definida como "o processo de aquisição da capacidade de se usar o conhecimento, que ocorre como resultado da prática e da experiência crítica, produzindo uma mudança relativamente permanente no comportamento".

Os autores dividem essa definição em seus componentes e exploram cada um deles em busca de seu significado.

a. *A aprendizagem como um processo.* A aprendizagem é um processo, um movimento contínuo e dinâmico no qual o aprendiz enfrenta a realidade pessoal de maneira crítica. Assim, a aprendizagem é o próprio movimento em direção a um objetivo específico, durante o qual são geradas novas formas de se perceber a realidade e lidar com ela.

b. *A aquisição do conhecimento.* O conhecimento começa com a prática, é adquirido por meio dela e, de uma maneira ou de outra, a ela se reverte. O conhecimento se dá a partir da evolução conjunta da prática e da teoria. Tal simbiose está sempre presente, onde quer que ocorra o conhecimento. "A função do conhecimento manifesta-se não só na transição ativa do conhecimento perceptivo para o conhecimento racional mas também – e isso é o mais importante – na transição do conhecimento racional para a prática" (FREIRE, 1979).

c. *O uso do conhecimento.* A idéia central é que teoria e prática são uma única coisa e estão intrinsecamente entrelaçadas e interligadas. A educação só tem sentido quando serve para atingir o objetivo de vida do indivíduo, qualquer que seja ele. O que se tenta enfatizar nesta parte da definição é que as idéias teóricas deveriam sempre encontrar aplicações importantes. Conseqüentemente, a separação entre conhecimento teórico e conhecimento prático leva a dicotomias indesejáveis, tais como o mundo acadêmico e o mundo dos profissionais liberais, ou então dos planejadores e dos executores. Uma segunda idéia de importância crucial é a dimensão temporal, uma vez que a aplicação do conhecimento adquirido tem lugar no presente. Foi isso que levou Whitehead (1967) a afirmar que "o presente contém tudo o que existe. Ele é terreno sagrado porque é o passado e também o futuro". Conseqüentemente, a única utilidade de um conhecimento adquirido no passado é equipar-nos para o futuro.

d. *O efeito da aprendizagem.* Uma modificação relativamente permanente no comportamento. A aprendizagem visa à liberação do homem, ao aumento e, na maior parte dos casos, à própria conquista de sua autonomia. Permite ao homem o uso de seu livre-arbítrio, de sua capacidade de escolher entre alternativas, de fazer opções com a clara compreensão de suas conseqüências, de ser criativo e inovador. Se a aprendizagem estimula a autonomia do homem, ela necessariamente reforça o pensamento crítico, base da liberdade de ação, criação e expressão humanas. Como conseqüência, ela está vinculada ao próprio cerne do homem, daquilo que o diferencia das demais espécies: a sua racionalidade (CARAVANTES; BRETAS PEREIRA, 1981).

5.3.2 Aprender, Des-aprender e Re-aprender

A aprendizagem é um impulso do ser humano porque ele é um ser em permanente processo de desenvolvimento e tem consciência disso. O homem aprende porque é capaz de usar as informações disponíveis para transformar o mundo em que vive. Assim como a decisão, o processo de aprendizagem é imbuído de valor.

A aprendizagem é uma aquisição. Uma vez adquirida, tende a se perpetuar. Pode-se perder a destreza e a agilidade, mas não a essência do aprendido. Quanto mas se usa o conteúdo da aprendizagem ou a habilidade adquirida, mais ela se amplia; quanto mais se repete, mais se institucionaliza; quanto mais institucionalizada, mais tende para a permanência.

Por isso, desaprender é muito mais difícil do que aprender. O homem, segundo Freire (1979), "ao tomar consciência de que é um ser inacabado, busca constantemente o ser mais". O desaprender contraria a motivação natural do homem, coloca-o na contramão da história, significa uma frustração profunda, um enorme desperdício de energia. Implica jogar fora a experiência adquirida, abrir mão de crenças, valores, conhecimentos e práticas costumeiras. Gera uma tremenda sensação de perda, que vem sempre acompanhada de insegurança e ambigüidade. Desaprender significa abandonar a rotina, que, como veremos adiante, constitui o maior gerador de apego ao *status quo*.

Ironicamente, a era em que vivemos, veloz e constantemente mutável, pode ser caracterizada como "*a era da desaprendizagem*", porque, para receber o novo de que a realidade está prenhe, temos que abandonar velho que a nossa história construiu.

A era da desaprendizagem é também paradoxalmente conhecida como "*sociedade da informação e do conhecimento*". De fato, essa é uma característica importante do mundo em que vivemos, estamos mergulhados nele e não temos como fugir. As evidências são tão fortes que não podemos negá-las. Desaprender é despojar-se do velho, é não se sentir ameaçado pelo novo, é ter esperança na capacidade humana de construir algo melhor, é usar a liberdade de ser e de fazer acontecer o desejado. Desaprender é um processo decisório, no qual temos as seguintes alternativas (e suas conseqüências): deformar, reformar ou transformar o mundo em que vivemos (veja Figura 5.3).

Todas as decisões do homem moderno se pautam por essas três referências.

Desaprender é condição para reaprender, para mudar, para nos transformar e ao mundo. Implica fazer novas escolhas, tomar decisões. Infelizmente, o cotidiano, os hábitos e a rotina nos induzem a repudiar o questionamento e a análise crítica, inibindo assim o processo de aprendizagem, como veremos mais adiante. Além disso, os traços de personalidade de cada um, sua história de vida, suas experiências, condicionam as percepções do decisor, e esse conjunto forma ou deforma a realidade por ele percebida. Cada um de nós percebe a realidade a seu modo.

A convivência com o excesso de informações e sensações, impostas pelo mundo atual, nos obriga a desenvolver uma habilidade específica: a de "aprender a aprender", numa postura de permanente receptividade à mudança.

Como os movimentos sociais e humanos (e conseqüentemente as mudanças) são inevitáveis, não pedem licença para acontecer e não nos permitem interferir no seu ritmo, a sobrevivência, tanto dos indivíduos quanto dos sistemas sociais, depende da aquisição dessa habilidade. Da decisão de cultivá-la dependem a auto-renovação e o sucesso.

5.4 DECISÃO E QUERER: A QUESTÃO DA MOTIVAÇÃO

Outra grande questão a ser considerada no processo decisório é a da *motivação*. A decisão é um ato volitivo. Implica querer, desejar. O homem é um animal eternamente insatisfeito, sempre quer algo mais. Curiosamente, o que motiva alguém é a falta de alguma coisa. Só buscamos água diante da sede, segurança diante do perigo ou da ameaça, e assim por diante. As necessidades humanas são grandes determinantes da motivação, como foi visto no Capítulo 2. Uma decisão será tão mais efetiva quanto maior for a motivação, ou, em outras palavras, quanto maior for a carência! Quando está motivado o homem se mobiliza. Desejos ou necessidades insatisfeitos geram tensão. A tensão faz com que o organismo coloque todas as suas energias em movimento para alcançar as metas pretendidas. Isso exige um comportamento ativo, uma decisão.

110 Capítulo Cinco

A satisfação da necessidade gera prazer, realização, é a força propulsora da vida.

Mas, tão logo o homem satisfaz seu desejo, cria novas necessidades, e o ciclo se repete indefinidamente enquanto vivemos. Quando esse ciclo se renova com muita intensidade, o organismo se esgota e pode chegar ao estresse. A sociedade de consumo, com suas atrações e estímulos constantes, intoxica o ser humano de prazer e desejo. As opções, sugestões e seduções são tantas que, muitas vezes, não conseguimos efetuar escolha alguma, ou então passamos de uma a outra superficialmente, sem "saboreá-las" ou "digeri-las" adequadamente.

Por outro lado, quando, por um motivo qualquer, a meta não é alcançada, a ansiedade deflagrada se potencializa, gerando ansiedade. Como não consegue viver muito tempo sob ansiedade, o organismo humano usa, para se proteger, mecanismos inconscientes de defesa ou de ajustamento que atenuam a ansiedade, nociva ao organismo. Na prática, esses mecanismos funcionam como verdadeiros bloqueadores das decisões.

5.4.1 Decisão, Ansiedade e Crise

"Um certo grau de ansiedade funciona como um combustível para a mudança, como força propulsora capaz de vencer a inércia e deflagrar o esforço de adaptação requerido de um organismo exposto ao desafio de mudar. A ansiedade não é necessariamente negativa. Sem ela não há motivação, não há esforço. Mas, para ser positiva, precisa situar-se dentro de um limiar, abaixo do qual é impotente para motivar a adaptação saudável do indivíduo e acima do qual aumenta o desequilíbrio do sistema.

O movimento para a mudança requer grande dispêndio de energia. A resposta do organismo a esse empuxo de energia varia através do tempo. Quando o impulso de energia é suficientemente forte para superar as forças existentes no sistema, a estabilidade é alterada e o sistema muda. Inicia-se então um novo ciclo: o sistema se estabiliza temporariamente, fixa novos padrões e constrói uma nova área de estabilidade. Mas, tão logo surge uma nova necessidade de adaptação, ele reinicia o seu esforço de mudança.

A transformação nos sistemas vivos acontece assim, de maneira progressiva e ininterrupta, através de passagens alternadas por zonas de estabilidade e de incerteza. O cruzamento das áreas de incerteza caracteriza os momentos de crise.

A crise, como expressa o famoso ideograma chinês, contém dentro de si a própria essência da ambigüidade: significa risco e oportunidade, sucesso e fracasso, morte e semente. A crise é a manifestação do paradoxo entre mudar e não mudar. É uma conseqüência da dupla face da mudança. Um sistema em crise costuma ser inábil para desempenhar suas funções. A frustração causada pela percepção dessa deficiência aumenta o grau de ansiedade, a qual pode atuar como um elemento de deflagração de novos processos de mudança, do mesmo modo que, se for muito intensa, pode romper fatalmente com o equilíbrio do sistema" (BRETAS PEREIRA, 1999).

5.4.2 Decisão, Rotina e Cotidiano

O filósofo grego Parmênides, no século V a.C., defendia a hipótese de que a felicidade humana reside na estabilidade. "A mudança é um fenômeno delicado e doloroso, para o qual, infelizmente, não somos devidamente preparados. Por maior que seja a capacidade de adaptação do ser humano, ela tem limites específicos e intransponíveis. Quando as pressões externas para a mudança são maiores do que a sua capacidade adaptativa, o organismo sofre. E não existem analgésicos e muito menos anestesias para a dor da mudança. Podemos até afirmar que a maior parte do sofrimento humano é fruto dessa dor. É o preço que se paga para crescer.

"As pessoas precisam encontrar um equilíbrio entre a estabilidade e a mudança. A mudança provoca rupturas traumáticas porque a estabilidade é vital para a sobrevivência. Em todos os sistemas, a transformação implica a passagem por áreas de incerteza. E quanto maior a incerteza, maior o risco, e mais ameaçadora será a mudança. A incerteza provoca um grau de angústia muito grande, e, para se livrar dela, as pessoas adotam mecanismos de compensação para recompor o equilíbrio perdido. A rotina é o principal desses mecanismos" (BRETAS PEREIRA, 1988).

A consciência humana nos exilou da condição biológica/instintiva. Não possuímos nenhum instinto forte que nos costure ao mundo. Somos "desequipados", rompemos com a ordem cósmica, e por isso temos que criar e memorizar as próprias leis. A civilização é o fruto do esforço humano para preencher a lacuna da ausência de instintos fortes. Para viver, o homem depende da memória e de seus desdobramentos sociais (instituições, valores, costumes, paradigmas).

Essa memória a que nos referimos não é apenas a memória individual, mas o somatório das memórias humanas: genéticas, culturais e individuais (hábitos humanos básicos; regras de convívio; atitudes da vida doméstica etc.). A memória, à semelhança de uma edificação, possui alicerces e estruturas externas visíveis. O alicerce da memória, que suporta a vida cotidiana doméstica, o trabalho, os trajetos, os espaços e tempos do dia-a-dia, tem de ser muito consistente. O alicerce da memória são as rotinas cotidianas.

A rotina é um conjunto mais ou menos estável de interações recorrentes de nosso cotidiano que nos dá a sensação de redução do movimento e de segurança. O instinto é a "rotina máxima". Os paradigmas são as rotinas das culturas.

A rotina se concretiza nos hábitos, costumes e valores, referências sociais, temporais e espaciais, estáveis e consistentes. A rotina repudia o questionamento, o desconhecido e a novidade. Nossas rotinas refletem a busca contínua do "re-conhecível" e de estereótipos facilmente perceptíveis. As atividades e comportamentos rotineiros tendem a ser automáticos, e, sob o ponto de vista da qualidade da atenção, ficam como que fora do foco, turvos, numa zona escura. A estrutura da rotina tem, necessariamente, de ser muito consistente e de grande inércia, porque cabe a ela preencher a lacuna da falta de instintos fortes.

QUADRO 5.2 Estrutura da rotina

A rotina
• é o alicerce da memória;
• é um conjunto de hábitos, costumes, valores, referenciais sociais, temporais e espaciais estáveis e consistentes;
• repudia o questionamento, o desconhecido e a novidade;
• busca continuamente o "re-conhecível";
• é o templo da previsibilidade;
• dá-nos ilusão de controle;
• é caracterizada por atos que tendem ao automatismo (nossa atenção tende a estar turva quando executamos ações rotineiras) e à percepção estereotipada;
• é estruturalmente pouco flexível.

Por isso, tudo o que desafia a estabilidade estrutural da rotina causa espanto – um misto de mal-estar e curiosidade. Não existe mudança sem desafio à estabilidade estrutural da rotina, sem perturbação do equilíbrio movimento/permanência. Uma mudança é tão mais difícil quanto maior é esse desafio.

Se levarmos em conta que a decisão é tributária da percepção e a percepção é tributária da estrutura da memória e da rotina, compreendemos que todas as decisões que tendem a nutrir a permanência desafiam menos o equilíbrio estrutural da rotina. As decisões que nutrem o movimento tendem a desafiar mais esse equilíbrio estrutural.

QUADRO 5.3 Rotina e mudança

> - Tudo que desafia a estabilidade estrutural da rotina causa espanto
> - Não existe mudança sem perturbação do equilíbrio movimento/permanência
> - Não existe mudança sem desafio à estabilidade estrutural da rotina
> - Uma mudança será mais difícil quanto mais ela desafiar a estabilidade estrutural da rotina

Por que é tão difícil desafiar o núcleo dos valores/modelos/paradigmas pessoais?

Porque a vida transcorre no eterno jogo dialético da permanência e do movimento, da mudança e da estabilidade, forças opostas que se resistem mutuamente, mas que só existem uma em função da outra. Há um ditado japonês que expressa esse jogo dialético:

> **"Sempre primavera... nunca as mesmas flores."**

Podemos perceber o grande, o macro, mas só podemos interferir nas pequenas coisas. Temos que pensar grande, embora possamos agir somente sobre o pequeno. Nosso campo de ação é o imediato, o aqui e o agora, a microtemporalidade, que servem de palco para a nossa tomada de decisões. A macrotemporalidade tende para a permanência, transforma-se em história, tradições, normas, rituais e regulamentos. A lei, a regra, o mapa, a linha (permanência) se contrapõem à vida, ao jogo, à viagem, à pipa (movimento) etc.

114 Capítulo Cinco

QUADRO 5.4 Permanência *versus* movimento

Permanência	Movimento
Lei	Costumes
Regra	Jogo
Mapa	Viagem
Linha	Pipa
Estrutura	Relações
Instinto	Memória/Vida
Rotina	**Mudança**

"A natureza oferece ao animal uma permanência extremamente eficaz, o instinto. O instinto não se extravia, nem tem errância. É o mapa da mina. Uma certeza validada por milhões e milhões de anos. O instinto é memória imemorial, imune à dúvida." (PELE-GRINO, 1988).

5.4.3 Decisão e Imaginário

Todo ser humano, em maior ou menor grau, independentemente de sua cultura, reage com alguma semelhança diante de desafios existenciais. Quando nos defrontamos com um evento existencial difícil ou desafiador, que foge à rotina, nos comportamos de um modo que pode ser comparado à subida de uma colina. No nosso imaginário, em cima dessa colina há uma casa de dois cômodos: o cômodo do ganho e o da perda. Se conseguirmos entrar no cômodo do ganho, nos sentiremos bem, mas, se entrarmos no cômodo da perda, nos sentiremos mal. Todos nós tememos perder três coisas:

1. Nossa integridade física.
2. Nossa estabilidade emocional (ter sentimentos indesejáveis).
3. Nossa "imagem social" (o modo como nos imaginamos ou imaginamos que os outros nos vêem).

Essa situação é simbolizada pela metáfora da colina, que se vê na Figura 5.5.

Diante de uma situação desafiadora, somos impelidos a "subir essa colina". Algum medo é normal, mas, se nosso imaginário criar grandes expectativas de ganhos ou de perdas, esse medo poderá evoluir para um

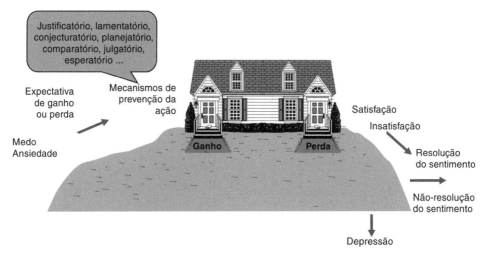

FIGURA 5.5 Colina do imaginário

estado de ansiedade, às vezes intenso, paralisante, e não conseguiremos sequer iniciar o processo de subida. Ficamos nos justificando, lamentando, conjecturando, planejando, comparando, julgando e esperando, mas não subimos. Protelamos a ação.

Mas, quando conseguimos subir (tomada a decisão), entramos na casa – no ganho ou na perda, dependendo do desenrolar dos acontecimentos. Entrando no cômodo do ganho, certamente experimentaremos sensações/sentimentos agradáveis; entrando no cômodo da perda, experimentaremos sensações/sentimentos desagradáveis. Nós humanos temos, no fundo, apenas dois sentimentos fundamentais: satisfação e insatisfação. Raiva, alegria, mágoa, inveja, aflição etc. são derivados desses dois sentimentos fundamentais.

Atravessada a casa, qualquer que tenha sido o cômodo utilizado, temos que descer a colina. "Descer a colina", em nossa metáfora, significa elaborar o sentimento, seja ele qual for. A cultura ocidental não incentiva a expressão de sentimentos; ao contrário, pensamos muito mais que sentimos. Falamos de sentimentos muito mais que os vivenciamos. Dessa forma, a descida nunca é suave. Quando mal-elaborados, os sentimentos desagradáveis são caminhos para a depressão; os agradáveis podem desencadear estados de frustração. Nossa cultura cultua e enaltece o sofrimento; todos nós temos dificuldades em "suportar" elogios: "Como você está bonito hoje!" "Que isso, são seus olhos!"; "Puxa, que carrão você tem!" "É, ele é bom, mas gasta tanta gasolina!". Um elogio é quase sempre atenuado por uma negatividade.

116   Capítulo Cinco

Os sentimentos desagradáveis são naturalmente difíceis; tendemos a escondê-los, a racionalizá-los, a fingir que eles não existem. Mas, como diz a sabedoria popular: "Sentimento enterrado é problema plantado." Sentimentos mal-elaborados e mal-administrados são componentes importantes e indispensáveis aos processos patológicos de depressão.

Decisões e mudanças implicam sempre algum grau de enfrentamento ao imaginário. Há que se dominar a tendência a se pré ou pós-ocupar-se obsessivamente com eventuais conseqüências e as tendências para o *"justificatório, lamentatório, conjecturatório, planejatório, comparatório, julgatório, esperatório, protelatório"*. Todos esses mecanismos, aqui grafados com o sufixo *"ório"*, de modo a ironizá-los, têm grande importância porque são eles os principais gargalos no processo decisório. Todos nós, em maior ou menor grau, os utilizamos diante de dúvidas pesadas e da necessidade de tomar decisões importantes.

5.5 DECISÃO E SUCESSO

O sucesso é a mola propulsora da vida. Nossa cultura é voltada para o fazer, e nela o sucesso é fundamental, e não há nenhum indicativo de que venha a deixar de ser assim por muito tempo.

A obtenção do sucesso em qualquer área depende do engajamento pleno e da participação integral, na qual o decisor se joga por inteiro e arrisca tudo: valores, objetivos, prioridades, gostos, recursos e energias.

O herói é um exemplo de desempenho ou das virtudes valorizadas pelo contexto em que ele vive. Heróis sempre existiram, muda apenas o perfil. O herói do nosso tempo é alguém que obteve sucesso excepcional na arte, na profissão, no esporte etc. Tornam-se ídolos, encarnam os valores do nosso tempo, servem de exemplo, inspiram as nossas decisões. Transformam-se em gurus. A capacidade empreendedora é considerada uma virtude nos meios empresariais. Mas nem sempre foi assim: até bem pouco tempo, nem se sabia o que era isso. O sucesso é temporal, é descartável, está ligado à moda, à demanda do momento.

A mídia tem um papel importante na formação dos heróis modernos. Os meios de comunicação moldam valores, constroem desejos. O risco é que o indivíduo se massifique, perca a sua identidade pela imitação do herói e pela padronização dos produtos, o que bloqueia a auto-expressão. A mídia pode ser considerada a grande instituição moderna, e, como toda instituição, despersonaliza as pessoas. Somos todos atraídos pelo sucesso, na forma como a nossa sociedade o define: dinheiro, trabalho, aparência, família, conhecimento etc.

Qualquer que seja a área, damos tanta importância ao sucesso que freqüentemente ele se torna o impulso dominante de nossas vidas, ao mesmo tempo em que aumenta o desprezo que passamos a sentir pelo fracasso e pelo fracassado. Esse é um aspecto cruel do sucesso, pois no palco da vida as luzes da ribalta escondem nas suas sombras o sofrimento daqueles que não conseguiram ganhar a corrida.

A tensão da luta obsessiva para alcançar o sucesso exige esforço constante e encerra uma ameaça: o sacrifício impulsivo do presente em nome da sobrevivência no futuro. Com isso se perde a noção do aqui e agora e corre-se o risco de sacrificar a realidade em busca de uma ilusão. A partir do momento em que o sucesso se torna um valor em si, as questões sobre as finalidades e os critérios reais desse sucesso não se colocam mais – o importante é vencer. Não se pode negar o risco de o sucesso se tornar o objetivo único ou supremo da nossa vida, balizando dessa forma todas as decisões da era contemporânea e fundando uma nova ética.

Mas devemos nos lembrar de que nem a obsessão nem o impulso proporcionam uma postura equilibrada. Ao decidir viver em estado de permanente mobilização física, intelectual e emocional, podemos exigir do nosso organismo um esforço maior do que ele é capaz. Quando perdemos a noção dos nossos limites, o preço da produtividade pode ser o estresse.

5.6 DECISÃO E PODER: A QUESTÃO DA LIBERDADE

A capacidade de tomar decisões confere ao ser humano um enorme poder: o exercício da liberdade. Ao fazer escolhas, o homem determina o presente e o seu destino. A decisão é a expressão máxima da liberdade. É absolutamente individual. Ninguém *pode* decidir pelos outros. Cada um é livre para fazer suas escolhas e, obviamente, é o responsável pelas conseqüências. Cada decisão humana é uma afirmação de poder: "eu posso escolher essa ou aquela alternativa ou não adotar nenhuma delas".

Entretanto, segundo Bretas Pereira (1980), "o poder é, como o amor, uma palavra usada com muita freqüência no discurso cotidiano, intuitivamente compreendida e raramente definida". De maneira ampla, pode ser considerado a capacidade que o homem tem de manipular ou controlar o ambiente para satisfazer as suas necessidades ou resolver problemas. É o controle sobre meios, sobre pessoas, sobre forças da natureza que confere poder ao homem. O poder é sempre controlador, é catalisador e canalizador das energias humanas e da natureza. À medida que aumentou o seu poder para interferir no ambiente, o homem criou a história e construiu a civilização. Quando abusou desse poder, começou a destruir o meio ambiente. No presente momento, usa o conhecimento como forma de poder, e das suas decisões do aqui e do agora dependerá o futuro da humanidade. O poder do homem é incomensurável. Tudo o que temos hoje é fruto do poder humano de utilizar suas energias para atingir os seus fins.

A capacidade de manipular ou de exercer controle sempre conferiu poder. O chefe, o pai, o governante, o sábio, o magistrado, o general, o médico sempre o exerceram por meio do seu ofício ou do seu papel.

Mas o poder é um fenômeno muito complexo para ser reduzido a uma definição assim tão simples. Na realidade não há consenso entre os estudiosos a respeito do significado deste termo, embora todos eles apontem cinco características comuns e importantes à compreensão do fenômeno:

1. A diferença entre poder e influência.

2. O poder como uma relação.

3. A tipologia do poder.

4. As fontes do poder.

5. A ambigüidade do poder.

5.6.1 A Diferença entre Poder e Influência

O poder está intimamente relacionado ao processo de influência social; por isso alguns autores o definem como a capacidade de influenciar pessoas e de condicionar intencionalmente o seu comportamento. A maioria considera poder e influência conceitos próximos, mas eles são diferentes. A influência é decorrente de uma relação consentida em que os influenciados atribuem poder ao decisor quando percebem identidade entre os seus objetivos ou valores e os dele. Poder seria a influência exercida de maneira não-autorizada.

5.6.2 A Característica Relacional do Poder

A concepção do poder como algo intencional e consciente supõe que toda relação entre duas partes implica reciprocidade, permuta e capacidade de adaptação recíprocas. Tradicionalmente, o aspecto bilateral do poder era visto de maneira passiva e radical como manifestação de engajamento, consentimento ou alienação do influenciado. Hoje, numa concepção mais moderna, o poder implica troca, participação, diálogo e parceria. É quase um conluio, uma aliança. Na vida moderna não existe poder sem participação nas decisões, porque o exercício do poder não mais consiste em tomá-las pessoalmente, mesmo porque a complexidade do nosso mundo não o permite, mas em delimitar o campo e estruturar o espaço no qual as decisões serão tomadas.

5.6.3 Tipologia do Poder

A tipologia do poder mais conhecida é a de French e Raven (1959), que classifica seis tipos de poder:

1. *Poder formal.* É a autoridade atribuída a uma pessoa por uma organização ou instituição formal. Está sempre relacionado a um papel formal: o pai, o chefe, o padre, o professor etc., e abriga-se em uma estrutura formalizada e aceita como legítima. O poder formal é geralmente aceito; o que pode ser questionável é a forma como ele é exercido.

2. *Poder de coerção.* Consiste na autoridade para aplicar punições, e é freqüentemente associado ao poder formal. Há, entretanto, instâncias desse tipo de poder que são desvinculadas da autoridade formal, por exemplo, quando ele é usado nas relações interpessoais através de ações como ameaça de retirada do afeto, de reconhecimento ou consideração, diminuição da atenção e da comunicação.

3. *Poder de recompensa.* Consiste na capacidade de atribuir recompensas ou acenar com elas sob a forma de promessas. Embora muito associado ao poder formal, aplica-se também ao relacionamento humano sob a forma de promessas implícitas ou explícitas, atos físicos ou verbais tais como elogios, olhares, sorrisos, abraços, aproximação, proximidade e comunicação.

4. *Poder carismático, de referência ou de identificação.* Expressa uma relação psicológica de identificação com um modelo social. Geral-

120   Capítulo Cinco

mente é exercido através de lideranças fortemente carregadas de apelos emocionais, identificadas como "modelos" ou "ídolos".

5. *Poder de conhecimento ou de perícia*. É exercido por meio da ascendência demonstrada por alguém em uma determinada área ou assunto. Está ligado ao desempenho especializado de tarefas, à resolução de problemas e à transferência de conhecimento ou de tecnologia.

6. *Poder de informação ou de conexão*. Constitui o modo de influenciar os outros por meio da retenção total ou da transmissão parcial de informações, às quais os outros não têm acesso.

5.6.4 Fontes de Poder

Na sociedade contemporânea, podemos observar duas principais fontes de poder:

- o poder de posição, derivado da posição ou papel exercido numa estrutura grupal, institucional ou social;
- o poder pessoal, decorrente da personalidade individual.

QUADRO 5.5 Fontes de poder

Poder de posição	Poder pessoal
Relacionado à posição ou papel ocupado num grupo ou instituição	Influência exercida a partir das características pessoais
Unidirecional	Multidirecional
Delegável	Não-delegável
Distribuível	Não-distribuível
Expresso em atividades	Expresso em atitudes

Fonte: Babo et alii. Texto não-publicado, 1995.

Em um grupo institucionalizado, o líder formal detém o poder legítimo e atua no nível da tarefa, podendo, entretanto, utilizar as outras formas de poder para facilitar o alcance dos objetivos e promover a integração e a harmonia grupais.

Os membros do grupo usam o poder de conhecimento e de informação para facilitar ou dificultar a ação do líder formal.

As lideranças informais geralmente atuam no nível da manutenção dos processos psicossociais e emocionais do grupo, por meio do uso do poder de referência e de recompensa, para satisfazer as necessidades afetivas e de afiliação dos membros.

Na sociedade do conhecimento, as principais fontes do poder são a instrução, a informação e a aplicabilidade (utilidade) dos recursos. O poder, assim como a decisão, sempre teve características utilitárias e manipuladoras. O decisor moderno precisa levar esse fator em conta, porque o poder se potencializa, quando exercido por uma liderança.

5.6.5 Ambigüidade do Poder

O poder é ambíguo. Serve para fins positivos ou negativos, para construir ou para destruir. Protege o homem ao mesmo tempo em que o isola do seu meio e o distancia de seus semelhantes. De um lado aparece como uma coisa inconfessável, vergonhosa; de outro é honrado como expressão legítima e respeitável, necessária ao controle dos atos coletivos. "O poder é antagônico ao prazer. Este se origina no fluxo livre das sensações e energias do corpo, enquanto o poder se desenvolve através do represamento dessa energia. O homem *sente* prazer e *detém* poder" (LOWEN, 1970). Este é o conflito fundamental da nossa sociedade: o "ser" e o "ter" expressos na questão ética que veremos mais adiante. O poder é racional, engendrado intelectualmente, intencional e deliberado. Proporciona realização, mas causa medo. Quando controlado pelo medo, o ser humano deixa de ser livre. O poder de uns, quando abusado, tolhe a liberdade de outros.

O poder é uma importante motivação do ser humano. Todos nós, de certa forma, nos sentimos atraídos pelo poder. Há quem viva pelo poder e até quem morra por ele. O poder é um poderoso estimulador das decisões, e a abdicação do direito de decidir é a abdicação de si mesmo. Sem o livre-arbítrio o homem perde suas características fundamentais de ser humano.

5.7 DECISÃO E DEVER: A QUESTÃO ÉTICA

O reconhecimento de que todas as nossas decisões e ações têm conseqüências implica a existência de referências e limites para que os interesses individuais não conflitem com os coletivos, ou para que os impulsos do momento sejam contidos em vista das conseqüências de longo prazo.

122 Capítulo Cinco

A ética estabelece esses limites por meio de códigos, preceitos, normas e leis que expressam os valores sociais e orientam as nossas decisões. Valor é a distinção consciente entre o bem e o mal, o certo e o errado, o delito e a virtude. Os valores sociais são ditados pelos valores morais e éticos de uma cultura.

Em todas as sociedades civilizadas verifica-se a existência de um conjunto de códigos morais e legais destinados a regular as decisões que afetam os interesses coletivos. Todas elas se posicionam contra a inconseqüência e a impunidade, que favorecem a corrupção e o crime, ou reforçam a decisão de alguns em detrimento dos interesses coletivos.

Alguns desses valores realmente estão presentes na maioria das culturas, religiões, princípios sociais e filosóficos tais como: o auto-respeito, o amor ao próximo, o respeito à propriedade, a moderação nos costumes etc.

A moral tradicional, que prega o respeito e a submissão às condições naturais e à ordem estabelecida, tem se mostrado contrária às expectativas da sociedade industrial, fundamentada na transformação das condições naturais e na mudança acelerada de valores, técnicas e métodos. A maior parte das leis e normas vigentes na nossa sociedade verbaliza esses valores. Mas, na prática, os princípios que norteiam as decisões contemporâneas são baseados no poder, no dinheiro, na competitividade, no apego e na informação. Verificamos hoje uma grande incoerência entre o discurso ético e as decisões tomadas nos campos político e tecnológico.

A velocidade das mudanças e a complexidade das relações fazem com que todos esses referenciais se alterem ou se percam muito rapidamente, gerando confusão e perplexidade nos decisores. Assim, quando afloram as situações de crise, as pessoas ficam sem saber o que fazer.

São várias as dimensões dos preceitos éticos: dimensões sociais, organizacionais, grupais e individuais. Quando os valores desses níveis entram em conflito, as decisões se tornam muito difíceis. Constituem um dilema, característica do ditado popular que apregoa: "Se correr o bicho pega, se ficar o bicho come."

Os pressupostos éticos também variam no tempo e no espaço de acordo com o país ou a cultura onde se vive.

Um antigo filme chamado *A casa de chá do luar de agosto* expressa a diferença dos valores morais das culturas japonesa e americana. Nele,

Marlon Brando é o ajudante-de-ordens de um oficial americano, nomeado interventor de uma pequena vila japonesa no pós-guerra, e protagoniza uma cena antológica com a seguinte observação: "No Japão, todos tomam banho juntos e nus, e isso não é pornografia, mas na América é. Ao contrário, na América usa-se colocar fotos de mulheres nuas nas paredes dos escritórios, e isso lá não é pornografia, mas no Japão é." Essa reflexão o leva a concluir jocosamente: "Pornografia é uma questão de geografia."

Nas organizações modernas, estadistas, líderes, pais, educadores e legisladores são criadores de princípios e inseminadores de valores. O poder de fato é exercido por aqueles que ditam as "regras do jogo" e dessa forma condicionam as decisões dos outros. É papel da liderança estabelecer referenciais e limites mesmo quando não atua diretamente na tomada de decisões. Entretanto, ao admitir que existem pessoas "ativas", que regulam e controlam as ações e as decisões dos outros, somos forçados a aceitar que existem também os passivos, os regulados e os manipulados. Essa contradição entre liberdade e submissão aparece sempre que o indivíduo se percebe submetido a uma estrutura de poder.

O sistema de valores individuais é condicionado pela educação familiar, pelo contexto e pela cultura. As pessoas têm motivações e prioridades diferentes, mas só aderem aos sistemas de valores coerentes com a sua própria experiência.

Dizemos que uma pessoa tem consistência moral quando toma decisões de acordo com os códigos estabelecidos. A inconsistência moral se verifica quando a pessoa adota um código de valores para si e outro para os demais. Muitas pessoas manifestam freqüentemente esse tipo de contradição; por exemplo, pessoas esclarecidas e até médicos que continuam fumando, mesmo sabendo o mal que o cigarro proporciona, ou *workaholics* que continuam morrendo de trabalhar em vez de trabalhar para viver.

A própria ética apresenta suas contradições. Pode-se mesmo dizer que existem várias éticas: a religiosa, a política, a filosófica, a individual, cada uma com seus preceitos próprios.

A ética se ocupa da razão, do cotidiano da vida material, das necessidades básicas. Exige disciplina e autocontrole. A estética se ocupa da emoção, da arte, da harmonia, do subjetivo, da liberdade. Ética e estética se complementam, e, sempre que há predomínio de uma sobre a outra, há desequilíbrio social. É indispensável combiná-las. Desde a antigüidade, a arte retratou os paradigmas da época e orientou o comportamento e as decisões das pessoas. Foi utilitária, gerou empregos, reconhecimento e sucesso para muita gente. Assim como os preceitos éticos (que atuam no nível da razão), as grandes obras de arte detêm um nível de informação eterna. A partir de meados do século XIX, a ciência tomou o lugar da arte na vida diária. Neutra, objetiva e racional, a ciência multiplicou os conhecimentos, ampliou as comunicações e gerou um emaranhado de tecnologias. A mudança de paradigmas na física, na economia, na educação e na medicina já é evidente. No campo do direito tem surgido a necessidade de novos códigos, coerentes com a nova realidade do mundo. O controle social da ciência e da tecnologia, as questões ambientais, as novas relações internacionais advindas das comunicações e da globalização, tudo isso está a exigir uma nova ética.

Além disso, a partir dos conhecimentos gerados pela psicanálise, as decisões humanas transcenderam o terreno da lógica, e passaram a ter uma dimensão psicológica; enquanto a neurobiologia se propõe a explicar comportamentos como decorrentes de fatores químicos e funcionais. A ética, complexa e inesgotável, faz dois apelos básicos para os decisores contemporâneos: o desenvolvimento constante da consciência crítica (habilidade de questionar criativamente) e a questão dos limites da razão e da sensibilidade numa sociedade complexa e em rápida transformação.

5.8 REAÇÕES ÀS MUDANÇAS

Um conflito fundamental envolve o homem e seu mundo, no momento em que ele confronta a necessidade de mudar com a sua natural resistência à mudança. A ambigüidade característica desse momento funciona como um poderoso bloqueador do processo decisório. A eficácia da decisão depende da capacidade de se encontrar um equilíbrio saudável entre a estabilidade e a mudança, aprendendo-se a reconhecê-las, a aceitá-las e a conviver adequadamente com elas. Esse equilíbrio, entretanto, é extremamente difícil de ser encontrado na prática, uma vez que o fenômeno da resistência às mudanças é tão universal que a maioria das pessoas tende a aceitá-lo como um fato natural e consumado. Ele se torna ainda mais complexo porque as pessoas resistem às mudanças

FIGURA 5.6 Reações às mudanças

com intensidade proporcional à ameaça que elas representam para a identidade do decisor.

As formas de resistência dependem do tipo de personalidade e da estrutura psicológica dos decisores. Na realidade, a reação às mudanças é uma questão de grau, que vai da rejeição total ou da negação da mudança até a antecipação e o comportamento proativo.

A *negação* da mudança é a decisão do avestruz: não vê porque, deliberadamente, não quer ver.

Ignorar a mudança é decisão do covarde: finge que não vê para não se comprometer, e esconde na sua alienação o medo de optar. Imagina que a não-decisão vá livrá-lo das conseqüências, esquecendo-se de que a abdicação também é uma forma de decisão. Os que ignoram as mudanças vivem fora do seu tempo, satisfazem-se com as glórias do passado e mergulham amargurados e pessimistas em um futuro que não almejam. Tornam-se neurastênicos, deprimidos, porque, ao abdicar da realidade, abrem mão, igualmente, das alegrias da vida.

O *isolamento* é a decisão esquizofrênica daqueles que constroem muros ao redor de si para não ter que conviver com a realidade que os incomoda. Tornam-se prisioneiros do seu próprio medo, condenados por si mesmos às penas da solidão.

126 Capítulo Cinco

O *boicote* é a resistência agressiva, destruidora; em sua forma mais contundente, é a decisão do assassino, que mata quem ou aquilo que o amedronta ou incomoda.

A *resistência ativa* é a decisão do obstinado, que defende seus princípios e posições com rigidez e galhardia. Às vezes, esse tipo de decisor tem um papel importante na clarificação do contexto porque verbaliza, argumenta e expressa pontos de vista, evidencia a história, as tradições e a experiência passada. Seu risco é a tendência à rigidez e à radicalização que os transforma em "donos da verdade" e bloqueadores de inovações.

A *resistência passiva* é a decisão do dissimulado, daquele que "não ata e nem desata", não faz e nem deixa que os outros façam. É uma das reações mais difíceis de serem trabalhadas porque são aparentemente assintomáticas ou confusas. Suas conseqüências, todavia, são terríveis, porque tornam as pessoas amorfas, sem caráter e sem confiabilidade.

A *acomodação* é a decisão do preguiçoso, daquele que "deixa estar para ver como é que fica". Paradoxalmente, o preço que se paga pela acomodação é a "canseira de estar sempre correndo atrás do prejuízo".

Aderir à mudança significa aceitá-la passivamente. É uma decisão de adaptação, reativa, limitada à mera necessidade de sobreviver. É diretamente relacionada ao cotidiano e à rotina.

Explorar a mudança é tirar proveito dela. É a decisão do "camaleão", que avalia rapidamente as alternativas e decide por aquelas que lhe darão resultados a curto prazo. É a decisão incremental, "quebra-galho", que muda pouco mas se ajeita.

A *participação* é a decisão ativa, fruto de opções conscientes e deliberadas, em que se assumem riscos e conseqüências. É a decisão madura, compartilhada, apropriada às características e valores da nossa sociedade global.

A *influência* é a decisão da liderança carismática, daquele que não apenas participa mas também inspira a decisão dos outros em participar também.

Quem *promove* a mudança é um líder ativo, que não apenas inspira ou concebe valores, mas também os operacionaliza e os transforma em ação. É a decisão do empreendedor, daquele que faz acontecer.

Quem adota *postura proativa* antecipa-se às mudanças e toma decisões no presente para moldar o futuro. É a decisão do "visionário", que enxerga longe, primeiro e mais rápido do que as outras pessoas. Neste mundo de transformações rápidas, a visão é considerada um atributo das pessoas bem-sucedidas, um traço imprescindível no perfil do decisor contemporâneo.

5.9 DECISÃO E DESTINO

A decisão é a maior demonstração de auto-afirmação do ego. Significa a consciência de que estou vivo, no aqui e agora, sou livre e posso interferir no curso da vida e da história.

Muitas pessoas se omitem na hora de tomar decisões importantes ou não cuidam de buscar uma decisão acertada e depois se queixam de falta de sorte ou de obra do destino. "Eu não tenho sorte" é uma frase comum nos fracassados. A canção de Vandré diz ... "esperar não é saber. Quem sabe faz a hora, não espera acontecer".

Deixar as coisas acontecerem sem interferir no curso da vida é abdicar da própria liberdade. O preço que se paga geralmente é muito alto: culpa, depressão e sensação de perda. O compromisso com a decisão produz o efeito contrário. Mantém-nos vivos, cheios de energia, senhores do nosso destino.

PARTE III

Espaços de Possibilidades de Decisão

CAPÍTULO 6

Decisões nas Empresas

6.1 CONTRIBUIÇÕES DA TEORIA ADMINISTRATIVA AO ESTUDO DO PROCESSO DECISÓRIO

A teoria administrativa é uma ciência nova, que surgiu no início do século XX, em decorrência das dramáticas mudanças na estrutura social do trabalho causadas pela Revolução Industrial. Sua primeira abordagem foi chamada de Escola Clássica ou Racional (1910 a 1950), e, nela, poucos temas foram tratados de maneira tão fragmentada e unilateral como o processo decisório.

Embora o século XX tenha despontado sob o influxo de transformações sociais muito profundas, o impacto que elas causaram no ambiente foi relativamente pequeno, já que não havia uma rede de comunicações tão generalizada como agora. O ambiente era estável, as coisas demoravam a acontecer. A valorização da racionalidade conferia à metodologia científica um tom de respeito nunca visto antes. A ciência em geral e a teoria administrativa em particular eram consideradas isentas e neutras, e ostentavam uma indiferença sistemática ao que ocorria no ambiente externo.

A ciência administrativa nasceu apadrinhada por um conjunto de valores funcionais e mecanicistas, e as organizações foram concebidas ape-

132   Capítulo Seis

nas como instrumentos técnicos, destinados ao alcance de um objetivo primordial: a maximização dos lucros e dos resultados. Nesse contexto, não era de se estranhar que os fatores determinantes das escolhas, ou os critérios de avaliação das alternativas, tomassem como base apenas a relação custo-benefício.

6.1.1 A Decisão Racional na Escola Clássica: "O Homem Operacional"

Vista como uma das ciências humanas, a teoria administrativa está atrelada à história e necessita de um referencial a respeito da natureza do homem enquanto trabalhador.

Segundo Guerreiro Ramos (1984), o modelo de homem vigente durante a Escola Clássica foi o do *homem operacional*, ou seja, da pessoa considerada um mero recurso à disposição do sistema organizacional e tão dependente dele a ponto de ser identificada com ele. O famoso filme de Charles Chaplin *Tempos modernos* capta com maestria a concepção do homem igual à máquina, tratado como recurso, considerado um custo fixo, que precisava apenas de "manutenção" para ser produtivo e compensar o investimento. Supunha-se que o único envolvimento do trabalhador com a fábrica fosse a busca de recompensas materiais, e não se levavam em conta as implicações psicológicas do comportamento humano no trabalho. Vem dessa época a expressão "recursos humanos", em voga até hoje.

Os critérios de tomada de decisão no começo do século também não reconheciam os eventuais conflitos entre as necessidades individuais e os objetivos organizacionais, porque partiam do pressuposto de que os trabalhadores eram seres passivos e despreparados, sem capacitação e treinamento para atuar dentro das organizações, e avaliados quantitativamente pelo que rendiam e descartados quando não eram mais produtivos. A relação do homem com o trabalho nessa época encarnava o anátema bíblico: "Ganharás o pão com o suor do teu rosto", com o trabalho considerado uma obrigação desagradável, e jamais uma forma de realização ou de crescimento pessoal.

As decisões eram centralizadas no executivo principal, de modo geral o proprietário, que detinha as prerrogativas de escolher o que julgasse melhor para a empresa e para os trabalhadores.

Como o ambiente era estável, relativamente simples, e as informações restritas, supunha-se que os decisores detivessem conhecimento bastante amplo de todas as alternativas e de suas conseqüências, havendo portanto, uma única solução correta para os problemas, que cabia ao decisor encontrar.

A abordagem racional do processo decisório dominou a literatura administrativa, com exclusividade, até a década de 1960. Durante esse período, a decisão foi considerada um atributo essencialmente lógico, fruto da racionalidade técnica, um instrumento para promover a funcionalidade, centrada nos limites da sua utilidade e mensurada pelos resultados práticos que lograva conseguir.

6.1.2 A Escola de Relações Humanas e as Ciências do Comportamento Aplicadas à Administração: O "Homem Organizacional"

A década de 1960 foi precursora de grandes mudanças em todas as áreas. Com razão, ficou conhecida como "a década que mudou o mundo". Na teoria administrativa, surgiu o movimento conhecido como Escola de Relações Humanas, nascido da contribuição da psicologia social, que deu um grande passo ao reconhecer o trabalhador como um ser humano capaz de pensar, de decidir, de ser motivado, e não apenas um simples *recurso*. Além disso, foram seus integrantes os primeiros a identificar a organização como um sistema aberto, em estreita relação com o meio ambiente. Eles entenderam que seria impossível isolar os aspectos lógicos do homem no trabalho e que os sentimentos, atitudes e valores afetam, positiva ou negativamente, o processo de produção.

Embora fossem realmente comprometidos com os trabalhadores, os psicólogos sociais dessa época cometeram um grande equívoco. Preocuparam-se com as emoções e sentimentos dos trabalhadores, mas não procuraram alterar os valores, os objetivos, as políticas e as estruturas das organizações. O trabalhador foi tratado como um ser *reativo,* passível de ser ajustado ao contexto do trabalho, mas sem autonomia para interferir nesse contexto. Paradoxalmente, ao considerarem o homem uma variável independente do sistema social, pretendiam torná-lo mais autônomo, mas o que conseguiram, na realidade, foi submetê-lo ainda mais às necessidades e conveniências do sistema, dentro do modelo que White (1956) chamou de "homem organizacional".

As decisões prevalentes nesse período continuaram a adotar como base a racionalidade funcional, pragmática e objetiva, centradas cada vez mais no alcance das metas. Esse tipo de racionalidade passou a ser o paradigma oficial da gerência, exacerbando os apelos produtivos da sociedade de mercado, que cresceu desmesuradamente, até o ponto em que se encontra hoje. Sob o ponto de vista da eficácia, essa nova abordagem foi incontestavelmente um grande sucesso, mas o trabalhador, seu grande agente, permaneceu servo do sistema, escravizado ante as exigências do cliente e da produtividade cobrada pelo patrão. Dessa maneira, a contribuição da psicologia social ficou reduzida à manipulação ou à cooptação das pessoas para manter as organizações funcionando produtivamente e aumentando, ainda mais, a lucratividade patronal.

Na história do pensamento administrativo, aparece nessa época a clássica contribuição de Herbert Simon (1965), um enfoque comportamental da decisão trazido à baila por um economista, dando início ao enfoque multidisciplinar que até hoje prevalece. Simon procurou demonstrar que não existe decisão perfeita porque é impossível uma avaliação completa de todas as alternativas e suas conseqüências, já que a capacidade perceptiva do ser humano é limitada (limites cognitivos). A racionalidade, nesse caso, consiste em escolher a opção mais satisfatória e concentrar-se nela. Como não tem condições de avaliar todas as alternativas e suas conseqüências, o decisor tende a simplificar a situação para torná-la administrável. Admite-se uma hierarquia ou uma cadeia de decisões entrelaçadas que propiciam o alcance dos resultados, e, em função disso, os fins e os meios podem ser separados. A tentativa de reduzir ou de fragmentar o processo de análise para sustentar as decisões faz muito sentido para o modelo tradicional da metodologia científica. Exatamente por incorporar esse tipo de valores, o estudo da decisão ganhou conotações científicas, negadas a outros aspectos da teoria administrativa.

A escolha de uma alternativa implica a renúncia de outras, o que faz com que toda decisão gere sempre um sentimento de perda. Isso se torna muito desconfortável, principalmente quando a decisão incorpora a perda de referenciais seguros, tais como valores, ideologias ou costumes, nos quais o decisor ancora a sua identidade.

Na opinião de Simon, não existe uma decisão correta, mas uma escolha adequada a um determinado momento, pois nada é completo ou perfeito em um ambiente mutável. A busca de alternativas cessa no momento em que se encontra uma solução satisfatória (*satisficing*). Como não existe uma solução ótima, o decisor tende a se acomodar com uma solução satisfatória. É por isso que toda decisão gera uma acomodação, um certo alívio.

Toda decisão tem conseqüências e envolve riscos, mas, uma vez processada, a escolha não tem volta. Fatores ambientais, estratégias e recursos também afetam o processo decisório, gerando incerteza. Por causa disso, o processo de tomada de decisão é sempre estressante, e, no momento em que cessa a ansiedade provocada pelas tensões da escolha, tem lugar um relaxamento geral no organismo. Em algumas pessoas, essas situações são marcadas por claras manifestações psicossomáticas, tais como dores de cabeça, sono, perturbações gástricas, manifestações de euforia ou depressão etc.

Apesar de denominar-se uma teoria comportamental da decisão, os trabalhos de Simon podem ser ainda enquadrados dentro da abordagem racionalista do processo decisório. Ele foi o primeiro autor a classificar os vários tipos de racionalidade humana, como vimos no Capítulo 1.

Simon observou adequadamente que alguns dos paradigmas válidos para o início do século já estavam em franco desuso 50 anos depois. Os objetivos das organizações, anteriormente vistos sob o ângulo exclusivo da lucratividade, ganharam novas conotações: são conflitantes, variados, mutantes em relação aos níveis de aspiração e de participação das pessoas, e, sobretudo, caracterizados pela necessidade emergente de lidar com a escassez de recursos.

A evidência de que as necessidades dos indivíduos e das unidades funcionais guardam diferenças irrefutáveis com os objetivos da organização inaugurou o consenso sobre a existência desse conflito como um dado real e permanente, passível de ser administrado, mas jamais de ser resolvido. Em função disso, a organização foi reconhecida como uma coalizão de interesses, na qual o sucesso de qualquer empreendimento depende da mútua solidariedade entre o capital e o trabalho. Trataremos desse tema com mais detalhes, mais adiante.

6.1.3 Decisões nas Organizações Contemporâneas: O "Homem Parentético"

As decisões mudam através da história, refletem seus valores, suas crises, seus paradigmas. O Quadro 6.1 mostra os principais paradigmas

136 Capítulo Seis

que influenciaram as teorias das organizações durante este século e o estado como se encontram atualmente.

QUADRO 6.1 Mudanças de paradigmas na teoria administrativa

Escola	Clássica	Relações humanas	Sistêmica
Ambiente	Estável	Reativo	Turbulento
Foco	Racionalidade	Produtividade	Qualidade Produtividade Atendimento
Estrutura	Burocrática	Funcional	Rede
Sistema	Fechado	Aberto	Ecológico
Ênfase	Estrutura	Estilo gerencial	Cultura organizacional
Modelo de mudança	Reforma administrativa Treinamento técnico	Reengenharia Treinamento gerencial Desenvolvimento organizacional Planejamento estratégico	Readministração Aprendizagem organizacional Gestão da qualidade total Gestão estratégica
Liderança	Centrada na tarefa	Centrada nas pessoas	Holocentrada
Modelo de homem	Operacional	Organizacional Reativo	Parentético
Decisão	Racional	Racional Psicológica	Racional Psicológica Biológica Sistêmica

O momento presente é marcado por três eventos de extrema importância no estudo da decisão:

1. O avanço e o uso cada vez mais generalizado da informática e da cibernética, proporcionando enorme volume e grande velocidade na geração de informações, o que multiplica o número de alternativas disponíveis e aumenta a complexidade do processo decisório.

2. O uso de novos recursos, que viabilizam a agilidade e a precisão do processo decisório, tais como: os modelos matemáticos, as estatísticas baseadas em fatos e dados, todos eles decorrentes e ainda apegados ao modelo científico cartesiano, caracterizado pela fragmentação e pela superespecialização.

3. A diminuição considerável do emprego como relação de trabalho e a conquista da autonomia do trabalhador, por meio da terceirização, da microempresa e das organizações virtuais.

Mas o fator mais importante, de acordo com Guerreiro Ramos, é que a história moderna está gestando o *"homem parentético"*, isto é, o homem entre parênteses, em estado de suspensão, perplexo ante a crise, mas também em estado de reflexão, uma vez que não aceita mais ser um objeto do sistema ou conivente com valores diferentes dos seus. Ao contrário, ele se sente capaz e motivado para participar, intervir e mudar o sistema social. Sabe que terá que encontrar novas formas para administrar a crise.

Segundo Guerreiro Ramos, "o homem parentético não deixa de ser um participante ativo da organização. Porém, ao tentar ser autônomo, ele não pode ser psicologicamente enquadrado como aqueles indivíduos que se comportam de acordo com os modelos reativo ou operacional. Ele possui uma consciência crítica altamente desenvolvida das premissas de valor presentes no dia-a-dia. A atitude crítica suspende ou coloca entre parênteses a crença no mundo comum, permitindo ao indivíduo alcançar um nível de pensamento conceitual e, portanto, de liberdade".

Esse novo homem que está surgindo nas organizações contemporâneas tem capacidade de colocar-se fora do cinturão ideológico que envolve a sua vida e analisá-la, criticamente, como espectador. É capaz de separar o seu ambiente interno e externo com o intuito de compreendê-los melhor e de atuar sobre ambos de maneira sistêmica. É capaz de perceber o todo e de agir no particular. É versátil sem ser relativista.

Tais seres humanos não pautam suas decisões apenas pelos ditames da racionalidade funcional ou da sociedade de mercado, porque conseguem distinguir a identidade individual da integridade social e são eticamente comprometidos com valores substantivos. São autônomos na relação com o empregador porque têm consciência crítica de seu valor e da interdependência existente entre ambos.

O homem parentético floresce no momento em que surge o conceito de *empregabilidade* que caracteriza o indivíduo como dono de sua própria carreira, leal aos seus próprios princípios, responsável pelo seu próprio desenvolvimento, que surfa nas ondas do mercado, baseado nas suas próprias habilidades e no compromisso de contribuir com o melhor de si para o alcance dos objetivos do empreendimento do qual é parceiro.

138   Capítulo Seis

O homem parentético surge no epicentro de uma revolução tão grande quanto aquela proporcionada pela Revolução Industrial.

Essa "nova revolução" marca a decadência do emprego e a ascensão do trabalhador autônomo, visionário e empreendedor. Caracteriza o ser humano no sentido mais profundo da palavra, aquele que decide e conduz o seu próprio destino. Parte do pressuposto de que o desenvolvimento e a renovação só têm sentido até o ponto em que representam uma tentativa de dar às pessoas um sentido de verdadeira participação social. Quando o trabalhador vê no microssistema as mesmas disfunções do sistema social, tende a tornar-se menos conformado e a transformar-se num político ativo. A política torna-se onipresente, quando cada um se esforça pelo direito de satisfazer suas próprias necessidades em todos os níveis.

Dentro dessa perspectiva, ele percebe que não é mais suficiente administrar as organizações, mas que é necessário gerir a sociedade como um todo. O trabalhador, na sociedade contemporânea, percebeu que está perdendo competência ao lidar consigo mesmo ou com o ambiente global, que o uso da tecnologia nem sempre contribui para melhorar a sua qualidade de vida. Nesse contexto, a organização tradicional está encontrando seu momento de verdade: perdendo a sua sedução e encontrando uma nova lógica.

O fato de que a grande maioria de trabalhadores não encontra mais no seu trabalho a motivação central de sua vida passa a ser um tema de grande significado social. O estudo da decisão extrapola então a área organizacional e passa para o domínio da ciência política, dentro de uma nova perspectiva que integra todas as ações humanas como frutos de suas decisões.

6.1.4 A Teoria Comportamental da Firma

Cyert e March (1963), em sua clássica obra, *A Behavioral Theory of the Firm* (A Teoria Comportamental da Firma), mostraram que qualquer empreendimento é fruto de uma dupla decisão:

- a decisão de produzir (do empresário) e
- a decisão de participar (do empregado).

Na concepção desses autores, a decisão de produzir é um atributo do empresário, do empreendedor ou do acionista de um determinado ne-

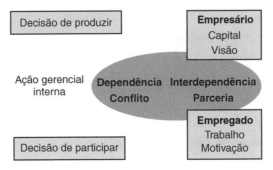

FIGURA 6.1 Teoria comportamental da firma

gócio. Ela pressupõe a existência de um recurso (o capital) e de uma habilidade (a visão). Esses dois requisitos são complementares, e um sem o outro não funciona. Todo empreendimento nasce de uma liderança visionária, capaz de se antecipar ao futuro e de moldá-lo de acordo com os seus desejos ou objetivos, por meio de decisões estratégicas e da alocação adequada de recursos tais como dinheiro, equipamentos, tecnologias etc.

Da mesma forma que os empresários, os empregados aderem ao processo produtivo com um recurso e uma habilidade. O recurso é o trabalho, aqui entendido em todas suas dimensões: braçal, manual, digital e mental. Sem o concurso do trabalho o capital é estéril.

Para que se coloque a serviço do capital, o trabalhador precisa estar *motivado*. A motivação tem origem em uma carência, uma necessidade. Na vida empresarial, a decisão do empregado de participar do empreendimento com o seu trabalho implica a satisfação das necessidades básicas e específicas de cada empregado. Ele se compromete à medida que essas necessidades são atendidas. Em épocas de desemprego é comum ver-se um nível de tolerância maior das classes trabalhadoras com as exigências do patronato, invertendo-se a situação em momentos de carência de mão-de-obra.

Essa relação de troca entre empresário e empregado, entre capital e trabalho, é tremendamente conflitiva, porque envolve *poder* de ambos os lados.

Os acionistas reclamam maior influência na comunidade, maior competitividade dos seus produtos e, conseqüentemente, maiores lucros como forma de retornar o capital empregado.

Os empregados querem um trabalho mais significativo, mais bem remunerado, com mais chances de crescimento e de aprendizado pessoal, e maior autonomia nas suas decisões.

Nenhum esforço ou modelo da teoria administrativa foi capaz de resolver esse impasse. Na realidade, esse conflito tem sido alvo da atenção de toda a sociedade desde a Revolução Industrial. Nesse período, as decisões cobradas dos gerentes estavam muito mais voltadas para o interior das organizações, visando à administração das relações de interdependência cada vez mais acentuadas entre o capital e o trabalho. E, como toda relação de interdependência traz dentro de si um potencial de conflito, o maior desafio gerencial passou a ser a transformação da relação conflituosa em parceria. A teoria administrativa produziu extensa literatura no sentido de dar suporte à ação gerencial e reduzir a dependência e o conflito para promover a integração e a parceria entre o empresário e o empregado. Essa busca tem sido tão constante quanto a persistência do problema. Por isso tentamos completar o modelo de Cyiert e March com o que denominamos Teoria Contemporânea da Firma.

6.1.5 A Teoria Contemporânea da Firma

Como vimos, a Teoria Comportamental da Firma é uma tentativa de explicação do conflito entre o capital e o trabalho, nascido de percepções antagônicas na tomada de decisões por parte do empresário e do empregado. Para sobreviver no contexto atual, as organizações precisam ampliar essa antiga visão, substituindo-a por um novo paradigma, no qual surge um terceiro ator, imprescindível à existência do empreendimento: o *cliente*.

Na Teoria Comportamental da Firma, a função gerencial restringe-se apenas aos aspectos internos da empresa, ao passo que a Teoria Contemporânea evidencia o aumento da complexidade da gestão pelo acréscimo de mais duas variáveis na função gerencial: a administração da relação de dependência/interdependência externa e a mediação na relação com o cliente.

O defrontamento da empresa com o cliente não é menos complexo do que a relação capital-trabalho. Jan Carlzon (1989) chamou-o de *"hora da verdade"* porque é decisivo, marcante e definitivo.

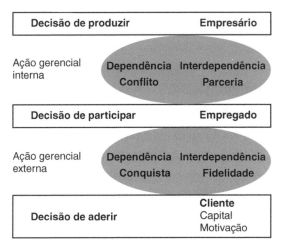

FIGURA 6.2 Teoria Contemporânea da Firma

Apesar de os programas de qualidade total terem contribuído de forma incontestável para a conscientização da importância do relacionamento com o cliente, a maioria das empresas ainda não desenvolveu estruturas nem posturas adequadas para isso.

No entanto, é somente o cliente que, após avaliar a qualidade do produto, a adequação do preço e a presteza do atendimento, decide se compra ou não, se retorna ou esquece, se permanece fiel ou busca alternativas. O medo do julgamento do cliente faz com que muitas organizações mascarem a "hora da verdade", até que o risco de sobrevivência as obrigue a tomar novas decisões. A percepção do cliente cria inquietude porque desvenda a realidade nua e crua da empresa. A conquista da fidelidade do cliente implica a sua motivação constante, decorre das *percepções* que ele tem do *produto* e da *imagem* da empresa.

> Seduzir o cliente significa – **perenizar a decisão de aderir**.
> O **cliente** tem: um ponto comum com o empreendedor – **o capital**; um ponto comum com o empregado – **a motivação**.

À primeira vista isso parece simples, mas a sua prática reveste-se de grande complexidade porque depende de um conjunto de decisões que são tomadas por atores diferentes, com objetivos diferentes e muitas vezes conflitivos. Para enfrentar esses desafios, os decisores das orga-

142   Capítulo Seis

nizações contemporâneas precisam desenvolver habilidades específicas, tais como:

- A *leitura do contexto* que lhes permite ouvir as vozes interiores e exteriores da organização.
- A formulação de *estratégias* convenientes.
- A existência de *estruturas* compatíveis.
- *Comportamentos gerenciais* adequados.

6.2 A LEITURA DO CONTEXTO

Chamamos de *contexto* aqueles fatores que existem fora do eixo de atenção do decisor mas que são muito importantes porque dão sentido aos acontecimentos e constituem o "pano de fundo" das decisões. Para otimizar as decisões, temos que aprender a ampliar o nosso contexto perceptivo. Aprender a ler o contexto exige a eliminação de alguns hábitos que desenvolvemos no decorrer da vida, assim como a aprendizagem de outros que possamos ter perdido:

- reduzir a tendenciosidade desenvolvida através de hábitos e percepções arraigados;
- focalizar os problemas sob diferentes perspectivas;
- testar a validade e a consistência das alternativas;
- sondar e entender o ambiente no qual estamos inseridos;
- ouvir os apelos do nosso corpo e dos nossos sentimentos.

Para ler o contexto, é necessário prestar atenção aos fatos que nos passam despercebidos no dia-a-dia. Significa ver coisas nunca antes vislumbradas e descobrir soluções aparentemente insolúveis. Exige disponibilidade interna porque é um ato criativo, e as idéias mudam com o contexto sempre que muda a nossa interpretação dos fatos. A consciência do contexto depende de visão sistêmica e de acuidade perceptiva. A empresa bem-sucedida é aquela capaz de "*re-conhecer-se*" e tomar decisões acertadas no momento certo. Por isso, agentes de mudança e dirigentes precisam aprender a ler e a ampliar o contexto perceptivo no ambiente de trabalho.

Tal como a metáfora do deus Jano, relatada na Teoria dos *Holons*, no Capítulo 3, o contexto empresarial tem duas faces:

- *a face voltada para fora*, relacionada com o *ambiente externo*;
- *a face voltada para dentro,* relacionada com a *identidade e a cultura organizacionais.*

Cada uma dessas faces emite sinais ou "vozes" que precisam ser corretamente interpretados pelos decisores porque todos esses fenômenos acontecem de maneira desestruturada, desintegrada e difusa. A desordem, os paradoxos ou o caos podem estar cheios de sementes de novas soluções, e saber lidar com elas passa a ser uma qualidade essencial ao gerente contemporâneo.

A teoria administrativa moderna identifica a decisão como um processo contingencial, que não é apenas lógico, racional ou seqüencial, mas intuitivo, criativo, subjetivo, circunstancial, além de condicionado pelos hábitos e experiências adquiridos. Cada decisão envolve diferentes informações e interesses que variam em cada fase ou etapa do processo decisório. Esse processo é interativo e envolve pessoas, funções, papéis, recursos e poder.

A percepção do contexto é particularmente importante em um mundo mutável. Quanto mais abrangente for a dimensão da mudança, mais arriscada será a decisão, e maior percepção contextual será exigida do decisor. Quanto maior for a percepção do contexto, maior será a habilidade decisória.

É no cotidiano que o dirigente busca experiência e informação para alimentar as suas decisões. No reexame constante da sua própria experiência cotidiana, ele encontra espaço para novos valores e novas práticas, porque o julgamento intuitivo é extraído do contexto. Sem a leitura e a interpretação do contexto não é possível conhecer verdadeiramente a identidade e a cultura da empresa. Essa leitura somente pode ser feita pela interpretação do cotidiano, nas diversas formas de expressão do comportamento humano na empresa.

6.2.1 Vozes do Ambiente Organizacional

O ambiente organizacional manifesta-se sob diferentes ângulos, que convencionamos chamar de vozes exteriores e vozes difusas.

As vozes exteriores traduzem os apelos dos clientes, que desejam produtos de boa qualidade, atendimento rápido e personalizado e preços mais competitivos; as condições dos fornecedores; as exigências do go-

Figura 6.3 Vozes do cotidiano da empresa

verno; o alerta dos concorrentes; o apoio dos parceiros; as demandas da comunidade; as notícias da mídia etc.

As vozes difusas estão relacionadas com a interpretação das informações situadas na interface interna e externa e englobam a cultura organizacional, as tecnologias, os recursos, as normas, os processos e as matérias-primas.

As vozes interiores se fazem ouvir através das informações, solicitações e desejos dos empregados, gestores e acionistas. Todos esses agentes fazem apelos e exigências constantes, simultâneas e diversificadas. Tomar decisões nesse contexto é algo no mínimo complexo, e administrar essa complexidade é o desafio do dirigente contemporâneo.

6.2.2 Mudanças Sociais e Organizacionais em Processo

No decorrer do século XX, a sociedade e as empresas passaram por modificações fundamentais. Os paradigmas ou valores sociais condicionam os *"modelos de homem"* vigentes nas organizações, e as mudanças acontecidas no sistema social precisam ser acompanhadas e monitoradas pelas organizações de trabalho. Todos esses processos são altamente interdependentes e se influenciam mutuamente.

As empresas vivem atualmente um momento de impasse. As formas de funcionamento que lhes foram úteis no passado, garantindo-lhes sobrevivência e sucesso, revelam-se repentinamente obsoletas e deixam de dar respostas aos mais elementares problemas de gestão. Seus dirigentes não conseguem esconder a perplexidade. Os modelos antigos não funcionam mais, e os novos ainda estão muito confusos.

Nossa época se caracteriza por uma verdadeira explosão de informações e da ciência, a ponto de ser identificada como a "sociedade do conhecimento". No entanto, com a mesma velocidade com que é gerado, o conhecimento se torna desatualizado. A conseqüência disso é a fragmentação da ciência e a superespecialização das profissões, exigindo que as organizações se coloquem em permanente postura de aprendizagem. A superespecialização dificulta a visão do todo e constitui um dos fatores causais da crise de percepção relatada no Capítulo 3. Essa fragmentação desequilibra a visão sistêmica, fazendo com que a pessoa ganhe conhecimento em profundidade à medida que o perde em abrangência, ou, como se diz popularmente, "saiba cada vez mais sobre cada vez menos". O conhecimento aplicado se transforma em tecnologia e se torna disponível para todo mundo, em tempo real, através das redes de comunicação informatizadas, o que implica a formulação de estruturas organizacionais compatíveis. O fato incontestável de que as empresas aprenderam a trabalhar mais produtivamente com menos gente e mais tecnologia criou o fenômeno mundial do *fim do emprego*. Mesmo que a relação de trabalho nos moldes atuais ainda se prolongue por algum tempo, os estudos do futuro apontam para sua redução progressiva e substituição por formas de trabalho autônomo ou empresas individuais. Essa nova forma de estruturação organizacional em redes de parceiros e colaboradores externos, chamada de *organização virtual*, já é encontrada no mundo inteiro.

As mudanças nas condições socioeconômicas e políticas deflagradas pelo incremento da educação, das tendências de maior participação política, do aumento da consciência e da exigência das pessoas em relação a seus direitos refletem-se nas relações de trabalho, infundindo-lhes valores semelhantes. O papel da liderança muda de significado nesse contexto: deixa de ser uma habilidade individual e passa a ser um atributo conferido ao líder pelo grupo. O líder não é mais aquele que conduz, mas o que inspira, que catalisa as aspirações do grupo.

A globalização das comunicações, da economia e do mercado traz para as empresas um novo desafio: a competitividade internacional, ou seja, daqui em diante, empresas e pessoas terão que demonstrar padrões de qualidade e desempenho que as tornem capazes de operar em qualquer país do mundo. Para isso, terão que desenvolver altos níveis de eficiência e eficácia, trabalhar com custos compatíveis com os preços praticados no mercado internacional, sem perder de vista as mudanças constantes nas demandas dos clientes. Não lhes bastará apenas atender aos clientes e consumidores; precisarão também atraí-los, antecipando-se aos seus desejos e criando novos produtos apropriados às condições do nosso tempo.

As pessoas, por sua vez, terão de se tornar cada vez mais responsáveis pelo seu próprio treinamento e desenvolvimento, já que o patrocínio das empresas tenderá a diminuir juntamente com a redução da relação empregatícia. Elas necessitarão desenvolver uma alta capacidade perceptiva que lhes permita antecipar-se às demandas dos clientes, procurando adaptar-se continuamente ao contexto.

As organizações do presente contêm desafios instigantes: contribuir para tornar a nossa sociedade mais aberta, onde democracia representativa ceda espaço à democracia participativa, e conseguir melhores índices de qualidade de vida para as pessoas.

Nesse contexto, o processo decisório tende a ser mais criativo, baseado em opções múltiplas, fundamentado na análise crítica dos paradigmas vigentes e exercido como prática de liberdade individual. Para decidir eficazmente, os dirigentes deverão desenvolver visão sistêmica e compartilhada com os membros da empresa, descentralizando as decisões para que as pessoas possam atuar com maior autonomia e responsabilidade. A racionalidade não poderá ser o único parâmetro utilizado porque o bom senso, a experiência, a criatividade e a intuição serão reconhecidos como insumos válidos do processo decisório. É possível que certo controle social das decisões seja necessário para garantir os interesses da coletividade, favorecendo o aparecimento de novas formas de comportamento e até mesmo de uma nova ética. Uma visão harmoniosa do futuro da humanidade e das organizações, com um homem renovado em todos os sentidos, é possível, desde que sejamos capazes de tomar decisões sábias, pautando nossas escolhas pelo modelo de homem que desejamos moldar para as futuras gerações. A Figura 6.4 sintetiza essas mudanças em processo na sociedade e nas organizações contemporâneas.

6.2.3 Vozes Interiores: O Núcleo da Identidade

As organizações são formadas por pessoas que agem coletivamente em função do alcance das metas propostas. Com o tempo, o comportamen-

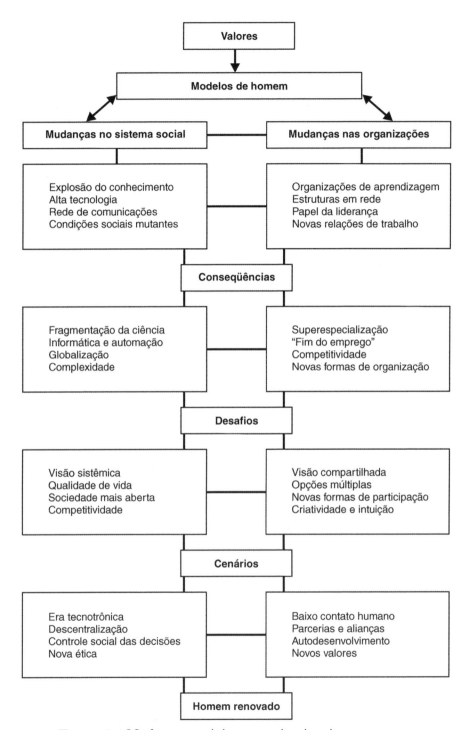

FIGURA 6.4 Mudanças sociais e organizacionais em processo

148   Capítulo Seis

to humano deixa marcas visíveis no modo de ser e de agir das organizações. Essas marcas conferem a cada organização um caráter único, particular, que a diferencia de todas as outras, permitindo que ela seja identificada e reconhecida. Permite inclusive que os seus membros se identifiquem com ela e estabeleçam laços de interdependência funcional e afetiva. As empresas que têm uma identidade forte exibem alto grau de compromisso de seus clientes, fornecedores e colaboradores porque da identidade emana uma sensação de poder. A identidade é o núcleo intangível e intocável do qual a empresa retira a sua força. Ela se forma através da história, balizada pelas ações do cotidiano e sustentada pela liderança que lhe insemina valores. Entretanto, a formação da identidade não pode ser atribuída somente a esses fatores. Ela é também um produto de percepções e interações de todos os atores internos e externos que dela participam, tais como acionistas, gerentes, empregados, fornecedores e a própria comunidade em que ela se insere.

A identidade pode ser focalizada sob vários aspectos: da gestão, do produto ou da liderança. O tipo de foco predominante condiciona a escolha das estratégias e transparece na imagem da organização nos ambientes externo e interno.

Os fatores políticos determinam as características das relações de poder que imprimem um *modo de ser* ou delineiam a *personalidade organizacional*. A personalidade organizacional, com suas nuances e estilos, transparece nas estratégias que a empresa adota, nas decisões que toma, na forma como lida com os clientes, tecnologias, concorrentes, parceiros, comunidade, governo etc.

A personalidade organizacional é também resultante do seu modelo de gestão, do estilo de suas lideranças e do comportamento de seus colaboradores, o qual se manifesta no universo simbólico e no imaginário coletivo.

O universo simbólico é o repositório da história e da cultura organizacionais, com suas crenças, valores, ritos, mitos, lendas, heróis e outros personagens. Estrutura-se na rede de relacionamentos informais e afetivos que moldam o seu jeito peculiar de fazer as coisas. Constitui uma área subliminar, que se ancora na estrutura organizacional e se reflete no seu imaginário.

A estrutura organizacional entendida em sentido amplo engloba as relações instituídas, as normas, os sistemas e procedimentos de gestão, a administração do tempo e do espaço e até a logomarca da empresa.

Todos esses fatores são interativos e interdependentes, e a sua interpretação pelos diversos atores que atuam nesse universo constitui o imaginário organizacional composto pela imagem da empresa no ambiente externo, incluindo o seu negócio ou produto; a identificação e o compromisso de seus membros e os impactos que o seu poder institucional provoca nas decisões de investimento dos acionistas, na participação dos colaboradores e parceiros e na adesão dos clientes.

A identidade fundamenta-se em fatores políticos e estruturais e manifesta-se principalmente através do universo simbólico e do imaginário organizacional, conforme mostra a Figura 6.5.

6.2.4 Cultura Organizacional: A Marca da Identidade

A cultura organizacional é o conjunto de padrões de comportamento, práticas e ações que caracterizam o modo de agir de uma empresa. É a parte visível da identidade. A cultura desenvolve-se lentamente, mediante experiências comuns ocorridas entre as pessoas que trabalham na organização. Faz parte da sua história e é normativa, ou seja, contém os marcos referenciais para o comportamento das pessoas.

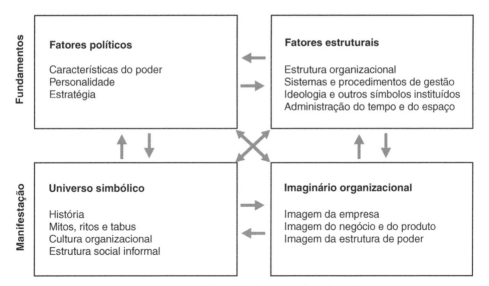

FIGURA 6.5 Identidade organizacional

(Fonte: Strategor – Centre HEC-ISA. *Stratégie, structure, décision, identité*. InterEditions, Paris, 1988.)

150 Capítulo Seis

Todas as empresas, assim como todos os países, possuem uma cultura. Da mesma forma que a cultura de um país difere da de outro, a cultura organizacional também varia de uma empresa para outra.

A análise da cultura organizacional envolve cinco elementos básicos:

1. As crenças, valores e normas grupais.
2. O senso de missão e de identificação com a empresa.
3. As práticas, processos e tecnologias adotados.
4. Os mitos, os ritos, os tabus e as histórias.
5. Os heróis e anti-heróis.

As regras, normas e valores derivam dos paradigmas e moldam a cultura organizacional. A cultura organizacional está para a empresa assim como os paradigmas estão para a sociedade como um todo. São fatores restritivos e limitadores do comportamento humano no trabalho. Baseiam-se em princípios ou filosofias aceitos pelos membros da organização; orientam o pensamento e sistematizam o uso da ciência e da tecnologia nas práticas diárias. Incorporam o lado racional da organização.

A cultura se forma a partir das concepções, ou seja, dos pressupostos básicos que fundamentam as crenças e valores vigentes. Incorporam o lado espiritual, a fé, o imaginário e a ética da organização. Embora não possam ser expressos cientificamente, as crenças e valores moldam uma *teoria* da empresa, a base do seu conhecimento, cuja aplicação constitui o conjunto de práticas específicas que caracterizam o produto e o modo de ser da empresa. Os valores constituem a alma da cultura organizacional.

A cultura organizacional tem ainda duas outras dimensões: a dimensão comportamental e a dimensão simbólica.

A *dimensão comportamental* é personalizada pelas suas lideranças, que se transformam em heróis ou anti-heróis de acordo com a percepção que os membros lhe devotam, seja de guardiões ou de destruidores da cultura. Empresas sem lideranças consistentes ou sem cultura forte tendem a ter crises de identidade. O herói forma, reforma ou transforma a cultura segundo as decisões que toma. Ele é um dos componentes fundamentais da liderança empresarial, sejam eles natos, construídos, situacionais ou emergentes. A empresa moderna necessita de heróis visionários. São eles que criam a identidade ou transformam as culturas obsoletas. O herói encarna a parte afetiva da empresa porque faz o sucesso parecer possível e humano, cria modelos de comportamento; simboliza a empresa no ambiente externo, motiva os colaboradores e mantém um desempenho efetivo na empresa. Quando o herói não atende às expectativas do grupo ou da empresa, transforma-se em anti-herói. O anti-herói deforma a identidade e jamais é perdoado por isso. A história das organizações é a história personificada de seus heróis e anti-heróis.

A *dimensão simbólica* lida com os aspectos mágicos da decisão organizacional. Todos nós temos uma percepção mágica da realidade, o que provoca uma ação, também mágica, diante dela. Por intermédio do universo simbólico, o homem lida com a incerteza nas atividades de ordem prática, para fortalecer a sua confiança e para abrir válvulas de escape nas situações aparentemente sem saída.

A magia representa uma forma alternativa para conseguir certos objetivos práticos. Quando se sente amedrontado pelo perigo, atormentado pela dúvida, surpreendido pelo acaso, perplexo ante o incontrolável, o homem tenta reduzir a ansiedade, balizando suas decisões por aspectos mágicos. Isto acontece com freqüência, com todas as pessoas e em todos os lugares. A rigor, pode-se dizer que os símbolos do poder nas organi-

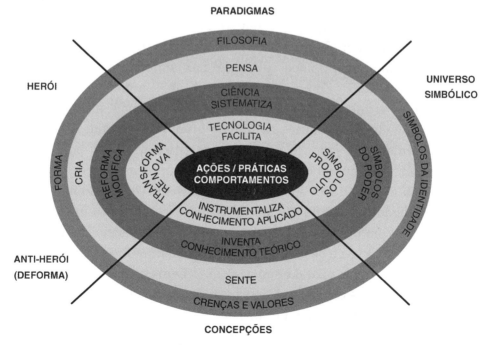

FIGURA 6.6 Comportamento organizacional

152   Capítulo Seis

zações, tais como, a sala da diretoria, os símbolos do produto ou até as logomarcas, são revestidas de aspectos mágicos. Os símbolos e rituais dão às pessoas uma sensação de segurança e certeza, funcionam como uma base referencial e servem para colocar ordem no caos.

O ser humano tem uma necessidade incrível de controlar aquilo que ele não domina ou que o ameaça. Sem rituais expressivos, qualquer cultura definha, e dessa forma eles dão vida aos valores e ditam normas de comportamento, por exemplo: formas de tratamento, tipos de vestuário, festas de fim de ano, cerimônias etc. Na maioria das organizações o ritual preponderante é a burocracia. Ao longo do tempo, todas as organizações acumulam um vasto repertório de lendas e histórias que, representadas nos ritos e encarnadas nas lideranças, criam a mitologia organizacional. Ela faz alusão aos êxitos da empresa, aos sonhos, às situações heróicas, contam histórias idealizadas a partir de fatos reais. O conhecimento dos mitos nunca é uniforme, cada um tem a sua própria versão a respeito deles. Os mitos revelam a identidade no que ela tem de *sagrado,* ou seja, o núcleo intocável e intangível do ser. O universo simbólico encarna a dimensão do ilógico ou do irracional nas decisões empresariais. Por constituir-se dos hábitos e do modo de ser da empresa, a cultura organizacional personifica todas as suas rotinas. As decisões rotineiras compõem o cotidiano e reforçam a cultura vigente.

Decisões transformadoras exigem rompimento do *status quo*, para recriar ou renovar a identidade. Só se consegue mudar uma empresa por meio da mudança de sua cultura, e isso significa quebrar crenças e hábitos arraigados. Como vimos no Capítulo 4, a cultura japonesa é profundamente diferente da cultura ocidental. Todavia, a preocupação com a qualidade dos produtos no mundo atual é tão grande que o estilo de administração japonês passou a constituir um novo paradigma, algo que tem sido buscado pela maioria das empresas de todo o mundo como forma de garantir a sobrevivência e a competitividade nas economias globalizadas. No entanto, por mais que se reconheça a importância de trabalhar com qualidade, esse novo padrão de gerência implica uma nova maneira de ver e de considerar as coisas, uma forma diferente de trabalhar. Centrar a ação da empresa nos clientes, considerar fornecedores e empregados como parceiros, buscar a satisfação de todas as pessoas envolvidas no processo produtivo exigem uma profunda mudança de postura. Essa mudança cultural nos padrões gerenciais tem se revelado muito difícil, porque as pessoas normalmente reagem desfavoravelmente em abandonar aquilo a que estão habituadas.

Uma forte cultura organizacional não é o bastante; ela precisa estar combinada com uma estratégia empresarial adequada ao seu ramo de atividade. Além disso, uma cultura forte e estrategicamente adequada deve estar combinada com uma grande capacidade de adaptação ao ambiente externo. Saber mudar é essencial para crescer e garantir o sucesso.

6.2.5 O Ciclo de Vida das Organizações

A atribuição de uma personalidade própria, uma identidade, um caráter às organizações é fruto da concepção que as considera sistemas orgânicos, possuidoras de características comuns a todos os seres vivos. De acordo com esse pressuposto, as organizações são únicas e têm um ciclo de vida próprio. Demonstram um poderoso impulso para a sobrevivência e lutam ferozmente contra a entropia, que é a tendência de todo sistema para a desagregação.

Os racionalistas contestam a validade dessa concepção orgânica, apoiados na metodologia científica que apregoa uma verdade atemporal, baseada na visão das organizações como sistemas mecânicos. Katz e Kahn (1970), entretanto, situam essas dificuldades não na metodologia positivista, mas na falácia de se pretender atribuir as mesmas características, igualmente, a todos os sistemas orgânicos. Eles reconhecem e identificam importantes diferenças entre os sistemas biológicos e os sistemas sociais (ambos sistemas orgânicos):

"As curvas previsíveis de crescimento do sistema biológico não se aplicam necessariamente às estruturas sociais. As organizações tanto são mais vulneráveis à destruição, como têm vida mais extensa do que os organismos biológicos. Existe uma determinação interna do ciclo de vida de um organismo que se baseia em sua constituição genética. Os recursos e as forças intrínsecas do organismo fomentam sua sobrevivência e desenvolvimento em um ambiente normal. A organização social em seus estágios iniciais pode ou não possuir recursos internos e, por isso, pode ou não sobreviver em suas primeiras semanas de existência. A taxa de mortalidade de novas empresas e novas organizações é significativa, mesmo durante épo-

cas de marcante prosperidade. Por outro lado, o sistema social tem a grande vantagem de substituir prontamente elementos ou partes e, assim, poder continuar operando dentro de um futuro ilimitado. Ele não possui a característica dos organismos biológicos que têm forças entrópicas intrínsecas, cujas peças, quando desgastadas, não podem ser substituídas."

Além disso, as organizações diferem significativamente dos indivíduos quanto à sua capacidade de adaptação às mudanças. Esses normalmente passam a infância e a adolescência sem se comprometer com funções altamente específicas. O processo de compromisso começa no fim da adolescência. À medida que um indivíduo se torna mais comprometido com o desempenho de funções específicas, aumenta sua dificuldade de alterar essas funções e de abandonar os comportamentos adquiridos para fazer face às mudanças do meio. Sua personalidade está formada e seus hábitos, profundamente arraigados. As organizações, ao contrário, são usualmente criadas para desempenhar funções muito específicas. Quando se deparam com um ambiente mutante, elas devem abrir mão dos compromissos originais, se desejam sobreviver. Assim, à medida que vão amadurecendo, as organizações tornam-se cada vez menos arraigadas e mais flexíveis às mudanças nos seus objetivos, demonstrando, porém, um apego cada vez maior aos aspectos relacionados com a identidade e a cultura organizacionais.

Concordando que a personificação das instituições possa parecer, às vezes, um tanto exagerada, observa-se com freqüência, no exercício das atividades de consultoria, a existência de importantes diferenças qualitativas entre organizações novas e velhas que afetam os resultados e as práticas gerenciais. Ainda que as comparações entre a vida individual e organizacional sejam feitas num plano simbólico, o estudo dos antecedentes e do momento atual vivido pela organização ganha relevo como um instrumento útil para projetar o seu futuro, otimizar resultados, adaptar procedimentos e orientar a ação gerencial.

Lippitt e Schmidt (1967) desenvolveram um modelo de renovação organizacional cujo pressuposto básico é o de que o grau de maturidade das organizações varia com o passar do tempo. Elas se comportam de maneira diferente de acordo com a faixa etária em que estão. E toda faixa etária tem suas vantagens e desvantagens. Visualizam as organizações vivendo estágios de desenvolvimento potencial nos seus diferentes ciclos de vida, ou experimentando crises e situações que demandam estilos de gerência ou de respostas adequadas para que se atinja o estágio seguinte. As empresas, como todos os seres vivos, nascem pequenas, mudam de características até atingir a maturidade, buscam sempre atingir a sua plenitude e procuram, por todos os meios, sobreviver e preservar a sua identidade.

Concebidas como sistemas orgânicos, as organizações (assim como as pessoas) não se formam definitiva e inapelavelmente na infância. Em cada uma das etapas posteriores da vida surgem novas e diferentes oportunidades de mudança e de revitalização. E, certamente, em cada uma dessas fases, existem riscos e conflitos característicos da passagem de uma etapa para outra. Cada uma dessas transições, de modo geral, encerra um momento de crise.

As organizações nascem num clima de excitação e esperança, mas sobrevivem num mundo de teste e desafio. Na sua fase inicial, as empresas costumam exibir características semelhantes às da *"primeira infância"* nos indivíduos. O clima é de conforto e aconchego, um verdadeiro ninho. O corpo funcional se mostra totalmente dependente da orientação da liderança. O líder, visto como *"pai organizacional"*, atua com plenos poderes, é amado e respeitado pelas pessoas, que se julgam imaturas, dependentes, inexperientes. Elas confiam no pai, aprendem com ele, assimilam suas crenças, valores e ideais. Há preocupação com a imagem. (*Todo pai coruja gosta de exibir o seu bebê e o acha sempre mais bonito do que os outros.*) Começa nesse momento a formação do caráter e da identidade organizacionais. Como acontece em família, as relações são informais, emocionais, o clima é saudável, há envolvimento das pessoas e afetividade na liderança. As diferenças individuais começam a aparecer, e surgem, embrionariamente, subgrupos entre os filhos queridos que recebem privilégios, e com os filhos rejeitados que "ganham palmadas quando cometem erros". A pouca idade pode trazer algumas dificuldades às empresas jovens, tais como: pouca afirmação no ambiente, imagem ainda não consolidada, ausência de limites, preocupação individualista e egoísta e falta de reconhecimento, de credibilidade, de experiência e de autonomia. Por outro lado, ela pode contribuir com uma série de características positivas ao seu próprio desenvolvimento: força, vigor, busca de novos horizontes, necessidade de afirmação, inovação, disponibilidade de aceitar idéias novas, capacidade de contestação etc. Nessa

156   Capítulo Seis

época tem início a socialização, o estabelecimento de normas e limites na vida da criança. Na vida organizacional isso se processa através da formalidade, da burocratização, do estabelecimento de limites e controles. É o período em que se inicia a formação técnica na empresa (vida escolar da criança). O crescimento faz com que as relações se tornem mais impessoais, mais frias, causando conflitos e prejudicando o fluxo de informações. Pode haver uma sensação de "ser atirado para fora do ninho", que provoca insegurança e medo. As pessoas ainda se comportam de maneira dependente, a liderança continua centralizada, mas muda de estilo, tornando-se mais racional, técnica e autoritária. Esse período caracteriza-se, ainda, pela imitação: a estrutura é copiada de outras organizações congêneres, etapas são queimadas a partir de experiências mais antigas. A estrutura das organizações existe para garantir o caráter formal das relações profissionais, para servir de canal à consecução dos objetivos e ao cumprimento da missão institucional, e não deve ser manipulada em virtude de disputas de poder pessoal, nem tampouco ser considerada "bode expiatório" de deficiências gerenciais existentes.

O estágio da juventude é menos dramático; a organização já está acomodada ao seu ambiente e ajustada nas suas operações internas. O sistema sociotécnico torna-se funcional. As pressões externas aumentam, e os defeitos internos começam a aparecer. Tensões interpessoais e intergrupais demandam maior atenção. As diferenças de expectativas começam a se manifestar. As recompensas pelos sacrifícios feitos anteriormente começam a ser cobradas. A administração enfrenta problemas de treinamento e reciclagem, de trabalho em equipe, de estabilização, de demandas da clientela e de planejamento de longo prazo. O comportamento organizacional é marcado pela busca da autonomia e pela construção definitiva da identidade institucional. Observa-se a nítida procura por formas de liderança mais profissionais, pelo uso de técnicas e instrumentos de gestão mais modernos e sofisticados, embora ainda possam prevalecer seqüelas de conflitos mal-resolvidos na fase anterior, tais como:

- Postura extremamente competitiva entre os grupos funcionais e uma recalcitrante e crônica luta pelo poder.
- Confusão de papéis, típica do jovem que ainda não estabeleceu os contornos de sua identidade e que se reflete na informalidade das relações e procedimentos, no difícil convívio com a autoridade hie-

rárquica, na indefinição ou inaceitabilidade dos papéis gerenciais e na confusão entre participação e consenso.

O jovem desperta admiração por seu vigor, beleza, fé e confiança no futuro. Mas costuma apresentar sintomas de uma auto-suficiência que a idade ainda não lhe permite ou de uma segurança que não consegue manter. Por isso é necessário saber dosar e ter sob controle todos esses sentimentos, sem o que não se consegue superar os estágios naturais da própria vida. A juventude é uma idade crítica porque é um período de transição. Mudar é natural, mas é difícil. Quando um período de mudança se superpõe a um outro período de transição (instabilidade econômica e política), evidencia-se um momento de crise. Muitas vezes, a mudança do estilo de liderança tem efeitos traumáticos para o corpo funcional e causa um irreparável sentimento de perda. A crise que antecede a maturidade é tremendamente dolorosa, seja nas pessoas, seja nas organizações, porque envolve ansiedade e insegurança. Todas essas características fazem parte do contexto juvenil e evidenciam aspectos de uma mesma crise: a crise da identidade. No adolescente, essa crise traz um conflito básico: ou ele encontra a sua identidade psicossocial, que se resume em saber quem é, onde está e para onde vai, ou cai numa situação oposta, que é a confusão de papéis. Isso acontece por vários motivos, mas é uma constante nos jovens desajustados ou delinqüentes. A característica básica da confusão de papéis é a percepção fragmentada de seus próprios processos e recursos. A busca é tão premente que é preferível ter identidade negativa a não ter identidade nenhuma. A identidade psicossocial resume-se na capacidade integradora de reunir todas as coisas que se aprenderam na história e integrá-las numa única imagem que faça sentido e que apresente continuidade com o passado, enquanto se prepara para o futuro. É por isso que o jovem é um idealista impaciente que acredita ser tão fácil realizar um ideal quanto é imaginá-lo. Nas organizações jovens, a busca da identidade se dá no plano externo e também no plano interno. Isso se traduz pelas decisões relacionadas ou decorrentes dos fatores apontados no Quadro 6.2.

As pessoas e as organizações jovens, quando conseguem superar as crises normais da adolescência, tornam-se adultos maduros, capazes de se autodirigir e de traçar os rumos de sua própria vida. Não haverá maturidade profícua se não houver uma adolescência sadia.

158 Capítulo Seis

QUADRO 6.2 Características da identidade

No plano externo	No plano interno
Recursos	História
Autonomia	Dimensão e estilos da liderança
Demandas dos clientes	Decisão Participação Poder Estrutura
Aceitação dos clientes	Produtos ou resultados
Imagem	Envolvimento e motivação do pessoal
Valor, legitimidade e credibilidade	Competência técnica

Quando se tornam maduras, as organizações alcançam uma nova fase, caracterizada pela plenitude de todos os seus potenciais, de todas as suas forças. É quando a ilusão cede lugar à realidade; o medo e a resistência, à coragem; a espera, à realização.

Na fase da maturidade, o ego organizacional fica mais sensível, e os administradores tendem a ressentir-se das críticas que lhes são feitas. Nesse estágio muitos dos recursos e das preocupações são voltados para as relações públicas. Líderes e membros da organização sentem orgulho dela e buscam torná-la respeitada pelos clientes, pelos competidores e pelo público. Esse estágio caracteriza-se pela busca da estabilidade. Eles acham que poucas organizações chegam ao estágio final, caracterizado como de relevante prestação de serviços à sociedade. Tal estágio guarda determinadas características atribuídas às instituições e são estudadas no Capítulo 8.

6.3 DECISÃO E ESTRATÉGIA – TRANSFORMAÇÃO E FUTURO

Na vida empresarial moderna, podem-se observar dois tipos de decisões: aquelas que os gerentes tomam no dia-a-dia, que constituem a sua rotina de trabalho, que podem ser programadas e previsíveis, e aquelas que lhes são solicitadas ocasionalmente, de maneira imprevisível e desprogramada.

As grandes transformações que estão acontecendo no mundo atual fazem com que o gerente se defronte com fatos novos que afetam o seu trabalho e trazem conseqüências diretas para a sua empresa. As decisões relacionadas com as grandes mudanças ambientais são decisões que impactam o futuro das organizações, que ameaçam a sua identidade ou que exigem transformações profundas, seja na tecnologia, nos comportamentos ou na estrutura da empresa. Essas decisões estratégicas estão relacionadas com o estabelecimento das áreas domínio da organização e permitem escolher os campos de atividade (fatores críticos de sucesso) em que a empresa tem mais oportunidade de adotar posturas concorrenciais fortes e duráveis. Metodologicamente, integram a missão, os objetivos e as ações administrativas em um todo interdependente. Formam a base do projeto global de gestão da empresa que envolve todo mundo, e não apenas a diretoria.

Decisões desse tipo são decisões de alto risco. Por causa delas, ou em nome delas, os salários dos executivos são tão altos. O fato é que elas, quase sempre, são tomadas em condições de incerteza. E, nessas condições, os fatores intervenientes são sempre imprevisíveis, subjetivos e incontroláveis. Nelas, a intuição, a flexibilidade e a criatividade são fundamentais. Como não podem ser programadas, nem sempre são conscientemente desejadas e raramente são participativas; costumam ser vistas como uma espécie de intervenção. Concentram grande quantidade de energia e geram tensão, que, muitas vezes, explode em angústia, atos agressivos, compensatórios ou de fuga. Nessas circunstâncias, todas as atenções se voltam para o gerente. Exposto no palco da vida, ele tem que agradar, ser aplaudido a todo custo. Por isso se diz que a gerência é mais que ciência, é também uma arte.

A dificuldade da tomada de decisões estratégicas lhes confere grande importância, reconhecida e enfatizada no mundo todo. Esse tipo de decisão causa uma verdadeira revolução na vida das pessoas ou das empresas. No Brasil de tantos planos econômicos, quem não se lembra do efeito que essas decisões provocam? Na vida das empresas, o fenômeno é o mesmo. Que o digam os empregados que vivenciaram processos de gestão da qualidade total, de reengenharia ou de privatização. Não importa se mudaram para melhor ou para pior, a lembrança do processo é quase sempre dolorosa, e a imagem de quem tomou a decisão fica vivamente impregnada das conseqüências positivas ou negativas.

Lidar com a incerteza, agüentar as conseqüências de decisões que afetam a vida das pessoas ou o destino das empresas e ainda demonstrar acuidade perceptiva, capacidade de análise crítica e de solucionar, com agilidade e eficácia, os problemas que surgem são dados do perfil gerencial desejados pelas empresas contemporâneas.

Como essas exigências, com raras exceções, superam a capacidade do ser humano médio, o preço que se paga por um desempenho compatível com elas é um alto nível de estresse.

6.4 DECISÃO E ESTRUTURA – PERMANÊNCIA E ROTINA

O segundo tipo de decisões tomadas pelos gerentes constitui a sua rotina de trabalho, o seu dia-a-dia. São as microdecisões, tomadas de maneira repetida e programadas pelas normas, regulamentos, procedimentos e padrões. Embora os regulamentos nem sempre sejam cumpridos e as normas sejam freqüentemente violadas, essas decisões são muito mais fáceis de ser tomadas do que as decisões estratégicas. De modo geral, são prescritas e previsíveis pela estrutura organizacional e baseiam-se em sistemas de informações passíveis de serem informatizados. São explicadas pela teoria administrativa, por meio de pressupostos racionais, e, embora existam em grande quantidade, suas conseqüências emocionais são menos desgastantes do que aquelas verificadas nas decisões estratégicas.

Ao contrário das primeiras, são decisões de baixo risco, que, sustentadas na estrutura organizacional e nos regulamentos internos, constituem o maior fator de acomodação nas organizações. Apóiam-se na estabilidade e, na melhor das hipóteses, proporcionam mudanças incrementais. Ao longo do tempo e dependendo das circunstâncias, podem gerar mudanças evolutivas. Realmente, as macrodecisões acabam se constituindo em uma série de microdecisões. É como encher um copo com água. De gota em gota ele vai se enchendo, de repente não cabe mais nada e uma determinada gotinha específica ou entorna o caldo ou se começa a encher outro copo. Mas aí a situação modificou-se por completo. Trata-se de outra situação, de outro patamar, de outro recipiente.

Como a decisão é um processo de microintervenções que só acontece no cotidiano, o gerente, mesmo quando ocupa posições estratégicas, tem que atuar no microssistema, no pequeno. Por isso a antiga figura do gerente estratégico, privativa da alta direção, não existe mais. Hoje, todos os gerentes são estratégicos (tomam decisões transformadoras) e todos atuam no cotidiano (tomam decisões rotineiras). Essa mudança vai exigir uma grande dose de humildade daqueles executivos que pensavam ser capazes, eles sozinhos, de conduzir o destino de suas empresas.

Essa nova dimensão da ação gerencial faz com que o trabalho do gerente moderno seja muito mais diversificado do que prescreviam os modelos tradicionais, que consideravam o gestor um indivíduo orientado apenas para a formulação de políticas, planos e estratégias.

Existe uma estreita correlação entre a estratégia e a estrutura organizacional. Sem uma estrutura adequada é impossível fazer com que as organizações tenham um desempenho razoável. Mas a estrutura por si só não garante o sucesso empresarial; este depende, entre outros fatores, de decisões estratégicas. Estratégia e estrutura são complementares, e o que une as duas, tornando a organização bem ou malsucedida, é o processo decisório. O processo decisório é muitas vezes esquecido nas empresas, mas nenhuma delas sobrevive sem que se incorpore no comportamento gerencial uma forma adequada de decidir. A função gerencial, nesse caso, tem um desafio importante: a busca da flexibilidade, já que a estrutura organizacional tende a atuar como um fator estabilizador e enrijecedor dos comportamentos na organização.

Existem cinco pressupostos básicos para a tomada de decisões relacionadas com a estrutura organizacional:

1. O *tamanho é fundamental,* ou seja, há um consenso de que as grandes burocracias são inadministráveis e as estruturas terão que ser pouco profundas e mais *"enxutas"* para permitir a administração da complexidade.

2. A *racionalidade é essencial*, pois sem ela não se conseguem os níveis de produtividade necessários ao funcionamento da empresa moderna.

3. A *informação é crucial*, pois a estrutura não é nada mais do que o caminho pelo qual circulam as informações, permitindo a tomada de decisões em tempo hábil.

4. O *modelo é funcional,* a estrutura existe para organizar o funcionamento da empresa dentro de parâmetros lógicos e funcionais.

5. A *relação é comportamental*, independentemente do modelo ou formato, e o que determina a qualidade do funcionamento da estrutura é a forma como as pessoas se relacionam dentro dela.

162   Capítulo Seis

O Quadro 6.3 mostra as diferentes dimensões da estratégia e da estrutura no comportamento organizacional.

QUADRO 6.3 Dimensões da estratégia e da estrutura organizacionais

	Estratégia	Estrutura
Temporalidade	Futuro	Presente
Orientação	Função	Forma
	O quê	Como
	Políticas e diretrizes	Normas, regulamentos
	Sucesso	Sobrevivência
	Renovação	Adaptação
	Transformação	Rotina
	Mudança	Permanência
Foco	Totalidade	Partes
	Integração	Diferenciação Especialização Coordenação
	Curto e longo prazos	Médio e longo prazos
	Flexibilidade	Rigidez
Campo	Relações externas • Clientes • Fornecedores • Concorrentes • Comunidade • Congêneres • *Holding* • Governo etc.	Relações internas • Responsabilidades • Poder • Divisão do trabalho • Atividades • Competências • Trabalho em equipe • Delegação • Clima e cultura
Dimensão	Elaboração teórica	Aplicação prática

6.5 DECISÃO E COMPORTAMENTO GERENCIAL

Qualquer situação humana que envolva um objetivo ou tarefa a ser realizado por um grupo de pessoas precisa ser gerenciada. A ação gerencial é um esforço consciente e deliberado de ordenar, estruturar e otimizar os recursos existentes, tendo em vista o alcance do objetivo proposto. Nesse sentido, a administração está presente em quase todos os momentos da nossa vida, não apenas nos cargos formalizados pela estrutura das organizações de trabalho, mas também nas atividades domésticas, nas associações e instituições etc. Não existe pessoa normal que não se tenha defrontado, ao longo da vida, com situações que envolvam algum tipo de gerência.

Se analisarmos detalhadamente cada uma das situações que envolvem o gerenciamento, podemos identificar cinco elementos presentes em todas elas. Os estudiosos da administração chamaram esses elementos de *funções administrativas*, ou seja, características presentes em qualquer ato administrativo. São elas:

1. *Planejamento* – É o esforço de estabelecer previamente o que deve ser feito. Implica a fixação de objetivos, o estabelecimento de programas e de estratégias de ação e a identificação de recursos e procedimentos necessários à sua implementação. Está diretamente relacionado com as decisões estratégicas.

   A palavra decisão já foi considerada sinônimo de gerência e de planejamento, o que não é verdade. Embora esteja presente em todas as fases do processo administrativo, a decisão não pode ser confundida com a administração em si. Essa confusão conceitual entre decisão e gerência tem uma razão de ser: a maior parte do tempo dos dirigentes é gasta na tomada de decisão, e a ação gerencial só se concretiza no momento em que o executivo decide. O papel que dele se espera é de decisor, não de mero executor.

   Por outro lado, o conceito de decisão é muito mais amplo que o de planejamento. As organizações modernas são cada vez menos susceptíveis de serem totalmente planejadas. A turbulência e a velocidade das mudanças impossibilitam a existência de sistemas de informações sistematizadas e confiáveis. Os fenômenos da vida organizacional tornam-se cada vez mais difíceis de serem explicados pelos meios racionais e científicos de outrora. Os cenários, as previsões e os prognósticos nem sempre são objetivos e racionais. As teorias e ferramentas que auxiliaram o gerente do passado na tomada de decisão em ambientes estáveis estão obsoletas e imprestáveis. O planejamento estratégico, por exemplo, surgiu numa época em que o paradigma predominante na teoria gerencial consistia em valorizar ao máximo as decisões racionais como forma de dominar a incerteza do meio ambiente. Esse instrumento propiciou o aperfeiçoamento dos métodos racionais da ação administrativa para conseguir maior eficácia e conseguir ser eficiente na elaboração de futuros alternati-

164 Capítulo Seis

vos, mas foi nocauteado pela turbulência ambiental, pela globalização da economia, pelas redes de comunicação em tempo real e pela pressa característica da nossa cultura ocidental. A possibilidade de informações e comunicações instantâneas e em larga escala implica o desafio de usar o conceito de tempo e espaço de maneira totalmente diferente. O gerente tem que ser capaz de pensar a longo prazo, de visualizar o futuro, mas só pode decidir e agir no presente, deve ter visão global, saber o que se passa no mundo e como esses eventos interferem no seu negócio, mas sua amplitude decisória é mínima, restrita quase sempre ao local de trabalho.

É essa habilidade de percepção globalística e atuação contingencial que dá consistência estratégica ao planejamento organizacional. Como isso acontece de maneira muito dinâmica, em meio a todos os tipos de incertezas, os métodos e instrumentos criados para funcionar em contextos mais estáveis deixam de ser úteis. O planejamento organizacional moderno precisa agregar informações válidas, em tempo hábil, para a tomada de decisões em torno de objetivos compartilhados, estratégias divergentes e recursos disponíveis. Essa complexidade não pode ser tratada de maneira simplória nem individualista. Ela passa a ter uma dimensão ética que extrapola a mera competência técnica do decisor e necessita tanto do aporte tecnológico da informática quanto da participação ativa e comprometida dos empregados.

2. *Organização* – Tem um triplo significado:
   - a *estrutura organizacional,* que agrupa as atividades necessárias à realização dos planos em unidades funcionais, identificando as inter-relações existentes entre seus integrantes;
   - os *sistemas normativos,* ou o conjunto de normas, procedimentos e métodos destinados a operacionalizar os projetos especificados nos planos;
   - a *alocação de recursos* humanos, materiais, financeiros, tecnológicos e institucionais necessários à execução dos planos.

3. *Coordenação* – A função da chefia é profundamente integradora. Enquanto a estrutura organizacional especializa, diversifica e fragmenta a ação em unidades específicas, como forma de administrar a complexidade, a coordenação resgata a integridade da organização direcionando os esforços para a finalidade proposta.

4. *Direção* – Gerenciar é obter resultados através das pessoas, e caracteriza-se como uma atividade eminentemente grupal. O relacionamento humano está presente na orientação, na comunicação, na capacidade de liderança e de negociação e na motivação dos empregados. Essas atividades são profundamente integradas e, em seu conjunto, formam a capacidade de comando.

5. *Controle* – Consiste em assegurar que os resultados obtidos correspondam, tanto quanto possível, aos planos. Isso implica estabelecer padrões, comparar resultados com os padrões estabelecidos, criar mecanismos de correção e fornecer subsídios para novos planos.

Essas cinco funções acontecem de maneira cíclica, ou seja, cada uma depende da anterior, e formam uma seqüência lógica e permanente, como mostra a Figura 6.7.

Mas existe uma diferença sutil entre as chamadas *funções administrativas* e os papéis gerenciais. O conceito de papel está ligado às expectativas de terceiros sobre o comportamento de alguém. Focaliza especialmente o papel relacional da gerência, que se concretiza em três aspectos:

1. A liderança
2. A coordenação
3. A tomada de decisão

O estudo dos papéis gerenciais foi especialmente desenvolvido por um conceituado pesquisador canadense chamado Henry Mintzberg (1986). Segundo ele, os papéis gerenciais decorrem da posição que o dirigente

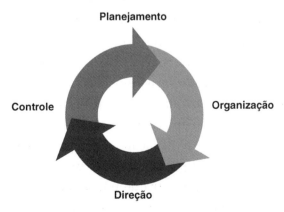

FIGURA 6.7 Funções gerenciais

ocupa na organização, o que lhe confere um *status* especial e lhe permite o desempenho dos papéis a ele atribuídos. Nesse sentido, os papéis esperados dos gestores podem ser divididos em três grupos:

- *Papel de liderança* – pertinente ao relacionamento interpessoal, consubstanciado principalmente na motivação, na integração, na participação dos subordinados, na capacidade de trabalhar em equipes, na obtenção do compromisso e na preocupação com o desenvolvimento das pessoas. Está presente em todas as atividades administrativas que envolvem o relacionamento com os integrantes da equipe de trabalho.
- *Papel de coordenação* – relacionado com a atuação do gerente como monitor de informações e elo de ligação entre as várias unidades, níveis hierárquicos pessoas e recursos.
- *Papel de decisão* – constitui a essência da administração propriamente dita. O papel do dirigente numa empresa é eminentemente decisório. Os processos administrativos são sempre processos decisórios. Gerir empresas é tomar decisões.

QUADRO 6.4 Papéis gerenciais

Interpessoais	Informacionais	Decisórios
Imagem	Monitor	Empreendedor
Liderança	Disseminador	Alocador de recursos
Contato	Porta-voz	Negociador: mediador de crises e conflitos

As decisões gerenciais afetam diretamente a sobrevivência da empresa e a vida das pessoas que giram em torno dela, sejam elas empregados, acionistas, fornecedores ou clientes. Por isso, o decisor é exposto a uma gama incrível de pressões internas e externas. Todas as pessoas afetadas cobram dele um resultado satisfatório. Às vezes, clientes, acionistas ou empregados percebem o que eles ou a organização precisam, mas não querem ou têm medo de enfrentar as mudanças necessárias. Pedem então ao gerente que mude a situação, sem, contudo, dar-lhe condições de efetuar as mudanças, ou então esperam que elas aconteçam de forma mágica. Não é difícil imaginar quem acaba sendo o bode expiatório: quando as coisas não dão certo, foi o gerente que tomou a decisão! Mesmo quando os resultados são positivos, a insegurança e o nervosismo da expectativa geram apreensão e medo.

Decisões são atos de poder. No momento em que alocam recursos, definem estratégias, conduzem o destino de organizações e de pessoas, os gerentes assumem dimensões políticas muito semelhantes às de um governo. No cotidiano, a viabilização desse processo, que na maioria das vezes é eivado de conflitos de interesses, exige objetivos compartilhados, liderança, comunicação efetiva e habilidade de negociação constante. A visão idealista da psicologia organizacional nas décadas de 1970 e 1980 criou a sensação de que seria possível criar organizações perfeitas, em que todas as pessoas se comportassem de maneira homogênea, padronizada e harmoniosa. A concepção atual da vida organizacional é menos ingênua e mais realista. Na verdade, o cotidiano da empresa moderna é como um campo de batalha, onde o gerente precisa lutar para:

- Administrar conflitos e percepções e de interesses entre os vários atores que compõem o campo de atuação do gerente, por exemplo, os objetivos da organização em contraposição às necessidades dos empregados.
- Estabelecer prioridades, quando existem objetivos e posições antagônicos, carências ou disputas de recursos e de informações.
- Lidar com as conseqüências da instabilidade ambiental e da diversidade organizacional.
- Mesclar o uso da racionalidade e da formalidade no processo decisório com soluções não-programáveis viabilizadas por meio da intuição ou de lógicas diferentes daquelas prescritas pela ciência tradicional.
- Transformar estruturas organizacionais rígidas e burocráticas em instrumentos flexíveis e compatíveis com o contexto.
- Transformar os objetivos organizacionais em objetivos coletivos, por meio da participação e da visão do futuro compartilhada com todos os membros da organização.
- Buscar a satisfação dos clientes ou usuários, sem se descuidar dos interesses dos acionistas ou patrocinadores e nem das necessidades dos empregados.
- Lidar com tecnologias de ponta e ao mesmo tempo conviver com o atraso, com a falta de recursos ou com a resistência às mudanças existente na maioria das organizações.

168 Capítulo Seis

Em resumo, o maior desafio do gerente moderno é o de compatibilizar desejos com necessidades:

- do *cliente* – vivenciando com ele um processo de eterna sedução, consubstanciado na tríade qualidade, preço e atendimento;
- do *empresário* – garantindo-lhe o lucro e o retorno sobre o investimento, consubstanciado no alcance dos resultados e na imagem positiva da empresa e do produto;
- do *empregado* – propiciando-lhe sobrevivência, segurança, realização, poder e desenvolvimento e construindo junto com ele uma relação de comprometimento e parceria, essenciais para a obtenção da qualidade e dos resultados.

Essa tripla abordagem do processo decisório empresarial faz do gerente uma peça cada vez mais importante na vida das organizações modernas. Ele vem a ser o administrador da complexidade, e, para fazer face a ela, precisa desempenhar um conjunto de papéis muito diferentes daqueles esperados do gerente tradicional. Tudo isso acontece em um mundo violentamente mutante, num contexto de incerteza e de extrema complexidade em que se verificam apelos e circunstâncias de todas as ordens, partindo de vários interlocutores tais como o mercado, os fornecedores, os concorrentes etc.

6.5.1 Tipos de Decisores

Um olhar atento sobre o funcionamento organizacional leva-nos a concluir que as pessoas tomam decisões de maneiras diferentes, e isso, obviamente, repercute nos resultados ou nas conseqüências que elas provocam.

Uma explicação corrente para o processo de decisão baseia-se na polaridade entre vontade e inteligência, desejo e razão, coração e cérebro. Segundo essas "teorias", os decisores usam predominantemente a emoção ou a racionalidade como balizadores para as suas escolhas.

Os decisores "emocionais" seriam intuitivos, flexíveis, impulsivos, sensíveis, afetivos e participativos, enquanto os "racionais" seriam lógicos, objetivos, prescritivos, rígidos e factuais.

Outra versão bastante difundida diz respeito às diferenças causadas pelo maior ou menor uso dos hemisférios cerebrais. Segundo essa versão, no hemisfério direito estão localizadas as áreas responsáveis pelo raciocínio mais básico e intuitivo, pela capacidade de visão global e pelo senso estético. O hemisfério esquerdo concentra o chamado "centro da linguagem", os aspectos formais, conceituais, lógicos e lineares. A maior ou menor capacidade de utilização dessas faculdades condicionaria o processo decisório, salientando-se que, mais do que biológicas, essas preponderâncias são culturais ou fruto de educação ou treinamento. Dentro desse pressuposto seria possível desenvolver as áreas cerebrais menos utilizadas, garantindo assim um processo decisório mais efetivo.

Um outro tipo de decisor, idealizado pelas empresas modernas, é o do empreendedor, alguém dotado de excepcionais qualidades perceptivas que é inovador, visionário, "enxerga longe", planeja com antecedência e faz com que as coisas aconteçam, isto é, sabe transformar criativamente as idéias em ações concretas ou é capaz de transformar o que já existe em algo inteiramente novo. É o tipo de gerente capaz de construir impérios, idealizado nos manuais de administração.

Um tipo bem conhecido é o "burro dinâmico", caracterizado por uma grande motivação, entusiasmo, energia e responsabilidade, usados, entretanto, de maneira impulsiva, desastrada ou pouco habilidosa. Têm ótima intenção, mas suas decisões quase sempre se transformam em catástrofes.

Finalmente, há os indecisos, aqueles que não conseguem decidir coisa alguma ou que estão bloqueados pelos fatores citados no item 2.2.3.

Obviamente, todas essas classificações são falaciosas. Não existem decisores perfeitos, assim como ninguém é infalível nas suas escolhas. Não se toma decisão usando a metade do cérebro, ou só em bases afetivas. A decisão é um processo que envolve a pessoa inteira. Mesmo quando decide intuitivamente, a pessoa não deixa de se guiar por uma certa lógica, que pode ser subjetiva, daquele momento, mas sempre envolve a dimensão racional. O oposto é também válido. Por mais racionais que sejam, todas as decisões envolvem valores, crenças, relacionam-se com as experiências de vida e as emoções do decisor. Quando toma decisões, o ser humano age por inteiro, envolvendo nesse processo todos os seus atributos lógicos, biológicos, psicológicos, culturais etc. O processo decisório é sempre sistêmico: envolve a totalidade do ser sem desconsiderar as partes e a sua relação com o todo.

Isso significa que não existe um perfil ideal de decisor, o que não deve constituir um desestímulo à busca da melhoria e do desenvolvimento gerenciais. O que se configura é uma permissão para que o gerente seja mais humano, passível de erros, de idas e vindas, de novas aprendizagens, sem aquela exigência de perfeição absoluta que os modelos prescritivos exigem.

Este é o fundamento deste livro: a decisão como um processo inseparável da essência, da integralidade e da magnitude do ser humano.

6.5.2 Decisão e Participação

A participação nas decisões está intimamente ligada à questão do poder, implica necessariamente repartir a autoridade e a autonomia atribuída a alguém ou a uma posição. A participação é relacional, envolve sempre vários atores, muitas vezes com expectativas e aspirações diferenciadas ou conflitantes. Um processo participativo é essencialmente um processo de negociação. O planejamento participativo, por exemplo, pode ser entendido como um processo de decisão acerca de desejos futuros e das formas de alcançá-los, envolvendo direta ou indiretamente os atores interessados na construção desse futuro. Por ser um processo relacional, a decisão de participativa tem duas dimensões:

- a decisão de quem detém poder e quer reparti-lo com outra pessoa ou com um grupo;
- a decisão de quem se dispõe a participar num evento ou circunstância.

Essa dupla face da participação não tem sido bem compreendida. De modo geral, atribui-se somente ao gerente a decisão de dividir o poder. Mas, muitas vezes, ele esbarra com a desmotivação ou com a incapacidade de seus colaboradores porque a adesão implica comprometimento e responsabilidade.

A adesão à participação se exprime de vários modos:

- A *participação espontânea*, decorrente da decisão pessoal de pertencer a um determinado grupo, expressar, dar e receber afeto ou obter reconhecimento e prestígio.
- A *participação imposta*, em que o indivíduo é obrigado a realizar ações ou atividades consideradas indispensáveis pela lei ou pela

autoridade constituída, caracterizando-se como uma obrigação, mais do que como uma decisão.

- A *participação voluntária*, comum nas equipes de trabalho, em que os integrantes do grupo têm liberdade de decidir sobre metas, estratégias, recursos e divisão de trabalho.
- A *participação provocada* por agentes externos no sentido de ajudar uma pessoa ou grupo a tomar decisões, como, por exemplo, terapia, situações de consultoria, treinamento, grupos de trabalho etc.
- A *participação concedida*, típica dos programas de gestão participativa em que os empregados recebem delegação para tomar decisões, dentro de regras e estratégias preestabelecidas e consideradas legítimas por ambas as partes.
- A *participação conquistada*, em que pessoas ou grupos adquirem autonomia para intervir em processos de decisão ou gestão ou para se apropriar de parte dos resultados, mesmo contra a vontade de outros atores (BORDENAVE, 1978).

Há um consenso de que a participação enriquece e estimula o processo decisório, porque diversifica e amplia a análise das alternativas e conseqüências, tornando as decisões menos sujeitas a erros e mais criativas. Mas o maior benefício da participação é a aprendizagem que ela proporciona, tornando os participantes capacitados e conscientes para realizar futuros ciclos de decisão-ação e engendrando um compromisso efetivo em relação às decisões compartilhadas, o que os motiva ao alcance dos propósitos desejados.

Motta (1993) identifica três tipos de decisão tomadas nas organizações:

1. *Decisões de integração* – indutoras de progresso e desenvolvimento da empresa ou de melhoria das condições de trabalho.
2. *Decisões de adaptação* – relacionadas com a divisão interna do trabalho, com a estrutura organizacional, com a alocação de poder e com os planos de carreira.
3. *Decisões de distribuição* – relativas à distribuição dos resultados do trabalho, tais como salários, distribuição direta ou indireta de renda e participação nos lucros.

Esses tipos de decisão estão diretamente relacionados com as formas de participação encontradas nas empresas, ou seja:

172 Capítulo Seis

- *Participação direta* – primordialmente voltada para o indivíduo, visa administrar as relações de poder, motivar e estimular no desempenho das tarefas dentro das equipes de trabalho, concentrando-se nas decisões de adaptação, mas procurando contribuir também para as decisões de integração.

- *Participação indireta* – primordialmente voltada para a coletividade, é o processo pelo qual os membros de uma organização constituem representantes para agir em seu nome, influenciando ou exercendo funções normalmente desempenhadas por escalões superiores, fora do local de trabalho.

A participação indireta concentra-se basicamente nas decisões de distribuição e pode ser classificada em quatro tipos:

1. *Comitês de fábrica ou de estabelecimento* – formados por grupos de funcionários eleitos por seus pares para representá-los junto à diretoria nas decisões distributivas.

2. *Negociações coletivas* – constituem a forma mais antiga e também o principal instrumento de participação indireta no Brasil, realizadas através de estrutura sindical, tendo em vista a melhoria das condições de salário e de trabalho.

3. *Co-gestão* – muito usada na Europa, institucionaliza a representação dos assalariados na direção efetiva da empresa com poderes eqüitativos aos de seus pares, nomeados pelos acionistas, com o propósito de diminuir os antagonismos entre capital e trabalho e harmonizar e legitimar as decisões gerenciais.

4. *Autogestão* – forma de participação surgida na Iugoslávia, tem hoje aplicação efetiva apenas em algumas organizações comunitárias ou associações sem fins lucrativos; caracteriza-se pelo exercício coletivo do poder e pela autonomia dos participantes para decidir sobre seus destinos, seus processos e resultados do trabalho.

A participação nas organizações é um reflexo das tendências de democratização do poder observadas no mundo todo. Não há nenhuma evidência de que essa situação vá se inverter, a curto prazo. Mas também não se pode esperar que a participação por si só resolva todos os problemas.

Por outro lado, não se pode confundir participação com consenso. A participação deve ser usada com equilíbrio no momento certo, com as pessoas adequadas. Não é possível fazer com que todos participem de tudo. A participação, da mesma forma que resolve conflitos, pode também gerá-los. Portanto, é um erro esperar que ela, por si só, garanta a paz nas organizações.

6.6 A SÍNDROME DA IMPOTÊNCIA DECISÓRIA: SANIDADE E PATOLOGIAS ORGANIZACIONAIS

As metáforas constituem uma forma prática de visualizar o funcionamento das organizações como sistemas sociais. Na prática da consultoria ou do treinamento empresarial, as metáforas ajudam os gerentes e administradores a desenvolver uma percepção mais precisa e a tomar decisões de melhor qualidade.

O reconhecimento de que as organizações são sistemas orgânicos faculta o uso de metáforas para explicar o comportamento organizacional, entre elas a noção de nascimento, crescimento, maturidade. Pelo mesmo motivo, se fala de *"corpo funcional"*, *"alma do negócio"*, *"cabeça pensante"*, participação dos *"membros da organização"*. Há autores que identificam sinais de *vitalidade organizacional*, quase todos eles indicativos da empresa que tem *"visão"* (termo usado para simbolizar o senso de direção e a preocupação objetiva com o futuro) ou que é *"míope"* (quando enxerga somente o curto prazo).

Na década de 1960 surgiu nos Estados Unidos uma estratégia de mudança planejada denominada desenvolvimento organizacional, baseada nas ciências do comportamento e aplicada principalmente por psicólogos clínicos que deram à mudança organizacional características essencialmente terapêuticas. Metáforas sobre a saúde e as doenças das organizações tornaram-se comuns nessa época. Se o objetivo principal da empresa é sobreviver, a *"saúde organizacional"* é algo a ser preservado com o maior cuidado.

Vries e Miller (1984) identificaram cinco estilos ou comportamentos gerenciais que transformam as empresas onde militam em *"organizações neuróticas"*. O processo decisório pode ser perturbado por comportamentos conseqüentes ou causadores dessas *"patologias"* organizacionais.

- **A Organização Paranóica**

  Caracteriza-se pela desconfiança e uma ênfase muito grande em controles. De modo geral, a gerência está sempre alerta, examinando constantemente o ambiente e controlando os seus processos internos. Em vez de focalizar oportunidades, angustia-se com as ameaças e perigos, é negativista, catastrófica, sempre esperando pelo pior e enxergando problemas onde eles não existem. Os controles tomam forma de orçamentos, centros de custos, centros de lucros e outros métodos destinados a acompanhar de perto o desempenho. Os altos executivos são desconfiados e cautelosos com relação a acontecimentos e pessoas, tanto dentro quanto fora da empresa. As atitudes são reativas, decorrentes de pressões externas ou internas. Uma decisão adotada com freqüência pelas organizações paranóicas é a da diversificação de mercados e produtos na tentativa de reduzir riscos. Adotam sistemas de informação sofisticados e procuram balizar suas decisões com os maiores níveis de certeza. Em função disso, o processo decisório torna-se lento, o moral fica baixo, contaminado pela desconfiança, e a produção, deficiente, pelo excesso de burocracia. Definitivamente, não é uma empresa feliz. Essas características são encontradas com freqüência em empresas que lidam com valores, bens preciosos ou segredos, tais como bancos, seguradoras, mineradoras e agências de informação ou de espionagem.

- **A Organização Compulsiva**

  A empresa compulsiva prende-se ao ritual. Todos os detalhes são planejados com antecedência e executados de maneira regular e pré-programada. Dá-se ênfase à eficiência, à perfeição e à concordância com procedimentos preestabelecidos e padronizados. Preferem os ambientes estáveis e não gostam de enfrentar grandes desafios, pois sucumbem facilmente à incerteza. As operações são padronizadas sempre que possível, as regras e procedimentos são rigorosamente cobrados. De modo geral, são normas de grande amplitude que se estendem não apenas à produção, mas também às áreas de apoio e administração. Nesse tipo de organização, é comum ouvir as opiniões dos empregados no momento de elaborar as regras e rotinas, cuidando para que elas sejam as mais perfeitas. Uma vez decidido o processo, tudo passa a ser padronizado, sistematizado e documentado nos mínimos detalhes. Cada processo é cuidadosamente planejado e controlado. A estrutura é rígida, formal, profundamente hierárquica e burocratizada. São encontradas com freqüência entre as indústrias e empresas que oferecem altos riscos ou perdas no processo produtivo, tais como a área química, as centrais nucleares, e também em organizações públicas de conteúdo normativo.

- **A Empresa Dramática**

São ativas, impulsivas, dramaticamente ousadas e perigosamente desinibidas. Essas características, embora pareçam inicialmente uma virtude, podem transformar-se em fraquezas porque seus decisores parecem viver em um mundo irreal, povoados de fantasias e desejos. Produzem grande número de produtos, serviços e estratégias não-compatíveis entre si. Sua inclinação ao dramático faz com que seus executivos centralizem demasiadamente o poder, reservando suas prerrogativas para iniciar novas aventuras. Eles restringem o poder do segundo escalão ou colocam nessas posições pessoas dependentes e mal-informadas. A incongruência entre estratégia e estrutura pode causar sérios problemas. É muito comum nas empresas familiares e nas empresas novas que ainda não têm tradição no mercado e que estão procurando se afirmar.

- **A Empresa Depressiva**

Caracteriza-se pela inércia e pela falta de confiança, apresentando comportamento conservador e burocracia excessiva, com conseqüente falta de visão. O clima é de passividade e de falta de objetivos claros. Concentra-se nas decisões rotineiras e faz da rotina o apanágio da sua dificuldade de mudar. Não toma iniciativas, vive num processo de reação automática às demandas do ambiente. A maior parte das empresas depressivas é encontrada em ambientes estáveis – os únicos nos quais ela consegue sobreviver. É típica das organizações públicas ou estatais, que vivem de subsídios governamentais, dos monopólios ou cartéis. Na maioria das vezes são empresas sólidas, com mercados cativos ou estabilizados, alto grau de institucionalização (veja Capítulo 8) e os mesmos padrões competitivos há muitos anos. Adotam práticas conciliatórias, negociações políticas, conluios, acordos comerciais, medidas protecionistas e alfandegárias no intuito de preservar o seu espaço e limitar a competição. Internamente, desenvolvem forte senso corporativista. A falta de competição faz com que o trabalho administrativo e as estratégias de marketing sejam razoavelmente simples, o mesmo acontecendo com o atendimento aos clientes. De modo geral, atendem apenas a mercados específicos, que quase nunca são redefinidos ou ampliados. Seus empregados possuem um alto grau de identificação com a empresa, a ponto de se sentirem parte dela. Essa abdicação da identidade individual pela da empresa provoca um sentimento de frustração muito grande, e é comum, nas empresas depressivas, uma alta incidência de funcionários igualmente deprimidos, sem perspectiva de vida, entediados e infelizes, mesmo com empregos estáveis e bons salários. Costumam apresentar, inclusive, altos índices de alcoolismo e de alienação que só se rompem quando são ameaçados nos seus privilégios.

- **A Organização Esquizóide**

  Caracteriza-se pela ausência de comando. Os altos executivos desencorajam a interação devido ao medo que sentem do envolvimento. Os executivos desse tipo de organização consideram o mundo um lugar infeliz, habitado por pessoas frustradas. Talvez por causa de decepções passadas, alimentam a crença de que a grande maioria das interações sociais termina de forma dolorosa. Usam freqüentemente jogos de poder, principalmente quando os gerentes de médio escalão têm objetivos, comportamentos ou iniciativas diferentes do líder principal. As estratégias são baseadas em *"dramas íntimos"* ou em expectativas pessoais, as quais raramente se transformam em ações, devido à apatia emocional ou inatividade dos dirigentes. A falta de objetivos aliada a um extremo conservadorismo prejudica ainda mais o desempenho da organização. O Quadro 6.5 resume as características das organizações neuróticas.

Vries e Miller são psicólogos e criaram as metáforas das patologias organizacionais baseadas na doença mental. Mas as organizações podem apresentar sintomas de outras doenças, tais como:

- **A "Organização Obesa"**

  Caracterizada por estruturas inchadas, com excesso de gordura formada por pessoas e recursos ociosos. São grandes, pouco flexíveis, com dificuldade de circulação das informações, pontos de estrangulamento e gargalos nas comunicações. Gastam muito e são pouco produtivas. Muitas reconhecem a necessidade de conter seus

Decisões nas Empresas **177**

QUADRO **6.5** Características das organizações neuróticas

Fator-chave	Paranóica	Compulsiva	Dramática	Depressiva	Esquizofrênica
Características	Desconfiada Hipersensitiva Em alerta constante Vê ameaça em tudo Superconcentrada Ciosa de seus limites Fria Racional Impessoal	Perfeccionista Dominadora Detalhista Programada Meticulosa Incapaz de relaxar Dogmática Obstinada	Excessiva expressão de emoções Necessidade de atenção constante Narcisista Excitada Alterna idealização e desvalorização das pessoas Exploradora Dispersa	Sentimento de culpa e desvalia Auto-reprovação Desesperança Desamparo Falta de objetividade Falta de interesse Desmotivação Inabilidade de sentir prazer	Isolamento Não-envolvimento Falta de direção Falta de entusiasmo Indiferença Despreocupação Frieza Falta de sentimento, de emoção
Fantasias	"Eu não posso confiar em ninguém, ameaças ou forças ocultas existem e podem me atingir. É melhor que eu esteja atento."	"Eu não posso estar à mercê dos acontecimentos. Tenho que controlar todas as coisas que me afetam diretamente."	"Eu preciso chamar a atenção e impressionar aquelas pessoas que são importantes para mim."	"Eu não tenho esperança e nem me sinto capaz de mudar o curso dos acontecimentos."	"O mundo real não me dá prazer; meus relacionamentos poderão dar errado e ferir os outros; então é melhor que eu me mantenha afastado."
Perigos	Distorção da realidade devido à preocupação em confirmar suspeitas; perda da espontaneidade devido a atitudes defensivas.	Voltada para dentro, indecisão, adiamento. Evita fazer as coisas por medo de cometer erros. Incapacidade de sair do planejado; apego às regras e normas.	Superficialidade, sugestibilidade. Risco de não operar no real. Sensibilidade exagerada, sente-se usada e abusada pelos outros.	Pessimista e negativista. Pouca concentração, baixo desempenho, inibição da ação e indecisão.	Isolamento emocional causa frustração e necessidade de dependência dos outros, originando confusão e agressividade.

(continua)

QUADRO 6.5 Características das organizações neuróticas (*continuação*)

Fator-chave	Paranóica	Compulsiva	Dramática	Depressiva	Esquizofrênica
Forças	Conhecimento das ameaças e oportunidades internas e externas. Redução de riscos pela diversificação do mercado.	Controles internos e operações eficientes. Estratégias de produto e marketing bem focalizadas.	Cria o momento de passar da fase inicial para o estágio de firma propriamente dita. Fornece boas idéias para revitalizar empresas cansadas.	Eficiência dos processos internos. Focalizada na estratégia.	A participação do segundo escalão na formulação de estratégias aumenta a variedade das alternativas de decisão.
Fraquezas	Falta de estratégias consistentes. Falta de clareza de funções. Falta de confiança, insegurança e desencantamento no segundo escalão e nos empregados.	O apego à tradição faz com que as estratégias e estruturas sejam anacrônicas. As coisas são tão programadas que as disfunções burocráticas, a inflexibilidade e as respostas inapropriadas tornam-se comuns. Descontentamento e falta de iniciativa nos escalões inferiores.	A inconsistência das estratégias eleva os riscos e dificulta a alocação dos recursos. Falta de controle impede a avaliação real dos resultados. Risco de políticas de expansão inoportunas. Desempenho inadequado do segundo escalão.	Estratégias anacrônicas levam à estagnação. Confinamento a mercados cativos. Baixa competitividade. Gerentes apáticos.	Estratégias inconsistentes e vacilantes. Objetivos decididos em função de negociação política em vez de fatos. Falta de liderança. Clima de suspeita e desconfiança mina a colaboração.

Fonte: Vries, F.; Miller, D. The Neurotic Organization. New York: HarperBusiness, 1984.

excessos, mas se acomodam porque isso exige esforço e disciplina, incompatíveis com os seus valores perdulários. Se o corte de gorduras torna-se essencial à sua sobrevivência, sofrem muito e tentam, sempre que possível, adotar soluções paliativas. A evidência de que as organizações no mundo inteiro aprenderam a ser mais produtivas com o concurso de menos gente, e que não há perspectivas de reversão desse fenômeno, tem criado várias formas de "enxugar gorduras" nas empresas, tais como a reestruturação, a reengenharia, o *downsizing* etc. As soluções cirúrgicas, que envolvem cortes profundos na área de pessoal, são muito traumáticas e deixam seqüelas permanentes. O mais sério é que essa doença se instala lentamente, e leva-se tempo para perceber seus sintomas, mas, tão logo se decida pela cura, espera-se que seja rápida, o que dificulta mais ainda a solução.

- ## A Organização Paralítica
  De modo geral chega-se a esse estado devido a uma disfunção na cabeça, causada pelo abuso do poder ou arbitrariedade da liderança, que dissemina o medo no corpo funcional. Também pode ser causada por um processo degenerativo nas células de trabalho provocado pela mesmice. No primeiro caso a doença se instala rapidamente, logo no início da gestão. Apesar de dolorosa, pode ser curada cirurgicamente. Se a cirurgia não puder ser realizada, o corpo funcional sofre em vão, porque esse é o tipo de doença que aleija, mas não mata. No segundo caso, trata-se de uma patologia crônica, de difícil solução. A terapia exige muito exercício e doses adequadas de mudança, as quais implicam sacrifício e força de vontade. Dificilmente uma empresa nesse estado pode se curar por si mesma, e a ajuda profissional torna-se imperativa.

- ## A Organização Cancerosa
  É uma doença insidiosa, de etiologia desconhecida e de difícil diagnóstico porque costuma ser assintomática no princípio. Nos últimos estágios é sempre muito grave. Nenhuma empresa está livre dessa doença, e ela pode se localizar em quase todos os órgãos: na direção, na produção, na estrutura, na estratégia, nas comunicações, na recepção e na expedição, ou seja, na cabeça, nos membros, nos órgãos internos, no aparelho circulatório, na boca e na... saída. Nesse último caso, provoca a intoxicação rápida de todo o corpo funcional.

Caracteriza-se por um processo de degeneração causado por um tumor, ou seja, um agente capaz de destruir o organismo de maneira rápida e extremamente dolorosa. Se o diagnóstico é feito precocemente, uma cirurgia pode extirpar a parte afetada e evitar que ela espalhe metástases pelo resto do corpo. Infelizmente, muitas vezes o órgão afetado não pode ser removido – o dono, por exemplo –, e os prognósticos nesses casos são péssimos: morte a curto prazo, ou possibilidade de longa permanência em CTI. Esta pode ser mais ou menos longa, de acordo com a resistência do agente causador da moléstia ou com a sua disponibilidade financeira para suportar o preço do tratamento.

- ## A Organização Hipocondríaca

Está sempre descobrindo (ou inventando) problemas pelo prazer que sente no tratamento. Adere a todos os modismos, usa e abusa de remédios, tais como planejamento estratégico, reengenharia, desenvolvimento gerencial, dinâmicas de grupo, programas da qualidade total, programação neurolingüística etc. Todos esses remédios podem ser de grande utilidade quando usados na hora certa, na dose adequada, sob a supervisão de um profissional competente. Mas a organização hipocondríaca é ansiosa. Costuma exagerar nas doses, praticar a automedicação sem controle, adotar uma terapia apenas porque está na moda ou seu vizinho está usando e assim por diante. O resultado é um enfraquecimento progressivo da organização, porque todos esses remédios provocam, mesmo quando prescritos corretamente, uma desestabilização no organismo, como condição de aprendizagem, mudança ou cura. Mas a organização hipocondríaca não leva isso em conta, muda por mudar. Decide de maneira impensada e inconseqüente. Quando precisa realmente de uma terapia, os remédios disponíveis já se tornaram inócuos ou geraram tolerância. O tratamento torna-se então muito mais difícil e doloroso.

- ## A Organização Hipertensa

Muito comum hoje em dia, caracteriza-se por alterações no funcionamento das artérias que afetam os processos de comunicação da empresa. Não tem causas conhecidas, ou melhor, pode ter muitas causas, tais como: muita informação e poucos dados, incapacidade de digerir o volume de informações ou de mudanças, gestão centralizadora, acúmulo de gente nas estruturas superiores, aduladores agarrados ao executivo principal e que o impedem de ter acesso às informações fidedignas, disputas pelo poder etc. É perigosa porque é quase assintomática e costuma ser encarada como um mal menor. Apesar dos recursos que existem hoje em dia para debelá-la, pode ser encontrada em maior ou menor grau em grande parte das empresas. O pior de tudo é que ela tem efeitos retardados, faz mal a longo prazo e suas conseqüências são terríveis. Na realidade, essa patologia não tem cura, mas pode ser facilmente controlada por decisões rotineiras ou incrementais.

• CAPÍTULO 7 •

Decisões no Setor Público[1]

7.1 DESAFIOS DA ADMINISTRAÇÃO PÚBLICA NUM MOMENTO DE MUDANÇA DE PARADIGMAS

Uma reflexão sobre o processo decisório na administração pública brasileira, em um momento de mudança de paradigmas, merece uma breve resenha histórica, no sentido de tornar claras as características do modelo atual.

A primeira tentativa sistemática de modernização da administração pública brasileira aconteceu na década de 1930, através do conhecido esforço do DASP – Departamento de Administração do Serviço Público de promover uma reforma administrativa de abrangência e magnitude significativas. Os fundamentos teóricos e operacionais do modelo apregoavam o fortalecimento do poder central como estratégia para a melhoria dos padrões então vigentes no país e no mundo.

Nas décadas de 1950 a 1970, principalmente durante os governos de Juscelino Kubitschek e Castelo Branco, pôde-se observar um novo enfoque centrado no direcionamento das estruturas públicas como insumos ao

---

[1] Adaptado de Bretas Pereira, M.J.L. A busca da excelência nos serviços públicos. In: *Decidir*, outubro de 1995, p. 32-8.

desenvolvimento industrial. Esse modelo, baseado numa estratégia de fomento, mostrou-se adequado à época e ajudou a formar um parque industrial diversificado, até mesmo sofisticado em algumas áreas. Entretanto, o aumento da complexidade da sociedade e da máquina estatal trouxe como conseqüência a proliferação indiscriminada de órgãos públicos, o surgimento de grande número de estatais, o aumento da participação e da intervenção do Estado na economia e a dificuldade de estabelecer mecanismos eficientes de coordenação e controle em um organismo que se tornava cada vez mais complexo. Tudo isso, entretanto, foi camuflado pela ilusão de prosperidade causada pelo "milagre econômico".

Durante a década de 1970, começaram a ficar evidentes alguns sintomas da perda de coerência desse modelo. A distância entre a tomada de decisões (governo) e os fatos (povo) ficou cada vez maior, e os índices de credibilidade e de aceitação do governo tornaram-se críticos. Mas a reação do governo à crise foi uma centralização ainda maior do processo decisório.

A década de 1980 marcou a explosão de profundas mudanças sociais, políticas, econômicas e tecnológicas. A conjuntura mundial exigiu a alteração daquele modelo de desenvolvimento. Entre surtos de inflação e recessão, a instabilidade e a necessidade de sobrevivência mostraram que uma amarga realidade havia substituído as nossas antigas ilusões. A sociedade, mais informada e mais politizada, começou a expressar e a cobrar de maneira mais clara suas expectativas e necessidades. Mas a administração pública permaneceu a mesma: lenta, ineficiente, gigantesca, distorcida, saudosista, autocentrada, com uma enorme propensão para crescer e uma diminuta capacidade de apresentar resultados.

Os esforços de modernização da administração pública brasileira decorreram de pressões ambientais e orientações conjunturais específicas, ou seja, dos paradigmas vigentes à época de sua implantação, como mostra o Quadro 7.1.

Apesar da diversidade de modelos e enfoques, a maioria dos esforços de mudança na área pública teve um cunho marcadamente estrutural: redução ou ampliação de órgãos, demissão ou aumento de funcionários, privatização etc.

A década de 1990 evidencia as conseqüências dessas decisões e torna consensual a urgência de rever o modelo da administração pública brasileira, a qual encerra três grandes desafios:

QUADRO 7.1 Evolução dos modelos de gestão e de mudança da administração pública brasileira

De 1900 a 1960	**Ambiente estável**
	– Orientação burocrática – Ênfase na estrutura – Disciplina orientadora: direito administrativo – Modelo de mudança: reforma e modernização administrativa
De 1960 a 1980	**Ambiente reativo**
	– Orientação comportamental (influência da Escola de Relações Humanas) – Ênfase no estilo gerencial e nos pequenos grupos – Disciplina orientadora: psicologia organizacional – Modelo de mudança: treinamento gerencial e desenvolvimento organizacional
De 1980 a 1990	**Ambiente proativo**
	– Orientação funcionalista e desregulamentadora – Ênfase na estratégia e no processo decisório – Disciplina orientadora: teoria administrativa – Modelos de mudança: planejamento estratégico e desburocratização
De 1990 em diante	**Ambiente turbulento**
	– Orientação sistêmica, multifocal e multidisciplinar – Ênfase no cliente, nos resultados e na cultura organizacional – Modelos de mudança: reinvenção ou reengenharia do Estado e choques de gestão

1. O *desenvolvimento* auto-sustentado e soberano da nação.

2. A garantia de *governabilidade.*

3. A *efetividade dos órgãos públicos.*

7.1.1 Primeiro Desafio: O Desenvolvimento Auto-sustentado da Nação

A conquista de um processo continuado e autônomo de desenvolvimento implica a tomada de decisões mais adaptadas à era em que vivemos. No passado, a ilusão de que os recursos eram ilimitados e de que o desenvolvimento econômico era a base de tudo levou o governo a adotar um modelo incrementalista e predatório, no qual os fins justificavam os meios.

Além disso, o próprio conceito de desenvolvimento sofreu profundas modificações. Etimologicamente, desenvolvimento significa "processo de revelação, de esclarecimento, de descoberta". No passado recente, o termo foi usado para identificar um "processo de mudança seqüencial, de um estágio para o outro, numa ordem determinada, preestabelecida, ou prefixada, inerente à natureza do Universo".

Modernamente, o conceito de desenvolvimento foi acrescido de uma dimensão de valor, e, nesse sentido, significa "empregar o talento e as energias do homem para melhorar a condição humana" (CAIDEN; CARAVANTES, 1988). Nessa concepção atual, o desenvolvimento é, antes de tudo, um estado de equilíbrio entre fatores econômicos, sociais, ambientais, políticos e estratégicos que propiciam o crescimento material e espiritual da vida humana individual ou associada. Um povo desenvolvido é um povo equilibrado, que busca o novo por intermédio da participação popular, da adequação dos objetivos e prioridades às reais necessidades da sociedade, da viabilidade e integração dos recursos e esforços. Nesse sentido, o desenvolvimento é o resultado de um processo criativo, próprio, único, jamais copiado ou reproduzido. É tipicamente nosso e somente nós podemos concebê-lo e implementá-lo.

7.1.2 Segundo Desafio: A Governabilidade

A governabilidade é um conceito importante porque, à medida que a população se torna mais esclarecida, mais educada e mais bem informada, cresce a demanda por serviços públicos em quantidade e qualidade.

Na sociedade da informação, o povo sabe muito bem o que quer e do que precisa, passando a exigir com naturalidade que instituições burocráticas e obsoletas sejam substituídas por organizações ágeis e flexíveis, capazes de atendê-lo, em quantidade e qualidade, naquilo a que tem direito. Essas novas instituições deverão centrar-se nas necessidades dos usuários, admitindo que elas próprias, assim como o contexto no qual se inserem, se encontram em permanente transformação. Aprender a conviver com o provisório, com as circunstâncias, torna-se essencial porque as políticas e os objetivos não são, nem podem ser, imutáveis. São perecíveis, descartáveis, ótimos hoje, podres amanhã. Nos tempos modernos, a coerência está mais próxima da mudança do que da estabilidade.

A crise da governabilidade nasce da insatisfação popular com os resultados da prestação dos serviços públicos e depende da ação integrada do Executivo, do Legislativo e do Judiciário no sentido de atender, de maneira global, os desejos da população. Quando os três poderes evidenciam conflitos baseados em interesses particularizados ou eleitoreiros, todos eles perdem legitimidade.

A *legitimidade* pressupõe a *dupla participação do governo e da sociedade* no processo governamental. É um processo circular, solidário e compartilhado, em que cada um tem seu papel definido, e só existe quando há colaboração verdadeira e recíproca entre povo e governo. Governabilidade pressupõe confiança e disposição da sociedade para colaborar voluntariamente com as decisões do governo e implica a demonstração, por parte dele, das seguintes características:

- *Atendimento das demandas e pressões sociais*, que constitui a razão de ser do aparato governamental.
- *Transparência*, considerando que o Estado deve ser permanentemente submetido ao escrutínio público e que a clandestinidade das suas ações constitui uma das causas óbvias de abuso e corrupção.
- *Liderança*, entendida como a capacidade governamental de perceber e catalisar as aspirações da população e tomar decisões coerentes com essas demandas.

O ambiente de baixa pressão e a cultura legalista e burocratizada dificultam a introdução de mudanças no setor público com a velocidade com que elas deveriam estar ocorrendo. Mas, como o limite de tolerância dos contribuintes está cada vez menor, as instituições públicas terão de se tornar capazes de modificar o seu próprio funcionamento, identificando desvios, testando experiências, buscando a excelência e a renovação constantes como forma de garantir a governabilidade (Figura 7.1).

Nas sociedades desenvolvidas, esse processo é fácil de ser constatado porque o povo participa realmente nas ações e nas decisões do governo. É por isso que se diz que "cada povo tem o governo que merece". A governabilidade é uma precondição para o desenvolvimento. Mas ela depende também de um outro fator: *a efetividade dos órgãos públicos*, o terceiro desafio que precisamos enfrentar.

7.1.3 Terceiro Desafio: A Efetividade dos Órgãos Públicos

Para conseguir a governabilidade e o desenvolvimento, o governo precisa cumprir os compromissos assumidos com a sociedade. Nos regimes

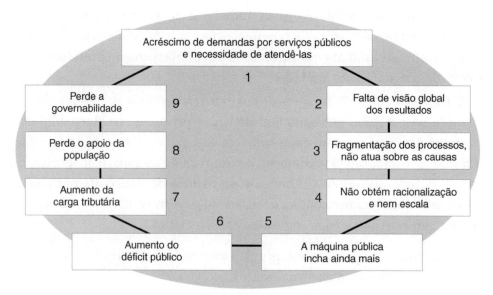

FIGURA 7.1 Funcionamento da máquina pública e governabilidade

democráticos, a população que vota e paga impostos é a mesma que recebe a prestação dos serviços públicos. Ela é ao mesmo tempo *acionista* e *usuária* e, por isso, duplamente importante.

Os agentes intermediários entre o povo e o governo são os órgãos públicos. São eles os instrumentos da ação governamental e por isso são também diretamente responsáveis pelo cumprimento das funções de governo. A rede de órgãos públicos classifica-se em:

- órgãos da *administração direta*, responsáveis pela elaboração de políticas públicas e pela execução das funções essenciais do governo, tais como saúde, educação, segurança e justiça;
- órgãos de *administração indireta e empresas estatais*, responsáveis pela execução de políticas supletivas, específicas ou conjunturais.

A compreensão dessa estrutura (Figura 7.2) é essencial para o entendimento do processo decisório na administração pública, porque cada um desses segmentos possui características jurídicas e normativas diferenciadas.

A principal função do Estado é criar políticas que, implementadas pelas diversas organizações públicas ou privadas, garantam o desenvolvimento socioeconômico do país e o bem-estar da sociedade. As decisões

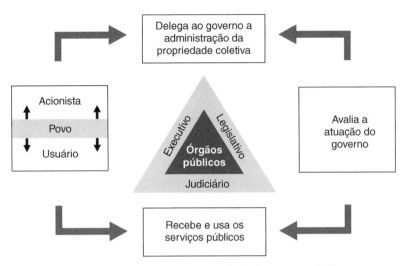

FIGURA 7.2 Estrutura da administração pública

governamentais são expressas por leis e normas, ou seja, um conjunto de regras jurídicas destinadas a orientar o comportamento de indivíduos e organizações, tendo em vista o bem-estar coletivo.

As decisões se consubstanciam em políticas públicas, que podem ser classificadas em sociais e organizacionais. As decisões de cunho social são aquelas relacionadas às funções regulatórias, distributivas e emotivo-simbólicas, ou seja, destinadas a estabelecer limites ou incentivos para regular o comportamento das pessoas na sociedade. Encerram normas e leis que devem ser seguidas por todos os cidadãos ou por segmentos específicos, no sentido de harmonizar as relações e promover mudanças substantivas na coletividade. As decisões de cunho organizacional são aquelas implementadas pela via dos órgãos públicos. As organizações públicas são instrumentos essenciais da ação governamental. Elas não se regulam pelas leis de mercado, mas por leis orgânicas que, por um lado, as ajudam (garantindo a sua sobrevivência) e, por outro, dificultam a sua evolução dinâmica, interferindo diretamente no seu processo decisório, principalmente porque a convivência da lei com a teoria administrativa tem sido muito difícil, devido à sua rigidez e imobilidade diante dos desafios de mudança enfrentados pela sociedade.

O modelo da administração pública brasileira foi desenvolvido segundo um conjunto de valores jurídicos (modelo institucional legal) em que a lei se contrapõe, muitas vezes, à aplicação das técnicas modernas de administração. As tecnologias práticas modernas nem sempre são consideradas na formulação das leis, e as ciências administrativas e comportamentais não procuram se integrar à legislação. Dessa forma, o uso de ambas é feito de maneira desintegrada. O problema maior é que leis permanentes não funcionam em ambientes mutantes. E o modelo burocrático, no qual se assenta a nossa administração pública, não leva em conta nem o ambiente, nem o contexto, nem a cultura e nem a tecnologia, fazendo com que a sua base teórica permaneça distante da realidade. Como conseqüência, há uma enorme perda de energia no processualismo, no formalismo, na divergência, na fragmentação, e uma constatação unânime: as organizações públicas caracterizam-se por um baixo desempenho.

As razões mais comumente alegadas para o baixo desempenho das instituições públicas são:

- falta de "espírito empresarial";
- finalidades incompatíveis com as demandas;
- legislação e estruturas inadequadas;
- entraves burocráticos ditados pelos órgãos centrais;
- recursos insuficientes;
- carência de suporte político;
- pessoal em número e qualificação inadequados.

Muitas dessas afirmações são falaciosas, ou contêm apenas meias-verdades, como detalharemos a seguir.

7.2 ORGANIZAÇÕES PÚBLICAS NÃO SÃO EMPRESAS

Os órgãos públicos são diferentes das empresas. As organizações públicas têm problemas de desempenho justamente porque não são empresas. Elas são intrinsecamente diferentes e devem ser diferentes, como mostra o Quadro 7.2.

A tentativa de avaliar a eficiência das instituições públicas sob a ótica da empresa privada não faz sentido. O controle de custos, por exemplo, precisa ser encarado de forma diferente no setor público. A eficiência deve ser obtida por meio do aproveitamento máximo e sinérgico dos recursos institucionais e mensurada a partir da adequação finalística desses recursos.

Quadro 7.2 Algumas diferenças entre órgãos públicos e empresas privadas

	Empresas privadas	Órgãos públicos
Objetivo principal	Lucro	Interesse coletivo
Estrutura	Freqüentemente descentralizada; Unidades de negócio ou centros de lucros	Geralmente uma burocracia centralizada
Processo decisório	Métodos de avaliação quantitativa; Domínio do fator econômico; Amplitude decisória na escolha de políticas	Métodos de avaliação qualitativa; Domínio do fator político; Restrições na escolha das políticas
Implementação das decisões	Linhas de autoridade razoavelmente claras; Mecanismos comuns de implementação	Linhas de comando pouco claras e confusas
Controle estratégico	Acionistas	Interesses de vários grupos influenciando as decisões; Congresso/Parlamento
Ambiente	Competitivo e turbulento	Monopolístico e relativamente estável
Fonte de receitas/ recursos	Clientes satisfeitos; Bancos	Dotações orçamentárias; Governo
Âmbito de atividades	Ilimitado	Limitado; Monopólio
Medidas de desempenho	Econômicas e quantitativas; Retorno sobre o investimento	Essencialmente políticas e indefinidas, relacionadas com o interesse coletivo e a eficiência política

Fonte: Adaptado de: Paine & Naumes – Strategy and Policy Formation. NY: Saunders, 1974.

Também o planejamento nas empresas é essencialmente diferente do das instituições públicas. De modo geral, a maioria das políticas públicas tem sido direcionada apenas para a neutralização das insuficiências do sistema, e não para a introdução de mudanças significativas. Por outro lado, o planejamento formal é pouco utilizado nas organizações públicas. Muitos de seus dirigentes alegam que não dispõem de tempo para planejar, pois o dia-a-dia é cheio de problemas que devem ter solução imediata. Realmente, planejar é uma atividade que demanda um tempo considerável. Entretanto, a sobrecarga de problemas cotidianos pode ser causada justamente pela falta de planejamento, fazendo com que o administrador decida apenas com base no passado. Conduzir um processo de planejamento envolve necessariamente uma atividade intelectual, uma reflexão crítica sobre decisões passadas cujas conseqüências não foram devidamente examinadas, mas também não pode deixar de levar em conta as circunstâncias do presente e os desafios do futuro. O planejamento requer ainda uma predisposição para agir de forma sistemática e ordenada, para pensar antes de iniciar a ação, para examinar as alternativas possíveis e as informações disponíveis antes de tomar a decisão.

As decisões estratégicas tomadas pelos órgãos públicos têm conseqüências de longo prazo, dificilmente reversíveis. Tais decisões baseiam-se em ideologias e valores, e o processo decisório nesse nível é pouco susceptível a estruturação ou sistematização. Essas decisões não podem ser programadas, são únicas, variam de organização para organização e contêm diferenças fundamentais:

- nos sistemas de valores e julgamentos administrativos que adotam;
- nas pressões políticas que recebem;
- nas habilidades decisórias de seus dirigentes;
- nos recursos de que dispõem;
- na competência técnica e na motivação de seus servidores.

É exatamente essa variedade que faz com que as decisões estratégicas do setor público, se tomadas de maneira isolada, sejam inócuas. É também por isso que o processo de identificação de missão e objetivos nas organizações públicas é muito mais difícil do que nas empresas privadas, porque envolve valores sociais e opções de desenvolvimento que afetam toda a sociedade.

Os interesses político-partidários muitas vezes se superpõem aos interesses sociais mais legítimos, e em nome da "política" alteram-se decisões bem-formuladas tecnicamente. A polarização entre a área técnica e a política, ou entre o governo e o povo, desintegra os elementos que deveriam atuar em colaboração e interdependência, que dessa forma passam a ser vistos como adversários ou inimigos. No âmbito do poder legislativo, as decisões costumam ser compartilhadas por muitas pessoas, (partidos, comissões, grupos específicos etc.), e é mais fácil obter consenso em decisões de pouca monta que afetam pouco a vida das pessoas do que em questões relevantes que atingem a sociedade como um todo.

De modo geral, nem os funcionários públicos e muito menos o povo têm noção de como são tomadas as decisões no governo, mas todos percebem quando as expectativas ou demandas não são satisfeitas. Quanto maior for a frustração das pessoas com as decisões (ou não-decisões) do governo, menor será o apoio que darão a ele. Por isso as decisões do governo sempre causam impacto na população, gerando tensões internas e externas. As decisões precisam ser amplamente discutidas, negociadas e aceitas, para minimizar possíveis riscos de perda da legitimidade por parte do governo. Por outro lado, é necessário que o governo se mostre disposto a aceitar a participação popular, a negociar e a buscar *feedback* para corrigir possíveis desvios.

É importante salientar que a ação de pessoas ou grupos que detêm pouco poder ou poder moderado pode bloquear as decisões tomadas pelo governo. Decisões baseadas no consenso de poucas pessoas podem originar conflitos do qual participam milhares de pessoas.

Nas empresas privadas, as decisões estratégicas dependem de um grupo restrito de executivos. Estes podem decidir sobre a faixa de mercado em que desejam operar e os recursos que querem investir (mercado, lucratividade, tempo de retorno sobre o investimento etc.) baseados apenas na consecução de interesses específicos. Podem determinar qual o segmento e qual a porcentagem da demanda desejam atingir. Já a administração pública tem que atender a 100% de sua demanda, e há segmentos obrigatórios, ligados às suas funções intrínsecas, que ela jamais pode deixar de considerar.

Na administração pública, as decisões operacionais dependem de aprovação superior (do Legislativo ou do aparato burocrático), carregando consigo as forças e fraquezas decorrentes dessa circunstância, que são ainda mais dificultadas pelos seguintes fatores:

- A avaliação das conseqüências do processo decisório é muito difícil de ser realizada, porque elas são abrangentes, volumosas e dispersas.
- A definição de objetivos é limitada pelo grau de incerteza e pelas interferências políticas de natureza fisiológica.

Capítulo Sete

- A maioria das decisões concentra-se em objetivos de curto prazo, delimitados pelo mandato governamental, orientadas para os meios, mais do que para os fins, mais para os controles do que para os resultados.

- O orçamento público, embora contendo as prioridades do governo, é baseado também em metas de curto prazo (um ano), mas as suas conseqüências são de longo prazo, o que torna muito complexa a sua administração.

Os órgãos públicos não podem ser geridos como empresas privadas, mas podem estabelecer com elas relações de parceria ou complementaridade, no sentido de viabilizar as crescentes pressões da sociedade por serviços de sua competência ou interesse.

O governo não pode transferir todas as suas atividades para o setor privado, mas há certas atividades que o setor privado faz melhor que o setor público. A privatização é, pois, instrumento de gestão. Não é questão de ideologia. Tanto estão enganados os que defendem a privatização a qualquer custo quanto os que a ela se opõem de maneira radical. A decisão de privatizar é sempre dolorosa, causa medo, porque gera perdas. É necessário identificar quando essas perdas são realmente necessárias, selecionando o quê, quanto, quando e principalmente como privatizar. Desvalorizar o patrimônio sem garantia de resultados é irresponsabilidade.

A decisão de privatizar não é questão gerencial interna, mas política de governo. Cabe ao governo identificar quando a concorrência é saudável e quando é destrutiva e então estabelecer limites adequados. Quando não há concorrência, empresas públicas e privadas são ineficientes, porque é a concorrência que obriga as organizações a se voltar para os clientes.

Outra questão crítica é a dos monopólios. Há uma contradição na ação do governo ao condenar os monopólios privados (cartéis, lei antitruste etc.) e defender tão arduamente os monopólios públicos. Todos os monopólios, sejam eles públicos ou privados, encarnam uma forma de protecionismo, tornam-se perigosos e não devem ser permanentes. Se institucionalizados, são sempre lesivos, porque qualquer monopólio tende a abrigar a ineficiência, a criar corporativismo e a inibir a mudança e a inovação. O monopólio é confortável, seguro e estável. A concorrência expõe as fraquezas institucionais, e, por seleção natural, só escapam os mais fortes.

Outras formas modernas e necessárias de gerenciar as organizações públicas são os contratos de gestão e a terceirização. Esses instrumentos funcionam bem quando proporcionam agilidade decisória e flexibilidade à ação gerencial e podem constituir uma estratégia de atendimento a demandas específicas, sem inchar desnecessariamente a máquina pública. A par disso, sua administração precisa ser competente e cuidadosa para alcançar a necessidade e a qualidade desejada, monitorando os contratos e evitando a influência política, o protecionismo e a manipulação desonesta de concorrências e distribuição de contratos.

7.3 A ADEQUAÇÃO FINALÍSTICA DOS ÓRGÃOS PÚBLICOS

Teoricamente, a administração pública deve atender a todas as demandas de seus usuários. Mas, em função do seu tamanho e complexidade, precisa se estruturar em segmentos específicos. A estrutura fragmentada faz com que cada órgão seja responsabilizado apenas por um pequeno pedaço das necessidades do cidadão. Esse esquartejamento organizacional faz com que a missão do governo seja desfocalizada pelo controle dos meios (recursos, procedimentos e normas). O controle dos meios confere poder e privilégios a certas instituições e pessoas, dando respaldo à politicagem, ao corporativismo e à corrupção.

Mas o problema maior é que as organizações públicas trabalham com finalidades obsoletas, objetivos e metas intangíveis. Essa razão parece ser a causa mais plausível do baixo desempenho nas organizações públicas. Sem objetivos concretos, reais, claros e viáveis, não é possível tomar decisões de qualidade. Na realidade, as tradicionais justificativas para o insucesso administrativo de instituições públicas constituem uma tentativa de transferir para o sistema sociopolítico-institucional a responsabilidade por seus fracassos internos.

É cada vez mais necessário promover o reordenamento das missões dos órgãos públicos, para garantir o cumprimento das funções governamentais de maneira global e integrada, dentro de uma visão global e raciocínio sistêmico. Por outro lado, a resistência dos setores públicos em promover uma avaliação sistemática e objetiva dos seus resultados é flagrante. Raramente se questiona se a orientação seguida pelos decisores é a mais conveniente, se seus resultados estão ajustados às deman-

196 Capítulo Sete

das sociais, se seu processo decisório está articulado à sua finalidade ou mesmo qual é, ou deveria ser, o seu papel no ambiente econômico, político, social e institucional. O que se vê freqüentemente é a tendência a mascarar os próprios insucessos, o que impede a realimentação do processo de aprendizagem na organização, a correção das distorções e a reorientação dos processos que afetam o desempenho organizacional.

Nas empresas privadas, o "mercado" funciona como um instrumento de avaliação automático do desempenho organizacional. No setor público, entretanto, pode-se permanecer no erro indefinidamente, pela justificativa de ações de resultados duvidosos (em vez da avaliação objetiva) e pela manutenção de posições políticas de curto prazo (em vez da construção de um futuro melhor).

As decisões governamentais são tomadas para dar respostas aos problemas da população. Mas, nas sociedades desenvolvidas, nota-se uma tendência cada vez maior de substituí-las por soluções preventivas, capazes de eliminar as causas dos problemas e diminuir os custos financeiros e sociais que trazem, antes mesmo que eles se instalem. Em Tóquio, por exemplo, o planejamento municipal é baseado na previsão de como deverá ser a cidade no século XXI. Essa visão é compartilhada com todos os habitantes da cidade. Para que o governo possa prevenir, é necessário que saiba prever futuros alternativos, estabelecer metas de longo prazo e envolver toda a sociedade nesse processo, criando a visão compartilhada e a percepção do significado dos objetivos desejados. O planejamento feito desse modo amadurece e direciona a comunidade para o alcance de seus desejos, o aproveitamento de oportunidades e a superação de crises, além de diminuir a dependência dos cidadãos perante o governo.

No entanto, o planejamento de longo prazo freqüentemente esbarra em decisões políticas, e o esforço torna-se nulo. O planejamento é uma ferramenta gerencial e, como tal, presume um contexto de racionalidade que não existe na política. Infelizmente, o governo, muitas vezes, deixa-se levar pelas pressões de políticos cuja visão não passa da próxima eleição, subvertendo suas funções no governo a propósitos eleitoreiros.

No Brasil, a inexistência de sistemas de informação confiáveis e a visão distorcida das reais necessidades dos usuários mantêm os órgãos públicos aferrados a uma cultura imediatista e a uma visão fragmentada. Previsão implica comunicação, e o governo tem que envolver toda a sociedade no processo de planejamento. Isso já vem acontecendo, de maneira pontual, em alguns municípios, mas ainda precisa ser estendido a uma escala mais ampla. Os programas da qualidade total, ao forçar os administradores a ouvir os usuários, têm se mostrado eficientes transformadores da cultura imediatista e centralizadora do setor público, assim como cresce, cada vez mais, a consciência de que é preciso:

- buscar *informações fidedignas* para balizar as decisões;
- ter *metas claras* quanto aos *resultados que se desejam obter*;
- *estabelecer indicadores de prioridades* e de alocação de recursos;
- conquistar autonomia para corrigir cursos inadequados com a necessária rapidez.

7.4 O FUNCIONAMENTO DA MÁQUINA PÚBLICA

Em todo o mundo, a burocracia somente funcionou em situações de grande estabilidade ou de grave crise. Mas, mesmo nesses momentos, ela, paradoxalmente, resultou naquilo que o modelo original procurava combater: o formalismo, a corrupção e a arbitrariedade.

No Brasil, tanto os órgãos da administração direta como as estatais operam com normas nem sempre sensatas, talvez sem perceber que o formalismo excessivo é uma característica do subdesenvolvimento.

O gigantismo da máquina pública e o excesso de prescrições tornam essas organizações literalmente inadministráveis. A principal falha do governo hoje tem a ver com os meios e não com os objetivos. A administração central, todo-poderosa e ineficiente, alimenta a sua sede de poder através de controles rígidos, muitas vezes desnecessários e quase sempre desrespeitosos. Impõe normas absurdas e unilaterais a clientes e fornecedores e age como se os impactos de suas ações não fossem percebidos por eles. No entanto, os novos paradigmas prevêem uma administração pública cada vez menos prescritiva, ganhando conotações de orientação e de definição de rumos. A postura burocratizada do gerente público contrapõe-se a uma nova figura: a do dirigente criativo, flexível e ágil, que movimenta recursos com produtividade e rendimento, tem visão de futuro e é capaz de assumir riscos. Gerentes flexíveis exigem estruturas que permitam esse tipo de comportamento. Estruturas fragmentadas bloqueiam as comunicações e a inovação. A democratização, a automação e as tecnologias disponíveis no mundo moderno exigem simplificação, racionalidade e redução de custos. Isso pode provocar a necessidade de extinção de órgãos, redução de estruturas e diminuição do número de funcionários. Há em todo o mundo evidências claras de que as organizações aprenderam a produzir mais com menos pessoal, e a administração pública não está excluída desse contexto, pois os contribuintes passaram a exigir dela maiores e melhores resultados, sem a contrapartida do aumento de impostos.

Todo organismo, quando altera suas funções ou seu tamanho, precisa ser reestruturado. Mas a mudança de estrutura não pode ficar reduzida aos organogramas ou à modernização administrativa. Ela tem de ser muito mais ampla e abrangente. Não há como manter o velho Estado. É preciso repensar o serviço público desde as suas origens, em todos os seus níveis e dimensões.

As tentativas de tornar a administração pública brasileira menos centralizadora, autoritária, formalista e prescritiva trataram dos efeitos sem administrar a causa principal: a dificuldade de abrir mão do poder. A administração pública tolhe a participação e a autonomia. Ao criar ambientes de baixo risco, passa uma mensagem perniciosa de que a decisão e a responsabilidade nunca são do funcionário. Nos novos paradigmas, a tomada de decisões envolve tanto a participação do funcionário (autonomia) quanto do cidadão (consulta).

A autonomia é fundamental na sociedade da informação. Sem ela, a tecnologia da informação perde o sentido. A gerência contemporânea não consegue atuar sem autonomia. A descentralização requer um compromisso sério da alta direção e só funciona se os líderes estiverem dispostos a trabalhar em equipe, o que implica dar aos funcionários permissão para decidir e realizar mudanças ao mesmo tempo em que ganham autoridade para cobrar maior desempenho.

Uma das queixas mais comuns entre os administradores públicos é a ineficiência dos órgãos normativos centrais, atribuindo a essas agências a responsabilidade pelas deficiências do seu próprio desempenho. Mas, muitas entidades da administração indireta, que gozam de autonomia administrativa e financeira, também apresentam fracos índices de desempenho.

A gerência participativa procura melhorar o sistema, em vez de culpar os servidores pelos erros e fracassos, porque sabe que, quando os funcionários não controlam os sistemas pelos quais são responsáveis, não podem ser cobrados pelos resultados. Em contrapartida, exige dos funcionários competência técnica, motivação e comprometimento. Para isso, eles precisam ser recompensados ou punidos, de acordo com a efetiva contribuição que prestam. Infelizmente, nenhuma dessas duas coisas acontece com freqüência. Em muitas organizações públicas as recompensas são para os funcionários que acatam os padrões estabelecidos, quer estes façam sentido ou não. Sem permissão para participar, os funcionários competentes acabam se frustrando ou se acomodando.

Por outro lado, o governo pertence à comunidade e só ela sabe o que é importante para seus membros. A melhor maneira de fazer a administração pública responder às demandas dos seus usuários é deixá-los livres para escolher o que querem. Sistemas voltados para o cliente responsabilizam-se por eles, evitam interferências políticas, estimulam a inovação e o processo decisório coletivo, criando oportunidades de escolha e de igualdade entre as pessoas. Por isso desperdiçam menos e garantem a legitimidade e a imagem institucional positiva. Produtividade e inovação não se impõem. São construídas de baixo para cima, pela participação. A descentralização das decisões é a única alternativa para se lidar com a complexidade crescente das organizações contemporâneas, porque garante a flexibilidade necessária ao atendimento das necessidades dos usuários, a efetividade dos resultados das organizações públicas e a satisfação de seus funcionários.

7.5 O COMPORTAMENTO DOS SERVIDORES PÚBLICOS

É verdade que uma organização reflete o desempenho das pessoas que a incorporam. Mas é igualmente verdade que as pessoas nas organizações públicas não são geridas adequadamente.

O gigantismo do setor público, aliado ao modelo burocrático, favorece a vigência de uma administração de pessoal centralizada e baseada em leis anacrônicas e inflexíveis. Os órgãos públicos, no seu conjunto, constituem o maior agente empregador do país, e o seu contingente de pessoal vem aumentando consideravelmente nos últimos anos. O preenchimento de cargos por critérios políticos privilegia os cargos do mais alto escalão. Por isso, a maior parte dos funcionários situados nos níveis mais altos de remuneração não pertence aos quadros permanentes do serviço público. Muitos funcionários de carreira, mal-remunerados e com baixíssima qualificação, não têm o menor estímulo para produzir, pois os privilégios e as recompensas são outorgados pelas pessoas que detêm o poder (de modo geral ligadas às correntes políticas vigentes) e não como resultado do desempenho efetivo. Por causa disso, as lealdades se deslocam das missões institucionais para a fidelidade às pessoas que distribuem os cargos, impedindo assim que as finalidades da administração pública se concretizem. A prova disso é que o aumento do número de servidores verificado no país nos últimos anos não teve nenhum reflexo significativo na eficiência da máquina pública.

A maioria dos órgãos públicos pauta-se mais pela eficiência do que pela eficácia. Seu problema maior não é a falta de recursos, mas o mau uso que faz deles. Alguns administradores públicos conseguem se mostrar eficientes porque se concentram em resultados de curto prazo, provocando uma falsa imagem de administração adequada, sob a qual muitos sobrevivem em seus cargos. Esse imediatismo pode ser explicado por dois motivos:

1. A descontinuidade administrativa, que obriga os dirigentes a "mostrar resultados" durante o seu mandato (muitas vezes desmanchando o que foi feito na gestão anterior, para evidenciar a exclusividade de seus feitos).

2. A predominância das decisões rotineiras, estruturadas pela burocracia e que garantem a "vida eterna" das instituições públicas.

Este é um ponto crucial: a burocracia garante a permanência dos processos, a imutabilidade das normas, a rigidez das estruturas e a âncora do corporativismo. É notável o grau de modernização por que passaram as empresas brasileiras nos últimos 20 anos, enquanto a administração pública permaneceu praticamente a mesma.

A continuidade da liderança é crítica e fundamental no processo de transformação das organizações públicas, porque ela é a inseminadora dos valores que sustentam a identidade institucional, a patrocinadora das estratégias que direcionam o desenvolvimento. A liderança eficaz absorve os impactos socioeconômicos e políticos, regula as estruturas, inspira as pessoas e toma decisões sábias.

No Brasil, a cada governo que termina mudam os dirigentes, mudam os estilos de liderança, mudam as estratégias, mudam as decisões. Muitas vezes, a intenção manifesta do novo dirigente é não deixar pedra sobre pedra, demolindo, sem análise crítica, tudo o que foi feito pelo antecessor.

A falta de continuidade das políticas públicas conduz o governo a um passo de caranguejo, em que os avanços se anulam pelos retrocessos. A solução do problema passa obviamente pela maior seriedade na escolha dos dirigentes, pelo esforço institucional deliberado de continuação das políticas e programas em andamento (o que exige visão sistêmica, desprendimento do poder e compromisso com o país, acima dos interesses particulares), assim como uma massa crítica de servidores de carreira com motivação e competência técnica para garantir a efetividade desses programas.

Resgatar a dignidade e a importância do funcionário público é o grande desafio. Mais do que o reordenamento das missões e a modernização das estruturas, é no comportamento do servidor que reside a solução para a mudança positiva na administração pública brasileira. A par de uma política de recursos humanos que adote critérios adequados de alocação e remuneração, que valorize o servidor competente e acabe com a ociosidade, os privilégios e a impunidade, é necessário criar novos padrões de liderança, rever os valores vigentes e confrontá-los com a ética dos novos paradigmas.

• CAPÍTULO 8 •

Decisões nas Instituições[1]

8.1 A DIFERENÇA ENTRE ORGANIZAÇÃO E INSTITUIÇÃO

Há uma diferença fundamental entre as organizações criadas com o fim específico de otimizar os meios para cumprir uma tarefa ou realizar objetivos, chamadas organizações instrumentais, e os sistemas organizacionais que encarnam padrões sociais relevantes para a sociedade, chamadas de organizações institucionalizadas, ou simplesmente *instituições*. A maioria das empresas enquadra-se no primeiro grupo, enquanto as grandes corporações, os órgãos públicos, hospitais e universidades geralmente fazem parte do segundo.

As decisões nas organizações instrumentais são consideradas bem-sucedidas quando contribuem para o alcance dos objetivos. São voltadas para a divisão racional e econômica do trabalho e a fluência das estruturas, como forma de incremento à produtividade e ao controle.

As organizações instrumentais são instrumentos perecíveis e descartáveis, válidas enquanto úteis. Nelas, os relacionamentos são impessoais

---

[1]Adaptado de M.J.L. Bretas Pereira. *Mudanças nas instituições*. São Paulo: Nobel, 1988.

Capítulo Oito

QUADRO 8.1 Diferenças entre organização e instituição

Organização	Instituição
Sistema sociotécnico destinado a otimizar meios para alcançar objetivos.	Sistema organizacional com funções sociais consideradas relevantes pela sociedade e pelos seus membros.
Organizações (com fins lucrativos ou não) baseadas na divisão racional e econômica do trabalho.	Organização infundida de valor intrínseco (mística, identidade, caráter).
Instrumento perecível e descartável, voltado para a realização de tarefas, otimização de meios e uso racional de tecnologias, destinados ao alcance de metas estabelecidas.	Organismo vivo, perene, adaptável, receptivo, produto de pressões e necessidades sociais relevantes.

e as lealdades, desejáveis, desde que sejam organizadas e facilitem a tomada de decisão da autoridade. A cooperação é consciente, deliberada e dirigida para os fins propostos. As decisões, nesse caso, focalizam a eficácia dos resultados, com a eficiência dos meios e o uso da tecnologia.

As instituições, ao contrário, são organizações que incorporam normas e valores considerados valiosos para os seus membros e para a sociedade. São organismos vivos, produtos de necessidades e pressões sociais; valorizadas pelos seus membros e pelo ambiente; portadoras de identidade própria; preocupadas não apenas com lucros ou resultados, mas principalmente, com a sua sobrevivência e perenidade. A instituição é guiada por um claro senso de missão.

Nas instituições, as forças e pressões sociais atuam como vetores que moldam o comportamento das pessoas. Concentram toda a sua energia na sobrevivência institucional. Procuram ser eternas, e, mesmo quando se tornam tecnicamente obsoletas, encontram formas de evitar a sua extinção, por meio de uma espécie de fusão dos interesses individuais com os objetivos institucionais, o que as torna um fim em si mesmas, capazes de continuar a existir, mesmo que a sua utilidade se torne discutível. As instituições buscam sua fonte de legitimidade na transação direta com os seus clientes, patrocinadores ou acionistas. A maior parte dessas transações é dirigida para garantir os recursos necessários à sobrevivência e ao desenvolvimento institucionais. As decisões do dia-a-dia são guiadas mais pelo senso de missão compartilhado entre os líderes e os membros do que propriamente pelos resultados programados.

A instituição é imbuída de valor intrínseco, o qual é expresso em conceitos e crenças básicas que formam o núcleo da identidade institucional. Toda instituição desenvolve aspectos culturais muito fortes, uma verdadeira mística que orienta e até mesmo determina o comportamento humano. As pessoas constroem suas vidas em torno delas, identificam-se com elas e tornam-se dependentes delas. As instituições são como úteros: protegem as pessoas, mas tolhem a sua mobilidade além dos limites previstos. Esses limites são fixados pela cultura interna, que assume funções normativas de extrema potência, punindo ou premiando quem age contra ou de acordo com ela. Nesse sentido, as instituições despersonalizam, manipulam e dirigem o comportamento de seus membros. O forte apelo às crenças e valores nas instituições é que lhes confere esse poder normativo.

A estrutura informal, baseada em ligações interpessoais, é tão forte que freqüentemente sobrepuja os aspectos formais. Mas a diferença fundamental entre organização e instituição é a sua organicidade. Isso significa que elas se comportam como um organismo vivo, que nasce, cresce, amadurece, reproduz, envelhece e morre; têm história e identidade próprias e são capazes de inovar e transmitir idéias e valores a outras organizações.

8.2 AS CARACTERÍSTICAS INSTITUCIONAIS

As instituições possuem características próprias que as diferenciam das organizações instrumentais e transparecem nas seguintes variáveis:

- a dimensão temporal ou história da instituição;
- o papel e a dimensão da liderança, que determinam os valores e a cultura institucionais;
- a imagem e valorização externa;
- o comprometimento interno, que identifica o "senso de missão";
- a autonomia para estabelecer programas e alocar recursos;
- as funções e objetivos que moldam a estrutura e a forma institucional;
- o ambiente institucional.

Quadro 8.2 Variáveis institucionais

História
Identidade
Liderança
Imagem
Comprometimento interno
Autonomia
Estrutura
Ambiente

8.2.1 Dimensão Temporal – A História da Instituição

Selznick (1972) afirma que "estudar uma instituição é prestar atenção a sua história e lembrar como ela foi influenciada pelo meio social. Assim, pode-se saber como ela se adapta aos centros de poder existentes na comunidade (em geral de maneira inconsciente), de que camada da sociedade origina-se a sua liderança, de que forma isso afeta as suas políticas e como sua existência se explica ideologicamente".

Considerando que o processo de transformação de uma organização em instituição é extremamente dinâmico, a dimensão temporal assume considerável importância. A história está profundamente relacionada com os estágios que a organização atravessa na sua trajetória para se tornar uma instituição. É ela que identifica os ciclos da vida institucional, evidenciando aqueles fatos ou eventos que, no decorrer do tempo, contribuíram para a formação da cultura, da identidade e do caráter. O estudo da história é, em suma, o retrato da sobrevivência institucional, mostrando que a permanência ou a alteração de suas funções e de sua estrutura, de crises e sucessos não pode ser compreendida sem a verificação dos fatos que lhe deram origem.

A instituição, como qualquer organismo vivo, está limitada a um determinado tempo. Por isso, a história é a variável institucional mais importante, seja qual for a sua idade.

8.2.2 Dimensões da Liderança

A liderança é o elemento crítico no processo de institucionalização. Através das decisões que toma, ela insemina valores, provoca mudanças, catalisa o comprometimento interno e o relacionamento com o ambiente. É a liderança que conduz as transformações no sentido de fazer com que a organização instrumental se transforme numa instituição efetiva. Por isso, enquanto as primeiras necessitam de gerentes para fazer com que seus objetivos sejam cumpridos, as instituições precisam de líderes que lhes garantam a sobrevivência. Existem profundas diferenças no comportamento desses profissionais. Os gerentes dirigem organizações instrumentais, tomam decisões racionais, planejam, coordenam, controlam ações e resultados, são ocupados, disciplinados, e enfrentam os desafios da competição no mercado, produzindo o máximo com o menor esforço e custo.

Os líderes institucionais, ao contrário, costumam ser heróis, idealistas e visionários, que personificam aspirações do grupo, são intuitivos, figuras simbólicas e mágicas, que usam o tempo na busca de um ideal e desafiam ordens na perseguição dos seus valores.

O líder motiva, desperta admiração e, sobretudo, deixa marcas na instituição por várias décadas (DEAL; KENNEDY, 1982).

A gerência moderna carece de líderes porque nenhuma teoria ou técnica administrativa prescinde da ação da liderança na formação do caráter institucional. O verdadeiro líder conhece seus limites, sabe ser duro e insensível quando é preciso para fazer a instituição caminhar na direção correta, mas costuma ser carinhoso e protetor nos momentos de crise.

Selznick identifica três responsabilidades ou compromissos da liderança institucional:

1. *A definição da missão e do papel da instituição*. A fixação de metas é um encargo criativo. Envolve uma profunda reflexão para descobrir os verdadeiros compromissos da organização e como eles foram fixados em decorrência de exigências internas e externas.

   A falha em estabelecer objetivos à luz desses compromissos é traduzida como irresponsabilidade ou incompetência do líder. Os membros do grupo esperam isso dele, e, quando ele demonstra desconhecer essas expectativas, sua imagem fica prejudicada, ele perde prestígio e enfraquece a posição de liderança.

   A decodificação da missão em objetivos claros e realistas faz parte do papel da liderança, pois as demandas ambientais são muitas vezes difusas, precisam ser adaptadas aos recursos disponíveis e à linguagem cultural da instituição. Esse papel da liderança está fortemente relacionado com a rede formal e informal de comunicações. Em muitas organizações, os empregados trabalham como loucos, sem contudo receber *feedback* ou reconhecimento do seu trabalho. Quando não se conhece a contribuição da própria tarefa no alcance dos objetivos globais, perde-se o "senso de missão". Os empregados sentem-se desmotivados, concentram-se mais nos processos do que nos conteúdos e acabam promovendo a ineficiência e a corrupção. É difícil preservar a fidelidade quando não se sabe para onde vai o barco e nem tampouco o que pensa o seu comandante.

Isso explica o sucesso dos programas formais de planejamento estratégico ou de administração por objetivos. Na realidade, o mérito maior desses processos é a elaboração conjunta (chefes e subordinados) das metas, recursos e estratégias a serem adotados por toda organização.

2. *A encarnação institucional da finalidade.* Também é um encargo criativo. Significa moldar o caráter da organização, guiando-a para formas de pensar e reagir de maneira que uma crescente confiança na execução e elaboração de políticas seja conquistada de acordo com seu espírito e suas leis.

As instituições reconhecem e premiam o comportamento das pessoas que agem de acordo com as normas e a cultura e esperam de seus líderes um comprometimento heróico e uma dedicação quase fanática aos objetivos institucionais.

Os dirigentes de uma instituição não são livres para administrá-la baseados na sua própria vontade. Suas decisões são limitadas por variáveis externas e internas. Entre as variáveis internas, a cultura tem um importante significado. Administrar contra a cultura é nadar contra a corrente. Esse é um problema comum nas organizações públicas, quando os chefes são indicados por critérios políticos e desconhecem a realidade institucional. Acontece, também, com freqüência nas empresas familiares, quando elas se defrontam com a necessidade de introduzir uma gerência profissional. Por outro lado, isso pode ser saudável e até mesmo necessário quando a institucionalidade se torna disfuncional (superinstituição). Criar novos valores para substituir os velhos e agregar pessoas em torno deles (massa crítica) é a única solução viável nesse caso. Mas, nem por isso, deixa de provocar grandes sofrimentos, desgastes e traumas.

De qualquer modo, se o líder não assimila, compreende e encarna as finalidades da instituição, jamais terá condições de dirigi-la para o sucesso.

3. *A defesa da integridade institucional.* "A liderança falha quando se concentra na mera sobrevivência institucional. A integridade organizacional é vulnerável quando os valores são tênues e inseguros. Esta é uma das mais importantes e das mais incompreendidas funções da liderança" (SELZNICK, 1972).

Os líderes institucionais são aqueles que protegem os valores e a integridade institucional, acima de seus próprios valores e de sua própria identidade. Eles estabelecem limites nos momentos de mudança, criam padrões de desempenho, dão exemplos de confiança e persistência aos subordinados, despertando-lhes o senso de responsabilidade pelo sucesso da instituição. São corporativistas e usam o *esprit de corps* para administrar os conflitos internos. A existência de interesses divergentes exige a atuação da liderança para obter o consentimento e a cooperação entre os vários subgrupos, mantendo o equilíbrio de poder apropriado ao alcance dos compromissos assumidos.

Líderes institucionais têm os negócios no coração e o coração nos negócios, e esses laços afetivos fazem com que sejam mais tolerantes com os erros e mais generosos no sucesso. São imbuídos do sentido de missão e guiados pela visão estratégica. Representam a instituição no ambiente e permanecem como símbolos na história institucional mesmo depois de seu afastamento ou da própria morte. Transformam-se em mitos e encarnam os principais personagens de histórias de organizações que expressam filosofias gerenciais, formas de controle, prescrições, estilos de vida, fatos pitorescos, fofocas e lendas. É por isso que a história das instituições é a história de seus líderes.

8.2.3 Valorização Externa

A valorização externa da instituição pode ser identificada pela evidência do suporte dado a ela por seus clientes e pelas outras organizações com as quais se relaciona. Também deve ser considerada a evidência de proteção especial do governo, de patrocinadores, ou a garantia de monopólio legal. A imagem favorável garante legitimidade, credibilidade e poder de barganha à instituição.

8.2.4 Comprometimento Interno

É a expressão visível do "senso de missão". As instituições desenvolvem uma filosofia de trabalho própria, que perpassa a cultura organizacional como um todo e é amplamente compartilhada entre os membros e a liderança. Os funcionários sentem-se orgulhosos de pertencer a uma organização tão especial e consideram uma vitória pessoal o bom desempenho institucional. Sentem-se parte dela. As pessoas que personificam os valores e encarnam os modelos de atuação internalizados pelos empregados transformam-se em heróis. Todas as instituições têm seus heróis: pessoas que são conhecidas por todos, que têm seguidores, que integram o repertório de histórias de organização. De modo geral estão ligados a um papel de liderança (técnica, formal ou afetiva).

Algumas instituições valorizam e privilegiam certas classes de profissionais, geralmente aqueles relacionados com a atividade-fim. Dessa forma, uma instituição de saúde valoriza os médicos; os órgãos rodoviários, os engenheiros; o sistema judiciário, os advogados; as escolas, os professores etc. A formação de castas, nesses casos, costuma ser evidente, a ponto de a classe privilegiada substituir profissionais de outras áreas reconhecidas e legalizadas, como a administração de recursos humanos, a área financeira ou o processamento de dados.

Os padrões culturais de uma instituição prescrevem o que deve e o que não deve ser feito e condicionam as percepções e a tomada de decisão dos dirigentes.

O comprometimento e o senso de missão fazem com que as pessoas se sintam bem fazendo o seu trabalho. Por isso, as instituições são produtivas. Os empregados sabem o que se espera deles e não desperdiçam tempo decidindo o que fazer em cada situação. Políticas organizacionais claras, com valores expressos e disseminados pelas lideranças, detêm um forte apelo cultural porque prescrevem os padrões de comportamento estabelecidos para as decisões repetitivas.

A rede informal de comunicações constitui o canal por excelência dos valores e crenças institucionais. É por isso que piadas, histórias, caricaturas, fofocas, espionagens, arranjos, manipulações, subornos, pressões e cabalas formam uma vigorosa rede de poder nas instituições.

8.2.5 Função e Estrutura

O impulso de sobrevivência das instituições faz com que elas procurem expandir cada vez mais as suas fronteiras, extrapolando muitas vezes a sua função original. O distanciamento entre os objetivos e a estrutura é bem visível em instituições decadentes, que, para garantir a sua sobrevivência, se apegam cada vez mais aos processos do que aos conteúdos.

Esse fenômeno explica por que as organizações públicas jamais são extintas. Elas se apegam a objetivos obsoletos, a procedimentos tolos para proteger as suas estruturas, criando uma falsa ilusão de poder e utilidade, pois, na realidade, é a relevância da função que garante a legitimidade institucional e determina suas reais condições de permanência num ambiente hostil.

As instituições tendem a se transformar em grandes estruturas burocráticas, através do fenômeno identificado por Max Weber (1963) como "rotinização do carisma". Isso ocorre quando um grupo social ligado pela devoção a um líder carismático converte-se numa burocracia como forma de perpetuar as suas idéias ou seus produtos.

Em função disso, as instituições passam a se sustentar em normas e estruturas rígidas, estabelecem formas e padrões de comportamento a serem seguidos, criam rituais e cerimônias, tornam-se processualistas e, muitas vezes, falham nos aspectos substantivos, porque os processos não foram seguidos à risca.

Por outro lado, esses rituais constituem fontes de integração e redução dos conflitos internos. Estratificam relações, dão segurança, unem as pessoas, permitem o desenvolvimento das relações interpessoais e propiciam inovações. Sem eventos expressivos (prescrições, normas, modos de vestir e de tratar as pessoas, comemorações, jantares, "hora do cafezinho", clubes, reuniões), a cultura morre e os valores não produzem impactos.

A estrutura organizacional contém rotinas programadas e sistemáticas – que os empregados devem seguir – e o tipo de comportamento que se espera deles. Expressa, também, as relações de poder formal e informal existentes na instituição. Por causa disso, transformam-se em hábitos arraigados e constituem um dos principais fatores de resistência às mudanças.

8.2.6 O Ambiente Institucional

Deve ser considerado a metade indivisível da instituição, uma vez que a institucionalização plena é marcada por um relacionamento simbiótico com o ambiente, que pode ser classificado em duas dimensões distintas: o ambiente operacional e o ambiente geral.

O ambiente operacional é composto por órgãos ou públicos relevantes que se relacionam diretamente com a instituição, para apoiá-la no alcance de suas funções ou para competir com ela. As transações que a organização efetua com o seu ambiente operacional são chamadas de *elos de ligação* (ESMAN, 1972) e classificadas da seguinte forma:

- *Facilitadores* – que possuem poder para viabilizar ou impedir o desempenho da instituição.
- *Normativos* – estabelecidos com outras organizações que ditam ou incorporam normas relacionadas com a área de atuação institucional. As transações normativas podem ser competitivas ou de colaboração.
- *Funcionais* – com organizações que geram funções e serviços (*inputs*) ou que são usuárias de seus produtos (*outputs*).
- *Latentes ou difusos* – que têm potencial para ser enquadrados em qualquer dos outros itens, mas que ainda não estão claramente definidos ou explícitos.

Essas transações propiciam a troca de bens e serviços, além da permuta de poder e influência com o meio ambiente. Têm quatro objetivos:

1. Obter apoio do ambiente, criando condições favoráveis para a garantia da sobrevivência institucional.
2. Intercambiar recursos.
3. Estruturar e controlar o meio ambiente, para criar complementaridade, gerando ou provocando mudanças nas organizações com as quais a instituição se relaciona.
4. Transferir normas e valores, introduzindo novos relacionamentos e novos padrões de comportamento em outros grupos e organizações.

A instituição mantém com o seu ambiente geral um relacionamento mais difuso, mas nem por isso menos complexo. Ela sofre os efeitos das mutações tecnológicas, das condições socioeconômicas e políticas; reage a elas e, muitas vezes, tenta influenciá-las.

Nas suas transações com o ambiente, as instituições mantêm três tipos de relacionamento:

a. de *dominação* – quando ditam normas e fornecem recursos para outras organizações;

b. de *dependência* – quando recebem influências e diretrizes de outras instituições;

c. de *interdependência* – quando estabelecem relações de troca múltiplas e variadas, como fornecedoras de normas e recursos ou receptoras de demandas e influências.

A relação de interdependência é a mais complexa e conflitiva, embora seja também a mais comum e a mais profícua. Esse aparente paradoxo se explica pelo fato de as instituições serem ao mesmo tempo um sistema autônomo, que interage e depende de um sistema maior.

A zona de fronteira entre os sistemas contém sempre um potencial de conflito, porque a instituição, como todos os sistemas sociais, é um *"holon"*, sendo ao mesmo tempo um todo (autônoma) e uma parte (dependente) (veja Capítulo 3). As relações entre o todo e as partes são sempre eivadas de ambigüidade. Em primeiro lugar, o todo é hegemônico sobre as partes, e, sob esse ponto de vista, a autonomia institucional é sempre relativa porque depende do seu ambiente maior. Em segundo lugar, o natural impulso dos sistemas vivos faz com que eles dediquem a maior parte de suas energias e recursos a essa tautológica necessidade de permanência. As incertezas ambientais, aliadas à tendência dos sistemas para a desagregação, tornam as instituições frágeis, relativas, mortais e

FIGURA 8.1 Modelo de desenvolvimento institucional.
(Fonte: Esman, M. The elements of institution building, 1972.)

ao mesmo tempo evolutivas e construtivas. Em terceiro lugar, a percepção do todo sobre as partes é completamente diferente da percepção das partes sobre o todo.

Isso explica a relatividade do comportamento e do desempenho institucional, que apresenta diferenças significativas de acordo com o grau de institucionalidade existente.

8.3 O GRAU DE INSTITUCIONALIZAÇÃO

As organizações instrumentais procuram antes de tudo cumprir os objetivos para os quais foram criadas, e desenvolvem deliberada flexibilidade para atender às demandas ambientais. Algumas instituições também procuram se adaptar às exigências do ambiente sem contudo perder a identidade. Preservam a essência dos valores e mudam apenas nos aspectos acidentais. Transformam-se e evoluem, sem perder o caráter. Muitas delas, porém, com o passar do tempo, tornam-se superinstitucionalizadas. Enrijecem-se, tornam-se duras e insensíveis. Apegam-se a programas, prioridades e valores que foram bem-sucedidos no passado. Bjur (1977) adverte para as conseqüências negativas de um exagerado grau de institucionalização. As superinstituições sufocam a participação de seus membros, trazendo como conseqüência a repressão e a centralização.

Trata-se em geral de organizações que conseguiram sobreviver às mudanças de uma geração inteira de líderes e clientes. Resolveram todas as suas necessidades de reconhecimento e legitimidade, não necessitando preocupar-se com a inexistência de recursos ou a perda de prestígio. Têm não somente seus recursos assegurados pela sociedade como condições de puni-la direta ou indiretamente quando não recebem a desejada colaboração.

Depois de terem passado por várias mudanças na sua direção, administradas por profissionais de elevada competência gerencial, aceitos inquestionavelmente pelos seus membros e pela comunidade, aceitam os clientes que lhes convêm, recusando aqueles que não estão de acordo com suas normas ou padrões.

Essas organizações atribuem a si próprias a tarefa de definir normas e padrões na sua área de atuação, consideram-se as legítimas representantes das idéias do seu grupo. Respondem reacionariamente às demandas sociais quando elas afetam a sua estrutura de poder. Sua atitude básica passa a ser de proteção à sua identidade, e qualquer proposta de mudança é vista como uma ameaça aos seus próprios interesses. Para preservar a sua posição privilegiada, muitas vezes forçam o ambiente a seguir seus propósitos e valores.

Usam a sua autonomia e controle político para ignorar o mercado, os cidadãos, as pressões legais. Julgam-se tão valorizadas pela sociedade que ousam se comportar de maneira contrária às normas e diretrizes que traçam para os outros. Desdenham as políticas governamentais que as afetam diretamente e prezam exageradamente a sua habilidade de possuir formas próprias de administração. Não gostam de prestar contas de seus atos a ninguém. Lutam para preservar essa independência a todo custo e pelo maior tempo possível. Não admitem a subordinação às normas vigentes e consideram-se privilegiadas, procurando ser tratadas de maneira especial.

O custo potencial desse comportamento é muito alto, por causa da dificuldade de se reverter o grau de institucionalização.

Bjur descreve as características das organizações superinstitucionalizadas e as compara, no Quadro 8.3, com as organizações instrumentais (subinstitucionalizadas) e as organizações plenamente institucionalizadas.

8.4 MUDANÇAS NATURAIS NAS INSTITUIÇÕES – CICLOS DE VIDA E PASSAGENS

As instituições surgem de duas maneiras:

1. Algumas são criadas deliberadamente com uma finalidade normativa ou missão reconhecida e valorizada pela sociedade.
2. Outras nascem como organizações instrumentais e se transformam lenta e gradualmente em instituições, por meio de um processo chamado de institucionalização organizacional ou desenvolvimento institucional.

O processo institucional inicia-se, normalmente, com a formação de grupos em que predominam a identidade de interesses e a consciência de participação; o grupo social com objetivos utilitários e valores compartilhados transforma-se em associação; a associação, quando assume

216   Capítulo Oito

QUADRO 8.3 Institucionalização das organizações – o modelo de Wesley E. Bjur

Grau Características	Subinstitucionalização	Institucionalização plena	Superinstitucionalização
1. Cronologia (tempo de duração)	Menos de 8-10 anos de existência	Mais de 10 anos de existência	Acima de uma geração de existência
2. Recursos	Intensas dificuldades para a obtenção e renovação de recursos; recursos não-garantidos	Recursos garantidos para a venda de produtos, serviços ou atividades	Recursos assegurados; despreza os que não lhe prestam colaboração
3. Liderança	Sob a dependência de uma liderança carismática	Liderança caracterizada pela competência técnica e pela aceitação institucional	Liderança caracterizada pela experiência e competência profissionais; altamente legitimada a prestigiada pela sociedade
4. Relações com a clientela e usuários	Intensa atividade para cativar clientes e assegurar a prestação dos serviços, atividades ou a colocação de produtos	Clientela assegurada e suficientemente atendida	Clientela selecionada e atendida segundo padrões e normas peculiares a ela ou segundo as conveniências
5. Valores objetivos	Representa um novo valor ou posição no mercado ou sociedade; ainda não completamente aceito ou legitimado	Vista, aceita e legitimada como autêntica em função de seus valores e objetivos	Vê-se a si mesma como a principal ditadora dos valores que representa
6. Ambiente	Muito aberta aos clientes; é moldada em função das variáveis externas	Capaz de mudar; enfrenta desafios; apta a desenvolver novos objetivos ou valores, os quais tem condições de fazer aceitar e legitimar	Reacionária; age para preservar os privilégios de sua posição; resiste às mudanças

(Fonte: Wesley E. Bjur. *Winning defeat from success:* the dangers at over-institucionalization. Los Angeles, USC, 1977 [mimeogr.])

compromissos e objetivos relevantes para a sociedade ou para o mercado, torna-se o embrião natural da instituição.

Os órgãos públicos com funções normativas ou centrais, as empresas *holding* e as agências do governo que exercem atribuições de planejamento e controle já nascem destinados a ser instituições. Desde o momento de sua criação, possuem objetivos considerados relevantes, recebendo poderes especiais para criar e implementar normas, difundir inovações, estruturar e controlar o seu ambiente.

Existem ainda poucos estudos a respeito da forma pela qual as organizações se transformam em instituições. Geralmente isso acontece quando elas conseguem manter a sua integridade sem deixar de atender às exigências externas, mesmo quando sofrem a influência de forças oriundas das transformações sociais que se processam no ambiente.

Toda organização traz em si o germe da institucionalização, mas em algumas delas isso ocorre de maneira espontânea, fora dos parâmetros da consciência e da racionalidade. Em outras, o desenvolvimento institucional se faz de forma deliberada e planejada. Nesse caso, o processo de institucionalização é utilizado como estratégia para o alcance de objetivos específicos, como a disseminação de idéias, a difusão de inovações e a adoção de novas tecnologias.

Entretanto, é preciso lembrar que a institucionalização não é desejável por si mesma; as instituições não são "melhores" do que as organizações. São formas diferentes, e ambas têm suas vantagens e desvantagens.

A transformação de uma organização instrumental em instituição é um processo dinâmico e complexo, que acontece através do tempo e que passa por estágios ou fases bem-definidos, observados através da sua história.

8.4.1 Fases do Desenvolvimento Institucional

Não existe, obrigatoriamente, uma correlação direta entre a idade organizacional e o processo de institucionalização.

Há organizações instrumentais idosas e instituições que se formam em poucos anos. Mas o desenvolvimento institucional acontece claramente numa dimensão temporal e histórica, na qual podem ser observados três estágios, ou fases, qualitativamente diferenciados:

- Estágio inicial ou carismático;

218   Capítulo Oito

- Estágio transicional ou de profissionalização;
- Estágio de legitimação ou de institucionalização.

8.4.1.1 Estágio inicial ou carismático

A evidência de uma liderança carismática, no início da vida organizacional, explica-se por duas razões:

- O impulso criativo de alguém que detém idéias ou valores compartilhados com um grupo, o que propicia o surgimento de uma atividade ou produto.
- A escassez de recursos, comum no início de qualquer empreendimento, o que faz com que nessa fase as recompensas não-materiais constituam a maior fonte de motivação para os empregados. Por causa do fenômeno carismático, as pessoas acham que a organização lhes oferece mais do que dão a ela, mesmo que esses critérios de troca de benefícios sejam subjetivos ou simbólicos.

Etimologicamente, carisma significa "dom da graça", mas o termo é usado corretamente para caracterizar líderes naturais, que inspiram admiração e devotamento pela adoção da mesma ideologia e compartilhamento de entusiasmo comum.

A liderança carismática baseia-se essencialmente no relacionamento direto e interpessoal. Max Weber explica o nascimento das organizações sociais pela presença de um líder carismático que encarna as aspirações de um grupo e pretende perpetuar suas idéias. O líder é, pois, o inseminador das instituições.

8.4.1.2 Estágio transicional ou de profissionalização

Qualquer organização é criada com a finalidade deliberada de cumprir determinadas funções. Ao longo do tempo, a mágica do carisma que fez nascer a organização precisa ser substituída pela competência profissional das lideranças, porque essa é a única forma de garantir e otimizar os recursos necessários à sobrevivência.

Para o grupo interno, a competência profissional do líder adquire o significado adicional de garantir o cumprimento dos objetivos organizacionais e disciplinar o comportamento de seus membros, pela imagem de profissional honesto e tecnicamente competente. Isso é válido tanto para as empresas e órgãos públicos quanto para a sociedade em larga escala.

8.4.1.3 Estágio de legitimação e institucionalização

Todas as organizações têm um impulso natural para a sobrevivência e o crescimento, e por isso o estágio de institucionalização é marcado por três características:

1. Autopreservação.
2. Expansão de sua área institucional e funcional.
3. Conquista da autonomia.

Há uma relação estreita entre valor e autopreservação porque ambos decorrem da cultura organizacional, ou seja, das maneiras de agir e de acreditar que tornam uma organização ímpar, única.

O caráter ou a identidade é a marca que diferencia uma instituição de todas as outras. Somente ao tornar-se infundida de valor, a organização adquire uma identidade. A identidade é a encarnação visível da infusão de valor, que aparece como:

- um *produto histórico*, ou seja, um reflexo do comportamento institucional através do tempo;
- um *produto organizado*, que opera através de uma estrutura ou de um conjunto de relações formais;
- um *produto funcional*, que transparece na relevância de suas funções e na legitimidade que o ambiente lhe confere para continuar desenvolvendo seus produtos.

Uma das formas utilizadas pelas instituições para conquistar a legitimidade e garantir a sobrevivência é a ampliação cada vez maior de seu limite de atuação, também chamado de área institucional. Quanto maior é o âmbito de atuação de uma instituição, mais ela consegue estabelecer relações de dominação ou de interdependência com outros sistemas. Por isso, as instituições tendem a expandir-se, formando alianças e construindo redes de influências, normas e valores sobre os quais ela mantém poder e controle político.

Esse fenômeno é bem conhecido na administração pública brasileira. A expansão exagerada do número de organizações públicas, com objetivos paralelos ou conflitantes, faz com que elas, no afã de sobreviver a qualquer custo, pulverizem suas áreas de atuação institucional, ensejando competição, falta de coordenação e duplicidade de funções. Embora as organizações públicas não desapareçam, a diluição de poderes transforma cada uma delas em instituições preocupadas apenas em preservar ganhos puramente materiais e financeiros para seus servidores, o que torna o setor público como um todo ineficiente, reativo, resistente e autoprotetor.

Outro fator importante nesse estágio é a *busca de autonomia*. Nenhuma organização consegue sobreviver sem demonstrar que seus serviços ou produtos são valiosos e indispensáveis para o ambiente que lhe fornece recursos e, dessa maneira, a mantém viva. A captação de recursos e autonomia para usá-los no desempenho de suas funções é, particularmente, crítica para as instituições, porque determina a sobrevivência institucional ao longo do tempo. Isso não significa que as instituições devam gastar todas as suas energias internas na geração de recursos. Ao contrário, elas devem se preocupar muito mais com o cumprimento de suas funções, porque estas constituem o núcleo da identidade e da sobrevivência institucionais. A força carismática, a competência da liderança, a relevância da missão, todavia, não substituem a necessidade de autonomia. A profissionalização da liderança confere à instituição o direito de reclamar por recursos (dinheiro, tempo, pessoas, tecnologias), o que a coloca em posição favorável perante suas congêneres.

A administração pública brasileira serve, novamente, como exemplo para demonstrar que a excessiva centralização de normas e recursos retirou a capacidade institucional de vários órgãos, que se viram subitamente impedidos de executar suas funções, porque foram castrados na autonomia para definir programas, alocar recursos financeiros e administrar seus recursos humanos. Essas entidades, embora tivessem uma função social relevante e ostentassem, muitas vezes, um passado de gloriosa prestação de serviços, foram reduzidas a um grupo de pessoas amargas, desmotivadas, espectadoras da lenta deterioração de um aparato institucional inócuo, inepto, ocioso, muitas vezes corrupto e, quase sempre, em forte estado de deterioração.

8.5 MUDANÇAS PLANEJADAS NAS INSTITUIÇÕES

Para sobreviver na atual conjuntura, qualquer organização, pública ou privada, precisa atender às expectativas:

- dos seus usuários ou clientes;
- dos acionistas patrocinadores ou financiadores; e
- dos seus empregados.

À primeira vista isso parece simples, mas na prática reveste-se de grande complexidade porque depende de um conjunto de decisões que são tomadas por múltiplos atores, com objetivos diferentes e muitas vezes conflitivos. Para complicar a situação, isso acontece em um momento em que somos bombardeados por violentas e rápidas transformações nos conhecimentos, nas tecnologias, nas comunicações, na economia e nos comportamentos das pessoas. Compete aos dirigentes viabilizar essa teia de relações. E eles precisam estar conscientes de tudo isso para conseguir implementar as mudanças necessárias.

Qualquer pessoa, grupo ou organização sente-se ameaçado quando se defronta com a necessidade de mudanças profundas. Mais do que resistentes, as instituições ficam literalmente apavoradas quando se sentem na iminência de enfrentar um processo de mudança.

Quando a incorporação de uma mudança não pode ser evitada, ignorada ou contida, a instituição tende a adotar o mínimo de mudança possível, visando mascarar ou neutralizar as mudanças essenciais. A característica comum a todos esses mecanismos é o mínimo compromisso com a mudança. E em todos eles a estabilidade institucional fica resguardada, porque há um fluxo contínuo de energia enxertado na instituição visando à manutenção do *status quo*.

8.5.1 Como as Instituições Reagem às Mudanças

A perda da estabilidade nas instituições está intimamente associada à perda de valores, ou seja, ao conjunto ideológico em que se ancora a sua identidade. As organizações institucionalizadas trazem dentro de si uma idéia de permanência, de imutabilidade, que constitui o cerne de sua capacidade de possuir e de infundir normas e valores. E, no momento em que ela incorpora o objetivo de ser eterna, não está mais interessada em inovações, uma vez que a idéia de imortalidade é virtualmente antitética à idéia de mudança.

Entretanto, assim como os indivíduos, as instituições enfrentam momentos de crise que obrigam os elementos vitais do sistema a se transformar. Um exemplo dessas crises é a transição entre os vários estágios de vida. No indivíduo, a entrada para a escola, a puberdade, o primeiro emprego, o casamento, a menopausa, a aposentadoria, caracterizam-se como períodos de tensões, muitas vezes traumáticos, porque, neles, alguns dos aspectos centrais do ego são postos em questão, fazendo com que áreas estáveis se tornem instáveis.

As instituições transitam igualmente por áreas de incerteza quando passam de um estágio de vida para outro. Mas, nelas, a mudança provoca rupturas traumáticas, porque a aquisição e a manutenção da estabilidade são vitais para a sobrevivência institucional. Em todos os domínios da experiência, a transformação de um sistema implica a passagem por áreas de incerteza. O grau de ameaça da mudança depende de sua conexão com a identidade. E, para se livrarem dessa ameaça, as organizações adotam mecanismos de compensação interna destinados a recompor o equilíbrio perdido. Esses mecanismos se manifestam de várias formas: um deles é a negação das mudanças, que transparece na atitude de passividade e inércia, acomodação, ou mesmo na crença infundada numa estabilidade que não existe mais. A crença na estabilidade é forte e profunda na natureza humana, porque protege o ego contra os efeitos lesivos da incerteza. Outro mecanismo compensatório consiste em manter o equilíbrio do sistema, alternando períodos de estabilidade com períodos de inovação; ou compensando as transformações ocorridas em algumas áreas com a estabilidade mantida em outras. Em alguns casos, a mudança é concentrada em aspectos poucos relevantes do sistema, e usa-se a mudança acidental como uma forma de evitar a mudança essencial, fazendo com que o sistema permaneça o mesmo sob uma ilusória capa de inovação.

Quando a mudança não pode ser totalmente afastada, as instituições adotam reações inconscientes e às vezes até contraditórias na sua luta para permanecer as mesmas. Elas costumam evitar o confronto direto com o desafio de mudança, tratando de escondê-lo ou de distorcê-lo por meio de mecanismos tais como:

- *Retorno* – desejo de voltar a um passado de estabilidade perdida, como reação a um presente intolerável.
- *Revolta* – desejo incontrolado e impulsivo de modificar o estado de instabilidade.
- *Fuga* – crença em que o estado estável não foi alterado, em um processo de percepção seletiva.

- *Contenção ou isolamento* das áreas que não puderam se manter estáveis como forma de minimizar a influência ameaçadora da mudança.
- *Cooptação* – processo pelo qual a instituição catalisa a ação de agentes de mudança, difundindo, diluindo ou dirigindo para os seus próprios fins as energias que deveriam ser canalizadas para a mudança.

Quadro 8.4 Como as instituições reagem às mudanças

| Negação |
| Retorno |
| Revolta |
| Fuga |
| Mascaramento |
| Contenção ou isolamento |
| Cooptação |
| Conservadorismo dinâmico |
| Auto-reforma voluntária |

8.5.2 Estratégias de Mudança nas Instituições

Segundo Bjur e Caiden (1977), nenhuma generalização pode ser feita ao se planejarem mudanças institucionais porque normalmente uma organização institucionalizada se nega a enfrentar qualquer processo de mudança. Somente quando se sente ameaçada na sua sobrevivência é que se dispõe a incorporar mudanças. No momento em que reconhece a necessidade de manter ou aumentar a sua legitimidade, implicitamente admite a sua vulnerabilidade. E isso é insuportável para as instituições.

A aquisição da legitimidade é um laborioso e lento processo que requer uma continua evidência de que a organização está prestando um bom serviço à comunidade, de que é indispensável e inatacável. Ela tem que se cuidar para que a sua boa imagem seja mantida, e isso é particularmente doloroso, principalmente naquelas velhas e venerandas instituições que se sentaram sobre os louros, tornando-se cada vez menos produtivas, menos eficientes, menos receptivas às mudanças, mas, ao mesmo tempo, profundamente interessadas na perpetuação de sua liderança, das suas elites e do seu privilégio institucional.

Às vezes, é melhor deixar morrer uma velha instituição do que tentar mudá-la, porque, se os seus membros não quiserem ou não acreditarem na mudança, os custos serão multiplicados em todos os sentidos. Se o investimento (tempo, dinheiro, energia humana) não for compatível com a mudança projetada, acabará sendo totalmente desperdiçado. Por isso, muitas mudanças não são sequer tentadas ou são abandonadas antes de produzir resultados.

Para os indivíduos que estão dentro do sistema, a compreensão desses fenômenos não é muito clara. O comprometimento dos indivíduos com a instituição provoca o dispêndio de uma quantidade enorme de energia não-produtiva na manutenção do *status quo*. Esse jogo dura, às vezes, um longo período de tempo. Isso provoca incerteza e angústia e corrói as bases da identidade individual.

Por outro lado, existe um pressuposto de que todos os funcionários – trabalhem eles em organizações instrumentais ou em instituições – temem perder o emprego, fator agravado pela crescente substituição do emprego pelo empresariamento ou pelo trabalho autônomo.

Parece que eles se sentem inseguros, temerosos de não conseguir novos empregos com as mesmas condições e privilégios. As pessoas não gostam de perceber que a doação de uma parte da vida devotada à instituição foi em vão. Por isso, não é surpresa que reajam tão violentamente às críticas e às mudanças.

Ora, o poder das instituições sobre os indivíduos é irrefutável, uma vez que, ao tentar modelar valores e comportamentos, elas passam a determinar, em grande parte, as atitudes mentais de seus participantes, estabelecendo assim condições para o exercício da obediência e da docilidade e, junto com ele, o da racionalidade na sociedade humana. O comprometimento gerado pelo poder institucional provê os seus membros não apenas de fontes de vida, proteção contra ameaças externas, promessas de segurança econômica, mas também de um arcabouço teórico, de valores e de tecnologias que lhes proporcionam um alto senso de orgulho e segurança (WOLIN, 1966).

O apelo à institucionalização constitui um desejo natural dos seres humanos de serem autônomos, capazes de definir a sua identidade, tanto pessoal como coletiva. A identidade organizacional e o orgulho de pertencer a ela constituem um forte agente motivador dentro do grupo.

As ameaças às instituições afetam também a sua ideologia, o seu conjunto de valores, a sua cultura. A simples introdução de uma nova tecnologia ou procedimento (a informatização, por exemplo) pode causar grande ansiedade porque altera os rituais estabelecidos. Mesmo quando são tomadas providências para neutralizar a força da cultura antiga, a introdução da inovação continua difícil. Muitos administradores subestimam a força da cultura institucional – por isso somente conseguem implantar mudanças superficiais, que, quando menos se espera, sucumbem aos apelos dos valores antigos. As instituições mudam os objetivos, mas não perdem a identidade, porque, se o núcleo da identidade for atingido, a instituição morre. Muitas experiências de mudança institucional fracassaram porque não conseguiram provocar impactos significativos na cultura institucional, o que implicaria novas crenças, novos comportamentos e, sobretudo, novas lideranças.

As organizações institucionalizadas concordam em adotar processos de autocorreção quando:

- a legitimidade da missão institucional é questionada;
- seus valores são abertamente desafiados, gerando a necessidade de autojustificativa;
- seu *status* e sua posição perante os clientes são sacudidos por revelações de escândalo, corrupção, fraude ou abuso de autoridade;
- seu monopólio é invadido por órgãos competidores;
- o ambiente é altamente mutante e a sobrevivência institucional exige adaptações inadiáveis;
- o desempenho funcional está muito baixo;
- precisa ampliar-se, encolher, fundir ou diversificar;
- cresceu depressa demais e necessita de adaptações corretivas.

Quando uma instituição decide auto-reformar-se voluntariamente, os resultados das mudanças costumam ser amplamente reconhecidos e aclamados e, até mesmo, recompensados com a ampliação de sua área de atuação, com funções e atividades adicionais. Mas a confiança na capacidade da instituição de acionar seus próprios mecanismos de mudança é insuficiente. As organizações institucionalizadas costumam mascarar os fatos. Algumas chegam a falsificar informações. Costumam intimidar seus críticos. Podem até mesmo subornar líderes políticos e afrontar as pressões do ambiente. Elas manipulam todos os tipos de desculpas e

226 Capítulo Oito

racionalizações para esconder do público as suas ações. Por outro lado, a perda da institucionalidade é um processo doloroso, mas que só costuma ser percebido quando a ineficiência e a perda da credibilidade já chegaram a um nível muito crítico. A erosão da confiança dos clientes numa organização institucionalizada pode levá-la a rever seus valores e procedimentos, tendo em vista a restauração da confiabilidade perdida.

A mudança nas instituições tem caráter político, e não administrativo. Por isso, a maior parte dos modelos de mudança organizacional não se aplica a elas, pois elas precisam ser consideradas isoladamente, cada uma com suas características próprias. A partir daí, deve ser planejado o processo de transformação, o qual pode, inclusive, tomar formas diferentes, em períodos de tempo também diferenciados.

Para implementar mudanças nas instituições, recomendam-se as seguintes estratégias específicas:

1. Identificar e formar um grupo de pessoas (massa crítica) sensíveis e motivadas para o processo de mudança. Embora o consenso seja virtualmente impossível nesses casos (todo plano tem oponentes), o comprometimento de pessoas-chave (líderes, heróis, disseminadores de informações) define os rumos da mudança.

2. A comunicação eficaz das fases, procedimentos e resultados parciais obtidos durante o processo é fundamental para que se alcancem os objetivos desejados. A rede informal de comunicações deve ser considerada, pois, de maneira programada ou não, ela cumprirá seu papel. A comunicação adequada envolve o reconhecimento de ameaças reais do ambiente à sobrevivência institucional e à segurança da transição. O medo de perder o emprego, o cargo ou o *status* adquirido é angustiante para todas as pessoas e afeta a dinâmica do processo.

3. A mudança nas instituições deve concentrar-se na otimização dos pontos fortes como estratégia para neutralizar as resistências. O treinamento técnico, gerencial e administrativo constitui um instrumento básico porque motiva, comunica, desenvolve habilidades, propicia participação e envolvimento, contribuindo para a formação de novos valores e padrões de comportamento.

4. Planejar bem a duração e o ritmo do processo é essencial. Programas de mudanças somente produzem resultados globais a longo prazo, mas existem etapas intermediárias que devem se mostrar

produtivas para motivar o grupo, manter o ânimo, conferir a adequação dos métodos e técnicas, aferir resultados parciais e construir modelos tangíveis da nova modalidade. A implantação gradual do processo diminui a insegurança das pessoas. Tratamentos de choque nunca são muito bem aceitos (embora algumas vezes sejam necessários). O ritmo do processo é igualmente importante: se longo demais, desanima e faz perder o pique; se imediatista, cansa e tumultua. Em ambos os casos é disfuncional.

5. As mudanças nas instituições devem ser feitas com o "pé no chão", baseadas na realidade organizacional, e nunca em modelos teóricos.

6. A confiança nos líderes é essencial, sejam eles chefes, heróis ou mesmo os consultores. Vale lembrar que as instituições não convivem muito bem com as consultorias externas. Consideram-nas invasoras da intimidade organizacional. Os membros da instituição acham que eles próprios podem desenvolver seus processos de mudança sem a ajuda de especialistas. O consultor externo somente encontra apoio nas instituições quando demonstra competência acima das expectativas do grupo (liderança técnica) e quando não agride a cultura organizacional.

QUADRO 8.5 Estratégias para mudar instituições

Formação de massa crítica
Comunicação eficaz do processo de mudança
Otimização dos pontos fortes
Base na realidade
Confiança nas lideranças

8.5.3 Modelos de Mudança Institucional

Teoricamente, existem três situações em que se pode cogitar de planejar mudanças em instituições:

- para se transformar uma organização instrumental em uma instituição;
- para aumentar o grau de institucionalização em organizações subinstitucionalizadas;

228 Capítulo Oito

- para reverter o grau de institucionalização em organizações superinstitucionalizadas.

Para atender à necessidade de organizações que se encontram nas duas primeiras situações existem tratamentos específicos. A crença de que a institucionalização pode ser provocada propiciou o surgimento do modelo conhecido como desenvolvimento institucional (*institution building*), destinado a promover a institucionalização organizacional de forma consciente e deliberada; mas, embora coerente e sistematizado no nível teórico, tem-se mostrado incapaz de produzir indicadores concretos de mudança.

A teoria institucional dispõe apenas de instrumentos analíticos que continuam sendo usados pelo seu valor heurístico, mas com sérias limitações porque:

- não são suficientemente concretos;
- seus conceitos e pressupostos não estão uniformizados e nem integrados;
- demandam longo tempo para serem implementados, e seus resultados só aparecem a longo prazo;
- o campo de estudos é relativamente novo, e os poucos dados empíricos existentes basearam-se, principalmente, em projetos de assistência técnica dos Estados Unidos a países em desenvolvimento e foram mais voltados para a mudança social do que para a mudança organizacional;
- a grande maioria dos estudos sobre institucionalização organizacional no Brasil, com raras exceções, concentra-se em teses de mestrado ou de doutorado não-publicadas, baseadas em estudos de caso, com abordagem essencialmente qualitativa, oferecendo poucas condições de generalização.

Esses modelos, entretanto, são aplicáveis apenas à transformação de organizações instrumentais em organizações institucionalizadas, mas não incluem estratégias específicas para a manutenção do *status quo*, quando a organização se encontra em um estado ideal de institucionalização, e nem para a reversão do processo, quando elas se encontram excessivamente institucionalizadas.

Há situações em que as organizações adquirem um nível de institucionalização tão alto que se tornam rígidas, recalcitrantes, demasiadamente preocupadas com seus próprios interesses. Nesse caso, devem ser usadas estratégias para reverter o grau de institucionalização. Modelos orientados nessa direção "desinstitucionalizante" ainda não são conhecidos, mas a experiência em trabalhos de consultoria demonstra que o emprego de métodos destinados a promover mudanças em organizações instrumentais pode inibir ou até mesmo reverter o grau de institucionalização, ao valorizar as características instrumentais existentes no sistema.

8.5.4 Estratégias Políticas de Desinstitucionalização

Medidas desinstitucionalizantes são usadas mais freqüentemente como estratégia política de mudança social. Muito comum em governos autoritários, a desestabilização das instituições sociais contribui para reforço do poder central, eliminando o diálogo, a pluralidade de interesses, o aparecimento de idéias novas e principalmente o surgimento de novas lideranças.

Paradoxalmente, nesse caso, o próprio governo se transforma numa superinstituição com todas as suas características egocêntricas e manipuladoras, que se nutre de uma elite cooptada com o poder central e que age em proveito próprio.

Mudanças revolucionárias são sempre desinstitucionalizadoras, porque visam à introdução de novas ideologias e comportamentos num determinado sistema social. É por isso que são traumáticas e dolorosas. Entretanto, quando os novos valores apregoados pelas revoluções são assimilados e aceitos pela sociedade, passam a constituir a base de novos paradigmas, como foi o caso da Revolução Francesa ou do Japão no pós-guerra. Esse fenômeno pode ser explicado da seguinte maneira:

- A preocupação com a sobrevivência mascara os apelos da sociedade para a modernização das instituições.
- As instituições tornam-se conservadoras e apegadas aos seus próprios valores e processos.
- As instituições reagem às tendências transformadoras da sociedade, como uma ameaça à sua identidade institucional.
- Quando a força do apelo social é maior do que os recursos institucionais, ela perde energia e morre.

- Novas instituições, imbuídas dos valores vigentes, começam a surgir e a orientar o comportamento social.

A repetição desses ciclos na história demonstra que tanto o processo de desenvolvimento quanto os períodos de crise estão profundamente relacionados com a mudança das instituições. Existem três fatores, presentes nos processos de modernização, que contribuem diretamente para desestabilizar as instituições vigentes: a *instabilidade política,* a *violência* e a *corrupção.* A moralidade requer confiança, a confiança exige previsibilidade, a previsibilidade requer padrões de comportamento regulares e institucionalizados.

Nos países em desenvolvimento como o Brasil, a crescente mobilização social e a expansão da participação política confrontam-se com baixos índices de organização política e com a fragilidade das suas instituições. O resultado é a instabilidade e a desordem.

• CAPÍTULO **9** •

Decisões na Família

9.1 A FAMÍLIA: REDE DE RELAÇÕES

A família é o núcleo básico da sociedade, e um estudo das decisões nos sistemas sociais não poderia excluí-la.

A família nasce de uma decisão bilateral de duas pessoas que resolvem compartilhar a vida e perpetuar a espécie. Essa decisão se multiplica em milhares de outras escolhas, muitas delas de alto impacto na vida dos indivíduos que a compõem, da própria família e da sociedade em geral.

A família é um sistema socioafetivo estruturado, ou seja, é um conjunto de pessoas com papéis diferenciados, interligados por laços afetivos. É causa e conseqüência de amor, de afeto, do desejo do par de viver junto, de compartilhar a vida, de procriar e projetar-se no mundo. A partir da vida em comum, têm uma história e constroem uma identidade familiar. Nesse sentido, cada família é única, tem suas características próprias, seu modo de ser e de perceber as coisas. A identidade se manifesta no nome, no sangue, no convívio, no "jeito de ser, lá de casa". A identidade encerra os valores, as normas, as regras de comportamento, os ritos, os mitos, os tabus e os símbolos, e, por isso, atua como condicionadora dos comportamentos e decisões. Esse conjunto de valores guarda características normativas importantes: pune ou recompensa os membros que agem contra ou de acordo com eles. As características da identidade de uma família passam de geração em geração, constituindo uma marca, um caráter, algo que é reconhecido e aceito pelos outros. Muitas vezes a família (ou alguns de seus papéis, o materno, por exemplo) é idealizada, sacralizada, venerada. Mas a paternidade e a maternidade são papéis extremamente difíceis. Ninguém os desempenha sem erros ou passa incólume por eles. E, mais ainda, ninguém permanece o mesmo depois de se tornar pai ou mãe. E, uma vez pai ou mãe, jamais deixará de sê-lo. Pôr um filho no mundo afeta a identidade pessoal.

A família é um sistema aberto que interage constantemente com o sistema social maior.

Toda família tem uma estrutura própria, e é ela que permite a leitura dos valores que sustentam a identidade. Seja na família nuclear ou extensiva, cada membro tem funções e papéis estabelecidos. Mesmo que estejam, como agora, um tanto confusos, esses papéis existem e não podem ser ignorados. A estrutura familiar é composta de redes de relações interpessoais complexas envolvendo indivíduos, subsistemas internos e outros sistemas, como mostra a Figura 9.1.

Os membros da família podem se agrupar em subsistemas, tais como os pais, os irmãos, os membros do sexo feminino, do sexo masculino etc. "Cada um desses subsistemas tem um espaço psicossocial próprio. Em termos humanos, marido e mulher precisam um do outro como refúgio das exigências múltiplas da vida" (MINUCHIN, 1982). Mas isso não os dispensa de cumprir os papéis parentais, que requerem sempre o uso da autoridade e do afeto em doses equilibradas. Ser firme com carinho é um dos comportamentos mais difíceis exigidos daqueles que têm papéis de autoridade ligados à sua posição, tais como os pais, os líderes, os dirigentes.

Os papéis parentais mudam em conteúdo de acordo com o estágio em que se encontra a família. Quando os filhos são pequenos, os focos principais da atuação parental são a nutrição, a socialização e a educação. Na adolescência, além desses, os pais precisam orientar, servir de guia, estimular, criar alternativas, permitir iniciativas e decisões próprias dos filhos. Durante toda a vida, a participação e a livre expressão são fundamentais, o que não elimina a necessidade de liderança e de controles. A família não é uma sociedade de iguais, e nunca será.

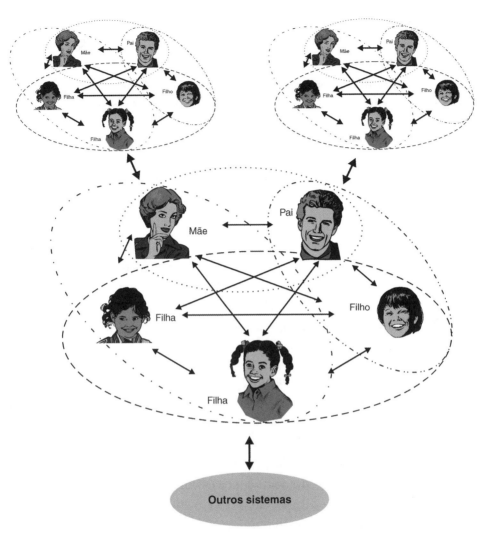

FIGURA 9.1 Rede de relações familiares.

As relações podem acontecer internamente entre esses subsistemas, ou entre um e outros, assim como entre as pessoas individualmente. Cada um desses indivíduos ou subsistemas tem fronteiras definidas, mais ou menos fortes. Quanto maior for o número dessas transações, mais complexas se tornam as relações familiares. Elas podem ter inclusive natureza diferente, por exemplo: um filho que tem uma sociedade com o pai numa empresa tem com ele dois tipos de relação, a de sócio e a de filho, cada uma exigindo dele papéis diferentes. As relações de família são sempre revestidas de forte conteúdo emocional, por isso as

234 Capítulo Nove

suas decisões nem sempre são pautadas pela lógica. Ciúmes, jogos, trapaças convivem lado a lado com o amor, a cooperação a negociação e a amizade. Os processos de comunicação, diretos ou indiretos, são eivados de mensagens implícitas, subentendidas e simbólicas.

Como nos outros sistemas sociais, as decisões na família também podem ser classificadas em:

- *decisões rotineiras* – relacionadas com as tarefas cotidianas, os hábitos e as normas de funcionamento doméstico;
- *decisões de adaptação* – relacionadas com a mudança dos estágios ou estilos de vida que acontecem no decorrer da história familiar;
- *decisões transformadoras* – que implicam mudanças de rumo no destino da família ou alteram de modo significativo a sua estrutura, tais como: a decisão de ter filhos, de iniciar ou de mudar de profissão ou forma de trabalho, a decisão dos filhos de deixar a casa paterna, inclusive para a constituição de sua própria família, e a decisão de ruptura ou de divórcio.

Toda família usa e administra recursos materiais, financeiros, intelectuais, cognitivos e afetivos. A utilização desses recursos caracteriza-se como um dos processos decisórios mais comuns e mais complexos porque evidencia as diferenças individuais e as lutas internas pelo poder. De modo geral, a família luta pela preservação de seus recursos, estabelecendo distinções entre "os de dentro e os de fora". É preciso distinguir as decisões que afetam a família como um todo, que dizem respeito a um ou outro subsistema ou a um indivíduo em particular.

A família se desenvolve no tempo e no espaço. O lar, reduto da família, é o seu símbolo máximo. É o espaço preservado, o território sagrado onde se faz a vida, o palco do crescimento individual, o porto seguro na hora das tempestades.

A família se forma no tempo, em ciclos de dependência, autonomia e interdependência, em momentos de alegria e tristeza, colaboração e competição, serenidade e conflito. O comportamento familiar não é linear, não é progressivo, não é previsível, não é estável; ao contrário, é cheio de idas e vindas, e exige de seus integrantes uma boa dose de flexibilidade e capacidade de adaptação.

Uma família normal não é uma família que não possui problemas. Estes, todos nós os temos. A família normal é aquela que percebe suas dificuldades e seus potenciais, procurando usá-los no interesse de seus membros. Existem *famílias societárias*, nas quais cada um reivindica sua posição e seus direitos, e as *famílias parceiras*, nas quais as pessoas se sentem parte de um todo maior, que as abriga e protege.

9.1.1 A Dicotomia Homem-Mulher: O Paradigma dos Paradigmas

A tomada de decisões, tanto na família quanto nas empresas e na sociedade em geral, tem muito a ver com a percepção dos papéis masculino e feminino na divisão do trabalho e na tomada de decisões. Esse é o paradigma dos paradigmas, porque a ordem da vida se fundamenta nele.

Os vários ciclos da civilização humana se formaram em decorrência dos papéis, das tarefas e das decisões atribuídos a um ou outro sexo. Vamos analisá-los em três momentos, sob três enfoques: o todo, a diferenciação ou as particularidades e a integração ou a síntese.

9.1.2 O Arcaico: "Mãe Nossa que Estais na Terra e que Sois o Todo"[1]

Na pré-história, homens e mulheres tinham funções complementares diferenciadas: ele era provedor, ela, reprodutora; ele, caçador, ela, coletora. O poder era distribuído, não existiam patriarcado e nem matriarcado, os dois formavam o todo representado na família.

A descoberta da agricultura trouxe uma preponderância feminina que passou a ser produtora e reprodutora. O poder centrou-se na mulher, a partir da concepção da Terra como a Grande Mãe, símbolo da fertilidade e da fecundidade.

9.1.3 A Dominação Masculina: "Pai Nosso que Estais no Céu"

O surgimento da guerra propiciou a valorização do macho pela sua força física e o culto ao herói capaz de conquistar a Terra, ou seja, de conquistar a mulher. A Grande Mãe deu lugar ao dualismo religioso representado pelo Céu e a Terra, o Sol e a Lua, o deus e a deusa, simbolizando a dicotomia sexual do homem e da mulher. Essa percepção diferenciada

---

[1]Essas metáforas foram usadas por Elizabeth Badinter em *Um é o outro*. São Paulo: Nova Fronteira, 1986.

236 Capítulo Nove

atingiu o auge na expressão das éticas religiosas judaica, cristã e muçulmana, caracterizadas pelo poder preponderante do macho, o confisco dos poderes femininos, a repressão, a reclusão e ignomínia da mulher (freira, feiticeira e prostituta).

9.2 A FAMÍLIA TRADICIONAL: PAPÉIS E HIERARQUIAS DEFINIDOS

A família típica da sociedade ocidental urbana ostentava, até poucas décadas atrás, uma estrutura de valores e papéis claramente definidos: o pai como provedor de recursos e a mãe como provedora de afeto, guardiã do lar onde cresciam crianças supostamente protegidas, seguras, obedientes e respeitosas.

Esperava-se que cada membro da família cumprisse o papel dele esperado, o qual se refletia na tomada de decisões específicas de sua posição.

As decisões paternas, relacionadas com a sobrevivência material, com o destino e o futuro da família, aconteciam quase sempre no mundo exterior, o qual permanecia de certa forma inacessível e misterioso para a mulher e os filhos pequenos. Essa aura de mistério, associada aos valores patriarcais, e a dependência total do resto da família em relação ao produto do trabalho paterno garantiam-lhe um enorme poder. O pai, nesse contexto, tinha autonomia e permissão para fazer o que quisesse, tinha direitos e tolerâncias, desde que não deixasse "faltar nada dentro de casa". Em troca, exigia, no âmbito da família, as "recompensas" pelo seu esforço, traduzidas em reconhecimento e plena aceitação de sua autoridade constituída, a qual era respaldada pela lei, pelos costumes e pela religião: chefe de família, cabeça do casal, a quem a mulher deveria obedecer e ser fiel, na alegria e na tristeza, na saúde e na doença; e a quem os filhos deveriam honrar, respeitar e obedecer.

Teoricamente, o equilíbrio das relações de poder era estabelecido através de um consentimento pactuado entre o casal: na maioria das famílias, enquanto o homem cuidava dos negócios, a mulher reinava no lar. Era a "dona da casa", e aí seu poder era absoluto: decidia sobre a estrutura, a imagem, as relações entre as pessoas. Era responsável pela manutenção do afeto, pela educação dos filhos, pela ordem da casa, pela economia doméstica, pela execução ou supervisão das tarefas, pelas compras, horários e disciplina. Como tarefas nobres, sobravam-lhe os papéis de educadora e mediadora. Era responsabilizada, cobrada e avaliada por isso. Suas decisões eram rotineiras, porque a expectativa que se tinha dela era a estabilidade, a manutenção, a permanência. Seu palco era o cotidiano.

O processo decisório na relação com os filhos também era instituído. Os pais detinham o poder, diferenciado, como vimos, tomavam decisões, e aos filhos pequenos cabia acatá-las sem discussão. Na primeira infância, essa dominação era justificada pela necessidade de proteção e segurança. Sem o conforto e o aconchego do lar, a prole não sobreviveria. Razões biológicas, psicológicas e socioculturais explicavam esse tipo de relação. Antes de completar sete anos, a chamada idade da razão, a criança era considerada incapaz de decidir sobre qualquer coisa.

É necessário esclarecer que a existência e o respeito pela hierarquia familiar, bem como a definição clara de papéis, responsabilidades e expectativas mútuas, foram e continuam sendo fundamentais para o funcionamento adequado do sistema familiar e para a sanidade psicológica dos indivíduos que a compõem.

Na pré-adolescência começavam os conflitos. Os novos relacionamentos, na escola e com os amigos, a descoberta do mundo fora do lar, a adoção de novos hábitos, frutos da aquisição de habilidades próprias, do desenvolvimento da capacidade crítica, da manifestação de vontade própria e ... dos hormônios, entravam em competição com os valores e normas familiares. Instalava-se a ambigüidade no jovem, que não era mais criança submissa e ainda não era um adulto autônomo. Vivia-se em sua plenitude a crise da identidade e da autonomia.

Concomitantemente, os pais também entravam em crise: não se sentiam mais os "donos" e nem os heróis dos filhos, e, mesmo que estes fossem bem sucedidos, havia um sentimento de perda e frustração, às vezes misturado com orgulho e sensação de dever cumprido. Os "filhotes", prestes a sair do "ninho", punham em xeque todas as decisões anteriores dos pais. Era também um momento de intensas transformações, às vezes radicais e por isso difíceis e dolorosas.

As perdas na família são sempre dolorosas porque são perdas afetivas, doem até quando têm conotações positivas, como a separação de um filho para estudar fora ou se casar.

Quando os filhos se tornavam adultos e assumiam as decisões da própria vida, a relação pais-filhos tendia também para o amadurecimento.

Eram comuns a cooperação e o apoio mútuo, com os pais ajudando na criação dos netos, infundindo-lhes seus valores e referendando suas antigas decisões.

Na velhice invertiam-se os papéis decisórios, ficando os filhos, já maduros e estabelecidos na vida, na posição de detentores do poder, e os pais, velhos e doentes, na dependência deles.

As relações familiares eram tão fortemente instituídas que era comum referir-se a elas, simbolicamente, como laços imutáveis ou cadeias eternas, a que todos estavam presos por nascimento e sangue e das quais só se libertavam com a morte.

Um dos maiores problemas do modelo familiar tradicional, no que diz respeito ao processo decisório, foi o uso inadequado do poder. O poder usado de maneira indevida nega a igualdade entre os seres humanos e produz efeitos desastrosos nas relações interpessoais, pelos conflitos e hostilidades que desencadeia. O mais fraco sente-se ameaçado, e instala-se uma luta interna que destrói os bons sentimentos e o afeto.

É sobretudo no relacionamento dos pais com os filhos que os efeitos daninhos do mau uso do poder se tornam mais evidentes, como, por exemplo, ao controlar crianças, supostamente para o seu próprio bem, mas na verdade no interesse do próprios pais. Os pais controlam os filhos porque foram controlados pelos próprios pais, formando assim uma cadeia de referências enganosas. A informação e o conhecimento tendem a quebrar essa cadeia.

As manifestações do pátrio poder – tais como ordens, ameaças, recompensas, punições, repressão ou superproteção – negam a individualidade das crianças e as transformam em jovens incapazes de tomar decisões. Nessas circunstâncias, muitos pais, perplexos, percebem ter caído na própria armadilha e ficam sem saber o que fazer.

O abuso do poder traz uma conseqüência desastrosa para os filhos: o medo de perder o afeto.

Na luta pelo poder na família, os filhos quase sempre perdem no curto prazo, mas a longo prazo todos saem perdendo. Pessoas que lidam construtivamente com o poder na vida adulta de modo geral são aquelas que tiveram um ambiente familiar equilibrado na infância. A pessoa carente anseia pelo poder, e, para obtê-lo, muitas vezes toma decisões inconseqüentes.

A partir do momento em que há um desequilíbrio nas relações de poder, a família se desestabiliza.

Atualmente o modelo familiar tradicional está se alterando rapidamente e as famílias estão perdendo seus referenciais de decisão, o que lhes causa imensa perplexidade e confusão.

9.3 O PANORAMA ATUAL: A TRANSIÇÃO

Após a Segunda Guerra Mundial surgiram vários questionamentos a respeito das ideologias vigentes, identificados em manifestações e fenômenos diversos, tais como:

- o movimento de emancipação feminina;
- a pílula anticoncepcional, que pôs fim ao determinismo biológico, propiciando à mulher a liberdade de decidir sobre a própria maternidade;
- o movimento *hippie*, traduzindo a rebelião dos jovens contra os paradigmas vigentes, a maior liberalidade em relação ao uso do próprio corpo, o relaxamento das normas relativas à moral sexual e a popularização do divórcio como fruto da opção de ser dono do próprio destino;
- a revolução tecnológica, com a mudança significativa nas formas de trabalho;
- a expansão do mercado de trabalho, com demandas crescentes de mão-de-obra;
- a perda do poder aquisitivo das famílias e a necessidade da participação da mulher no orçamento familiar;
- a oportunidade de unificação da educação, que deu a ambos os sexos maior acesso à especialização e realização profissionais.

Como todo momento de transição, o nosso tempo é eivado de contradições.

A crescente participação da mulher nas funções e postos antes nitidamente masculinos, na política, nos negócios, nas grandes empresas, não foi capaz de eliminar a discriminação em relação aos salários e tarefas. A decisão, como um atributo lógico, ainda é vista como algo essencialmente masculino. O homem ainda é visto como detentor da cultura, da

240 Capítulo Nove

razão, do poder e do futuro, enquanto a mulher é percebida como mais ligada à natureza, à sensibilidade, ao cotidiano.

Mas é na família que essas mudanças se refletem de maneira decisiva.

9.4 A FAMÍLIA MODERNA: PAPÉIS E HIERARQUIAS FLEXÍVEIS

Na família moderna, os papéis referenciais se misturaram e pai e mãe, na maioria das vezes, são ambos provedores de afeto e de recursos. A mulher trabalha fora de casa, colabora no sustento da família e espera que o marido participe das tarefas domésticas. Espera-se que ambos participem do planejamento do futuro. Caíram as fronteiras dos papéis tradicionais.

Mas, como os resquícios da cultura antiga ainda se encontram presentes, há muitas evidências de confusão e conflito. A indefinição de papéis gera uma divisão injusta de trabalho em que, na maioria das vezes, alguns membros ficam mais sobrecarregados do que outros, gerando sentimentos de culpa e cobrança mútua. Há expectativas explícitas e implícitas entre os casais em torno da rotina cotidiana.

A sociedade mudou, e a família mudou com ela. A própria sociedade se encarregou de suprir alguns dos papéis antes exclusivos da família: as creches, o jardim-de-infância, a televisão, a babá são tão ou mais educadores que a família foi no passado. Busca-se a autonomia individual dos filhos como forma de capacitá-los a conduzir os seus destinos e exercer a cidadania plena, de acordo com os paradigmas e exigências do seu tempo. Paradoxalmente, os filhos da família contemporânea demoram mais a sair de casa, seja porque o tempo de estudo é mais longo, seja pela mudança na estrutura produtiva, que tornou o emprego escasso. A fase de formação ou de preparação para a vida produtiva se estende com freqüência até os 25 anos ou mais. É comum, hoje em dia, os pais investirem suas economias para empreender um negócio para os filhos que ainda não têm capital para empresariar e não encontraram emprego para se sustentar. Não raro, precisam desistir de seu descanso na aposentadoria para emprestar sua experiência aos negócios dos filhos e garantir que o investimento deles não fique sem retorno. As pequenas empresas familiares, resultado desse tipo de decisão, constituem hoje a maior fonte de emprego e as maiores supridoras de bens de consumo no mercado interno brasileiro.

Nessa nova família que trabalha unida e decide participativamente, todos são igualmente provedores de recursos e de afeto. Seu funcionamento é o de um *holon* (veja Capítulo 3), em que cada um tem a sua individualidade e autonomia, ao mesmo tempo em que formam um conjunto, uma equipe, e obtêm sinergia, fruto de relações interdependentes e sistêmicas.

Os valores mais igualitários e participativos da família contemporânea têm sido identificados por vários estudiosos como os responsáveis pelo avanço dos ideais democráticos no mundo moderno. Afinal, serão os jovens de hoje, balizados pela formação que estão recebendo de suas famílias, que estarão gerenciando as empresas e dirigindo os governos do século XXI.

Obviamente, estamos nos referindo a um modelo, a um novo conceito de família que ainda está se firmando, mas que não tem como vir a ser diferente. Isso não quer dizer que a transição já esteja completa. A rigor, estamos no meio dela, e o que vemos no presente é a coexistência, nem sempre fácil, dos dois modelos.

9.5 A EDUCAÇÃO PARA A DECISÃO

Antes da Revolução Industrial, a família trabalhava unida. Lar e local de trabalho eram basicamente os mesmos. Atualmente há uma clara separação entre a família e o trabalho, o escritório ou a fábrica e o lar. Os cenários futuros indicam uma volta à situação inicial, e já é cada vez maior o número de famílias que montam empresas ou negócios próprios, assim como cresce o número de profissionais que trabalham em casa, ligados pelas redes de informação, nas empresas ou escritórios virtuais.

Nesse contexto, um dos principais desafios da família moderna é a educação para a tomada de decisão, o que implica:

- ampliar o contexto perceptivo das pessoas, clareando valores e identificando possíveis alternativas;
- não negar as percepções dos outros membros, evitando afirmações do tipo: "Você não pode pensar assim...";

242 **Capítulo Nove**

- dar liberdade para que os outros membros possam expressar percepções diferentes das nossas e reagir a elas, também de modo diferente do nosso, efetuando suas próprias escolhas e arcando com as suas conseqüências.

É necessário, também, distinguir a indecisão (dificuldade de decidir) da "em-decisão" (pessoa que se encontra em processo para decidir).

Outro ponto importante na educação para a decisão é a socialização, ou seja, o estabelecimento de limites, sem os quais não se alcança a maturidade. Crianças sem limites na infância são incapazes de decidir de maneira conseqüente na vida adulta. Estabelecer limites significa delimitar o terreno, visualizando o que é permitido ou proibido. É uma fonte de referência importante para todo mundo, é a base da ética. A hesitação dos pais em estabelecer limites cria ambientes permissivos que favorecem o desenvolvimento da "tirania dos filhos", invertendo a ordem do uso convencional do poder e criando impasses e conflitos crônicos. Pais inseguros oscilam entre o autoritarismo (resultante do medo de perder "as rédeas" e o respeito), a permissividade (resultante do medo de perder o afeto), o comodismo e a necessidade de preservar a própria imagem. Em tais ambientes, são comuns a opressão (de ambos os lados), o bloqueio das potencialidades e a dificuldade de conviver com as adversidades da vida. Estabelecer limites implica a percepção do outro, de seus direitos, deveres e propriedades, reconhecendo o que é *meu*, o que é *seu* e o que é *nosso*.

Na família, a maior parte das reações é de natureza emocional e tem uma "lógica emocional". A elaboração lógica é mais rápida do que a elaboração das emoções. Isso explica algumas incongruências do comportamento humano do tipo: "sei que deve ser assim, mas não aceito que seja". O pensamento mágico da criança, muitas vezes, contrasta como pensamento lógico dos pais. Por isso, a comunicação entre adultos e crianças se torna distorcida, cabendo ao adulto procurar entender a criança, já que o contrário nem sempre é possível.

A educação para a decisão não tem regras definidas; a única preparação possível é a experiência, a vivência. Não se aprende na escola, se aprende vivendo.

Bibliografia

BABO, A. S. S. et al. *Poder e participação*. Texto não-publicado, jun. 1995.
BADINTER, E. *Um é outro*. São Paulo: Nova Fronteira, 1986.
BJUR, W. E. *Winning defeat from success*: the dangers at over-institutionalization. Los Angeles, 1977. (mimeogr.)
_____.; CAIDEN, G. On reforming institucional bureaucracies. In: SHARMA, S. K. *Dynamics of development*: an international perspective. Nova Delhi: Concept Publishing Company, 1977.
BORDENAVE, J. E. D. *O que é participação*. São Paulo: Brasiliense, 1978.
BRETAS PEREIRA, M. J. L. *A busca da excelência nos serviços públicos*. In: Decidir, outubro de 1995, p. 32-8.
_____. A dimensão humana no futuro da administração, In: CAIDEN G.; CARAVANTES, G. R. *Considerações sobre o conceito de desenvolvimento*. Porto Alegre: AGE, 1988.
_____. Modelos de mudança nas organizações brasileiras – uma análise crítica. In: BJUR, W.; CARAVANTES, G. *Reengenharia ou readministração*. AGE: Porto Alegre, 1994.
_____. *Mudanças nas instituições*. São Paulo: Nobel, 1988.
_____. *Na cova dos leões* – o consultor como facilitador do processo decisório empresarial. São Paulo: Makron Books, 1999.
_____. O poder nas organizações, 1980 (mimeogr.)
BRONOWSKI, J. *A responsabilidade do cientista e outros escritos*. Lisboa: Publicações Dom Quixote, 1992.
BRZEZINSKI, Z. The technotronic society. *Encounter,* vol. XXX, n. 1, jan. 1968.

244   Bibliografia

CAIDEN, G.; CARAVANTES, G. R. *Reconsiderações do conceito de desenvolvimento*. Caxias do Sul: Educs, 1988.

CAPRA, F. *O ponto de mutação*. São Paulo: Cultrix, 1982.

CARAVANTES, G. R.; BRETAS PEREIRA, M. J. L. Aprendizagem organizacional × estratégia de mudança organizacional planejada: um confronto crítico. *Revista de Administração Pública*, Rio de Janeiro, 15(2):23-44, abr./jun. 1981.

CARLZON, J. *A hora da verdade*. Rio de Janeiro: COP, 1989.

CASTAÑEDA, C. *O fogo interior*. Rio de Janeiro: Record, 1984.

CYERT, R. M.; MARCH, J. G. *A behavioral theory of the firm*. Englewood Cliffs: Prentice-Hall, 1963.

DEAL, T. E.; KENNEDY, A. A. *Corporate cultures*. Reading: Addison-Wesley, 1982.

DÉTRIE, J.-P. et al. *Strategor:* stratégie, structure, décision, identité. Paris: InterEditions, 1988.

DRUCKER, P. *O gerente eficaz*. 2. ed. Rio de Janeiro: Zahar Editores, 1971.

_____. *Sociedade pós-capitalista*. São Paulo: Pioneira, 1994.

ESMAN, M. The elements of institution building. In: EATON, I. W. *Institution building and development*. London: Sage, 1972.

FREIRE, P. *Educação e mudança*. Rio de Janeiro: Paz e Terra, 1979.

_____. *Pedagogia do oprimido*. Rio de Janeiro: Paz e Terra, 1979.

FREITAS, H.; KLADIS, C. M. *Workflow:* ferramenta de suporte à compreensão da organização para a tomada de decisão. Série documentos para estudo. Porto Alegre: PPGA/UFRGS, 1996, p. 22-6.

FRENCH, J. R. P.; RAVEN, B. *The basis of social power*. In: CARTWRIGHT D. (ed.). *Studies in social power*. Ann Arbor: University of Michigan Press, 1959.

FROMM, E. *Ter ou ser*. Rio de Janeiro: Zahar Editores, 1977.

GARCEZ, C. *Tecnologia do conhecimento*: um passo além da informação. In: Decidir, janeiro de 1995, p. 12-6.

GATES, B. *A Estrada do futuro*. São Paulo: Cia. das Letras, 1995.

GOSLING, S. D. et al. A room with a cue: personality judgements based on offices and bedrooms. *Journal of Personality and Social Psychology*, 82(3):379-98, 2002.

HALLER, A. V. Apud BLIKSTEIN, I. *Kaspar Hauser ou a fabricação da realidade*. São Paulo: Cultrix, 1985

HANDY, C. *A era do paradoxo*. São Paulo: Makron Books, 1995.

HENDERSON, Hazel. The age of light: beyond the information age. In: *The futurist*. jul./ago. 1986.

HOBBES, T. *Leviathan*. New York: Macmillan, 1977.

IBOR, L. J. *Lecciones de psicología médica*. Madrid: Paz Montalvo, 1975.

JURAN, J. M. *A qualidade desde o projeto*. São Paulo: Pioneira, 1992.

KATZ, D.; KAHN, R. *Psicologia social das organizações*. São Paulo: Atlas, 1966.

KOESTLER, A. *Janus*. Londres: Hutchinson, 1978.

KOESTLER, A. *O fantasma da máquina*. Rio de Janeiro: Zahar Editores, 1969.

KUHN, T. S. *A estrutura das revoluções científicas*. São Paulo: Perspectiva, 1978.

LEVINSON, W. et al. *Physician-patient communication*. The relationship with malpractice claims among primary care physicians and surgeons. JAMA, 277: 553-9, 1997.

LINDBLOM, C. E. The science of muddling through. *Public Administration Review*, 1959.

LIPPITT, G.; SCHMIDT, W. Non financial crises in organization development. *Harvard Business Review*, nov./dez. 1967.

LOWEN, A. *Prazer*. São Paulo: Círculo do Livro, 1970.

MARINO, R. *O cérebro japonês*. São Paulo: Massao Ohno, 1989.

MARTIN, R. *Sociologia do poder*. Rio de Janeiro: Zahar Editores, 1977.

MATURANA, H. *Cognição, ciência e vida cotidiana*. Belo Horizonte: UFMG, 2001.

_____. *Ontologia da realidade*. Belo Horizonte: UFMG, 2002.

MINTZBERG, H. *O Trabalho do executivo*: o folclore e o mito. São Paulo: abril, 1986. (Harvard de Administração.)

MINUCHIN, S. *Famílias* – funcionamento e tratamento. Porto Alegre: Artes Médicas, 1980.

MONTENEGRO, E. F.; BARROS, J. P. D. *Gerenciando em ambiente de mudança*. São Paulo: McGraw-Hill, 1988.

MOTTA, P. R. *Gestão contemporânea* – a ciência e a arte de ser dirigente. Rio de Janeiro: Record, 1993.

MOURA, P. C. *Construindo o futuro*: o impacto global do novo paradigma. Rio de Janeiro, Mauad Consultoria, 1994.

_____. *O benefício das brises*. Rio de Janeiro: Ao Livro Técnico, 1978.

NIETZSCHE, F. *Vontade de poder*. São Paulo: Hemus, 1967.

PAINE, F. T.; NAUME, S. W. *Strategy and policy formation:* an integrative approach. Philadelphia: Saunders, 1974.

PELEGRINO, H. *A burrice do demônio*. Rio de Janeiro: Rocco, 1988.

RAMOS, A. G. *A nova ciência das organizações*. Rio de Janeiro: FGV, 1982.

_____. Modelos de homem e teoria administrativa. *Revista de Administração Pública*, Rio de Janeiro, FGV, 18(2):3-12, abr./jun. 1984.

ROGERS, E.; SHOEMAKER, F. *Communication of innovations*. New York: Free Press, 1971.

_____. *Diffusion of innovations*. New York: Free Press, 1962.

RUBIN, T. I. *Overcoming indecisiveness* – the eight stages of effective decision-making. New York: Avon Books, 1985.

SCHON, D. *Beyond the stable state*. New York: The Norton Library, 1971.

SELZNICK, P. *A liderança na administração*. Rio de Janeiro: FGV, 1972.

SHUMPETER, J. A. *Capitalism, socialism and democracy*. New York: Harper, 1942.

SILVA, J. M. *Muito além da liberdade*. Porto Alegre: Artes e Ofícios, 1991.

246   Bibliografia

SIMON, H. *Comportamento administrativo*. Rio de Janeiro: FGV, 1965.

TOFFLER, A. *O choque do futuro*. Rio de Janeiro: Artenova, 1972.

VERGARA, S. C. Razão e intuição na tomada de decisão: uma abordagem exploratória. *Revista de Administração Pública*, Rio de Janeiro, FGV, 25(3): 120-38 jul./set. 1991.

VERÍSSIMO, L. F. *O analista de Bagé*. Porto Alegre: L&PM,1981.

VOEGELIN, E. *Industrial society in search of reason*. In: Aron, R.(ed.). *World technology and human destiny*. Ann Arbor: University of Michigan Press, 1963.

VRIES, F.; MILLER, D. *The neurotic organization*. New York: HarperBusiness, 1984.

WATTS, A. *The essential of Allan Watts*. Berkeley: Celestial Arts, 1977.

WEBER, M. *Economy and society*: an outline of interpretative sociology. California: University of California Press, 1978, v.1.

_____. *Ensaios de sociologia*. Rio de Janeiro: Zahar Editores, 1963.

WHITE, W. *The organization man*. New York: Touchstone Book, 1956.

WHITEHEAD, A. N. *The aims of education*. New York: Free Press, 1967.

WIDMER, K. apud Wurman, R. S. Ansiedade de informação. Sensibility under technocracy. São Paulo: Cultura, 1991.

WOLIN, S. Critique of organization's theory. In: Etzioni, A. (Ed.) *A sociological reader in complex organizations*. Half Rinehart and Winston, 1969.

1   2   3   4   5   6   7   8   9   10